지금 시작하는
부동산 상식 공부

지금 시작하는
부동산 상식 공부

초판 1쇄 발행 2020년 11월 27일
초판 3쇄 발행 2024년 2월 29일

지은이 | 황태연·김제민
펴낸이 | 박수길
펴낸곳 | ㈜도서출판 미래지식
편 집 | 김아롬
디자인 | 플러스

주 소 | 경기도 고양시 덕양구 통일로 140 삼송테크노밸리 A동 3층 333호
전 화 | 02-389-0152
팩 스 | 02-389-0156
홈페이지 | www.miraejisig.co.kr
전자우편 | miraejisig@naver.com
등록번호 | 제2018-000205호

ISBN | 979-11-90107-91-4 13320

이 도서의 국립중앙도서관 출판예정도서목록(CIP)은 서지정보유통지원시스템 홈페이지(http://seoji.nl.go.kr)와
국가자료종합목록 구축시스템(http://kolis-net.nl.go.kr)에서 이용하실 수 있습니다.
(CIP제어번호 : CIP2020046921)

미래지식은 좋은 원고와 책에 관한 빛나는 아이디어를 기다립니다.
이메일(miraejisig@naver.com)로 간단한 개요와 연락처 등을 보내주시면
정성으로 고견을 참고하겠습니다. 많은 응모 바랍니다.

부동산, 이제는 공부하지 않으면 손해 본다!

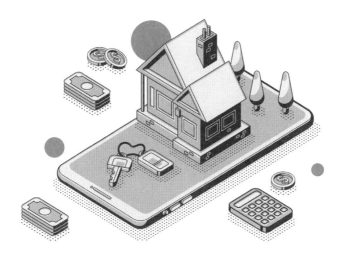

지금 시작하는
부동산
상식 공부

황태연·김제민 지음

미래지식

머리말

한남대교를 지나 강남 신사역 인근에 있는 '더리치에셋'은 매주 부동산 세미나를 통해 부동산 투자뿐만 아니라 다양한 경제 이슈와 흐름에 대해서 같이 토의하고 고민하는 곳입니다. 그런데 세미나와 유튜브를 통한 온라인 교육을 진행하며 안타까운 마음이 들 때가 있습니다. 저희를 찾아온 고객 중에 부동산에 대한 기초적인 상식이 부족하여 잘못된 결정으로 애써 모아 놓은 소중한 자산을 잃거나 좋은 기회를 놓치는 경우가 많았습니다. 기초적인 부동산 상식만 알아도 실패하지 않는 더욱 발전하는 자산 포트폴리오를 그릴 수 있습니다. 여기에 부동산에 관한 더욱 깊이 있는 정보가 뒷받침된다면 부동산 투자에도 큰 도움이 될 것입니다.

한국에서 부동산 기초 상식은 필수입니다. 사람은 거주지가 안정적이어야 다른 일에도 시너지가 생기는 법입니다. 특히, 부동산은 투자

의 목적도 무시할 수 없습니다. 순수하게 거주 목적이라도 기왕이면 5년, 10년 후 나의 자산가치가 올라가는 게 훨씬 유익합니다. 부동산 가치는 고정된 것이 아니기 때문에 비슷한 여건의 부동산도 시간이 지나면 차이가 벌어질 수 있습니다. 이럴 때 잘못된 선택으로 상대적인 박탈감을 느낀다면, 인생의 마라톤에서 뒤처진다는 생각이 들 수밖에 없습니다.

대부분 사람이 독립이나 결혼, 이사 및 갑작스러운 증여 등의 이슈로 준비되지 않은 상태에서 부동산 관련 계약과 결정을 해야 하는 상황에 부닥칩니다. 이럴 때 부동산에 대한 공부가 전혀 되어 있지 않다면, 평생 힘들게 모은 자산을 효율적으로 관리하기 어렵습니다. 내 집 마련부터 투자의 요령, 부동산 계약, 부동산 임대에 이르기까지 부동산 지식을 착실하게 쌓아야 재테크도 가능하고, 경제적인 토대 위에서 안정되고 행복한 생활을 할 수 있다고 생각합니다.

《지금 시작하는 부동산 상식 공부》는 알아두면 유용한 부동산의 기초 상식을 Q&A 형식으로 알기 쉽게 설명했습니다. 그래서 부동산을 전혀 모르는 일명 '부린이(부동산 어린이)'도 쉽게 이해하고 활용할 수 있게 구성했습니다. 또한, 부동산 투자와 관련 상식들을 영역별로 구분하여 이제 막 부동산 공부를 시작한 독자들이 부동산 용어에 대한 개념을 잡을 수 있게 도와줍니다.

'더리치에셋'은 《100세 시대 부동산 은퇴 설계》, 《2030년 서울 부동산 플랜》, 《그렇게 할 거면 재개발·재건축 절대 하지 마라》 등의 도서를 출간하며 부동산 투자 이야기로 독자 여러분과 만났습니다. 부동산 은퇴 설계, 서울 부동산의 미래, 재개발과 재건축도 꼭 알아야 할 부분입니다. 하지만 무엇보다 부동산의 기초 상식이 튼튼해야 투자의 성패가 좌우되기 마련입니다.

이 책의 1장에서는 부동산의 가장 기초적인 내용을 담았습니다. 부동산 매매부터 투자에 이르기까지 기본 상식을 다루어 부동산의 기초를 다지는 데 도움이 됩니다.

부동산 거래는 계약으로 이뤄집니다. 임대 혹은 임차를 할 때도 그렇고, 부동산 매매를 할 때도 계약이 매우 중요합니다. 그래서 기초적인 법률에 대해서도 알아야 합니다. 2장에서는 부동산 용어를 비롯해 보증금을 지키는 요령, 상가건물 임대차보호법, 저당권, 유치권 등 부동산 계약과 관련한 다양한 법률적인 사항 등을 다룹니다.

통계를 보면 우리나라에는 주택이 있는 사람보다는 무주택자가 더 많은 것이 현실입니다. 주택이 없다면 재테크 차원에서라도 주택을 마련하기 위한 준비를 하는 것이 좋습니다. 정부에서도 무주택자에 대한 규제는 약한 편입니다. 3장에서는 무주택자를 위한 청약통장 활용법, 신혼부부 특별공급, 주택담보대출, 내 생애 첫 임대주택 도전기, 행복주택 등에 대해서 다루어 무주택자를 위한 다양한 정보와 관점을 제시했습니다.

주택이 있다면 그때부터 각종 부동산 투자 관련 규제를 받습니다. 4장에서는 집이 있는 사람을 위한 내용입니다. 집이 있는 유주택자라도 이른바 갈아타기를 통해서 집을 교체할 때가 있습니다. 더 좋은 환경의 주거지에서 살 자유는 누구에게나 있습니다. 또한, 주택을 투자의 관점에서 생각해 볼 수도 있습니다.

부동산은 주택만 있는 것이 아닙니다. 비주택 부동산도 다양하게 존재합니다. 비주택은 세금과 수익률 등에서 주택 부동산과 차이가 납니다. 5장에서는 오피스텔, 지식산업센터, 펜션 사업, 레지던스 투자, 토지 투자, 부동산 리츠 등 다양한 비주택 부동산에 관해서 다루었습니다.

재개발과 재건축은 부동산 투자에서 빠질 수 없는 영역입니다. 고위험이 존재하기도 하지만 그만큼 고수익을 보장합니다. 6장에서는 재개발 재건축 투자의 기본 원리를 비롯해서 사업성 분석하기, 세금 문제, 조합원 분양 자격, 지역주택조합, 재건축 초과이익 환수제 등 다양한 재개발 재건축 이슈들을 다룹니다.

이 책을 쓰는 데 많은 분이 도움을 주었습니다. 더리치에셋의 황문자 본부장, 민덕기 부장, 송재희 과장, 서성우 부장, 서명환 팀장, 신지원 PD, 심재령 PD, 김기륜 AD, 강유진 씨에게 감사 인사를 전합니다.

부동산 투자에 늘 정답이 있는 것은 아닙니다. 다만 부동산 투자 영역은 그 기본을 알아야 한다고 생각합니다. 이 한 권의 책이 여러분의 부동산 투자 마인드와 지식을 쌓는데, 조금이나마 기여할 수 있기를 바랍니다.

신사역 더리치에셋 부동산 세미나실에서

황태연 · 김제민

목차 contents

2장 알아두면 든든한
부동산 계약과 기초 법률

내집 마련을 앞당기는
3장 무주택자를 위한 부동산 상식

 세금과 투자 공부가 필요한
4장 유주택자를 위한 부동산 상식

5장 안정적으로 수익을 높이는
비주택 부동산 투자를 위한 상식

6장 위험이 크지만 수익도 큰
재개발·재건축 투자 상식

1장

출발선이 달라지는
부동산 기초 상식

우리나라 사람들은 유독 자기 명의의 집에 살면서 편안하고 안정적으로 생활하는 것을 선호합니다. 특히, 재산의 많은 부분을 차지하고 있는 부동산은 거주뿐만 아니라 투자의 목적도 무시할 수 없습니다. 단순한 거주 목적이라도 시간이 지나면서 물가가 오르는 것에 비례해 자신의 자산가치도 올라간다면, 상대적인 박탈감에서 조금은 자유로울 수 있기 때문입니다. 비슷한 생활 수준과 가족 구성원을 가진 사람이라도 10년 후 자산 내역은 각각 어느 지역의 무슨 주택을 구입했느냐에 따라 차이가 날 수밖에 없습니다.

이번 장은 부동산에 대한 가장 기초적인 내용을 정리했으며, 부동산 매매부터 투자에 이르기까지 꼭 필요한 내용을 중심으로 담았습니다.

부동산 투자는
타이밍이다

Q 50대 초반인 저는 한 채의 주택을 갖고 있지만, 상대적인 박
탈감에 잠을 잘 이루지 못합니다. 제가 2010년에 대출을 받아
아파트를 샀는데, 금융 위기를 겪으면서 '하우스푸어'가 되었습니다. 그 후
아파트를 처분하고 무주택자로 있다가 2019년에 한 동짜리인 나홀로 아
파트를 샀습니다. 주변 시세를 보니 제가 구입한 때는 아파트 가격이 고점
에 이른 시기였습니다. 그 이후 부부싸움의 주제가 부동산이 되고는 합니
다. 저의 부동산 투자는 왜 이렇게 운이 따라주지 않을까요?

A 부동산 투자 전문가로 활동하면서 많은 투자 상담을 진
행했는데, 저는 항상 상담을 요청하는 분에게 기회가 있다
고 말씀드립니다. 결론부터 말하자면, 부동산 투자는 타이밍입니다.
어떤 시기에 부동산 투자를 결정했는지가 매우 중요하지요.
'실수요자라면 어느 때나 집을 사도 된다.'라는 말이 있습니다. 부
동산 가격은 장기적으로 우상향 곡선을 그리니 언제 집을 사도 좋다

는 말입니다. 하지만 부동산 투자는 거액이 오가는 큰 거래 행위입니다. 만에 하나라도 가족의 전 재산이 걸린 이 투자가 잘못된다면 가계에 큰 위험이 됩니다.

부동산 시장은 상승, 조정, 하락 반복

상담자 A 씨는 서울 마포구에 거주한다. 그는 2015년 초 나를 찾아와 마포구 성산동에 위치한 아파트 구매를 문의했다. 당시 "물이 들어오니 노를 저으시면 됩니다."라고 말하며 아파트 구매를 권했다. 하지만 그는 대출을 두려워한 아내의 반대에 부딪혀 아파트 구매를 접어야 했다. 물론, 현재 그 아파트의 시세는 당시 가격의 2.5배 정도로 올랐다. 5년이 지난 지금, 그는 그 아파트를 살 수 있는 여력이 없다.

왜 이런 일이 벌어졌을까? 내 집 마련 또는 부동산 투자에서 가장 중요한 '타이밍'을 잘못 잡았기 때문이다. 집값은 오르는 시기가 있고, 떨어지는 시기가 있다. 이처럼 부동산 시장은 상승, 조정, 하락을 반복한다.

그래서 부동산 가격이 상승하는 초입에는 무엇을 사도 다 오른다. '나홀로' 단지도 오르고, 비로열층 아파트도 오른다. 반면, 하락 초입 시점에 집을 사면 아무리 좋은 집을 좋은 가격에 샀더라도 집값 하락을 피할 수 없다.

부동산은 첫째도 타이밍, 둘째도 타이밍이다. 아무리 입지가 좋고 개발 호재가 많다고 해도 타이밍 앞에서는 한낱 사소한 요소일 뿐이다. 쌀 때 사면 돈을 벌고, 비쌀 때 사면 돈을 잃는 것, 이것이 부동산을 비롯한 모든 자산 시장의 핵심 원칙이다.

　한국의 부동산 시장을 살펴보면 대세 상승기와 하락기가 있었다. 2000년대 이후를 한번 살펴보자. 2008년 금융 위기는 미국 리먼 브러더스Lehman Brothers의 파산으로 시작되었다. 이후 서브프라임 모기지(비우량주택담보대출) 사태가 일어나면서 국내에도 금융 위기의 여파가 크게 나타났다. 부동산은 직격탄을 맞았고, 부동산 시장은 침체기를 벗어나지 못했다.

　2013년 박근혜 정부가 출범하면서 각종 부동산 규제를 푸는 정책이 나오고, 부동산을 통해 경기를 부양하는 정책이 등장했다. 그리고 저금리 정책 속에서 부동산 시장이 서서히 살아나기 시작했다. 바로 부동산 시장이 오르막을 이루는 시기이다. 이처럼 2000년대 들어와서도 부동산 시장은 내리막과 오르막을 교차하는 시기가 있었다. 그러니 이 부동산 파도를 어떻게 잘 타느냐가 중요하다. 언제 올라타고, 언제 내릴지 결정하는 것이 중요한 부동산 투자는 곧 타이밍이다.

 사례로 보는 상식 TIP ─────────

50대 중반 J 씨의 실패한 부동산 투자 타이밍

　50대 중반 J 씨는 구리시에서 잘나가는 한우 전문점을 두 곳이나 운영하고 있다. 식당이 상당한 매출을 올리며 사업 소득이 일반 대기업 직장인과는 비교도 안 될 정도로 높고 자산도 여유 있는 편이었다.

　매달 들어오는 수익으로 충분히 먹고살 수 있었지만, 식당을 더 이상 직접 운영하기가 어려울 때가 오면 자녀에게 물려주고, 강남의 아파트에서 살아보겠다고 결심한다. 그래서 주변의 권유로 2006년 11월 당시 강남의 대표 재건축 아파트였던 은마아파트 115㎡를 약 14억 원에 두 채, 잠실주공 5단지 역시 동급 면적을 비슷한 가격에 매수하고 보유했다. 그런 후 2년도 안 되어서 금융 위기가 터지자 맘고생만 하다가 결국 2012년에 세 채를 모두 헐값에 처분해 버렸다고 한다. 한 채당 손실은 대략 3~4억 원으로 부대 비용과 금융 비용을 고려하면, 한 채당 최소 4억 이상을 손해 보고 처분했다는 것이다.

2020년 4월 현재 은마아파트 115㎡의 시세는 19억 5,000만 원, 잠실 5단지의 시세는 18억 7,000만 원이다. J 씨는 강남권 재건축 부동산 투자라는 좋은 상품에 투자했지만, 타이밍이 맞지 않아 수익이 아닌 손실을 보았다.

반면, 2014년 부동산이 다소 침체에 빠져 있던 시기에 K 씨는 서울 은평구 불광역 근처에 구형 아파트를 구입했다. 전세를 살 것인가, 대출하더라도 내 집을 마련할 것인가를 고민하던 그는 결국 저가에 아파트를 구입했다. K 씨가 아파트를 구입한 이후 최근 6년 동안 그의 아파트는 구입한 가격의 세 배 정도 올랐다. 이 모든 게 가장 좋은 타이밍에 아파트를 구입한 덕분이었다.

집 계약 시 확인해야 할
필수 서류

Q 공기업에 다니는 30대 중반의 가장입니다. 이번에 생애 최초로 주택을 구입하려고 합니다. 그런데 뉴스에서 종종 부동산 관련 사기 피해에 대해 나오는 걸 보니 조금 불안한 마음이 듭니다. 집을 매매하기 전에 꼭 확인해야 할 서류는 어떤 것이 있을까요?

A 집을 계약할 때는 가장 먼저 '등기사항전부증명서'를 잘 확인해야 합니다. 이를 '부동산 등기부등본'이라고도 부릅니다. 이 서류는 부동산의 주인이 누구인지, 빚은 얼마나 되는지를 확인할 수 있는 자료입니다. 부동산에 대한 권리 및 현황을 기재한 장부로 일종의 부동산 신분증이라고 생각하면 됩니다.

부동산 계약 전에는 해당 부동산이 안전한 매물인지, 등기부등본을 꼭 확인해야 합니다. 부동산 등기부등본은 소유자가 아니더라도 계약할 주택의 주소만 안다면 누구나 가까운 등기소 또는 대법원 인터넷 등기소(www.iros.go.kr)에서 열람 및 발급할 수 있습니다.

언제든 부동산의 권리관계에 가압류, 근저당 등 변화가 생길 수 있기 때문에 부동산 등기부등본은 되도록 계약 직전 가장 최신 본으로 확인하는 것이 좋습니다. 공인중개소에서 등기부등본을 받았다면, 서류의 가장 하단에 표시된 발행일이 계약 당일과 일치하는지 확인하고, 날짜가 너무 오래됐다면 다시 발급받아야 합니다.

전세 세입자로 들어가는 사람들은 근저당권에 대해서 주의해야 합니다. 근저당권은 부동산 소유자가 이 부동산을 담보로 한 채권최고액과 본인의 보증금을 합한 금액이 집값의 60~70%를 넘으면 위험하다고 판단합니다. 건물이 다가구 주택이라면 다른 임차인들의 보증금까지 다 합해서 계산해야 합니다. 계약하려는 주택에 근저당이 지나치게 많이 설정되어 있다면, 나중에 보증금을 돌려받지 못할 수도 있으므로 계약을 신중하게 고민하는 것이 좋습니다.

부동산 투자 실패를 줄이는 서류 확인

부동산 거래를 할 때는 등기부등본뿐만 아니라 '건축물대장'도 잘 챙겨야 한다. 건축물대장에는 건물의 면적과 층수, 구조 등을 알 수 있는 정보가 담겨 있다. 만일 아파트를 구매한다면, 먼저 아파트의 기본 개요와 세부 사항이 건축물대장과 일치하는지 확인해야 한다.

건축물대장에는 아파트가 지어진 시기와 엘리베이터의 수, 주차장 규모 등이 기록되어 있다. 건축물대장은 민원24(www.minwon.go.kr)에서 발급받거나 시·군·구청 지적과에서 발급받을 수 있다.

그 밖에 대상 토지를 알려면 '토지이용계획확인서'를 확인해야 한다. 토지이용계획확인서는 도시관리계획, 군사시설, 농지, 산림, 자연공원, 수도, 하천, 문화재, 전원 개발 토지 거래 등 12개로 구분된다. 아파트가 위치한 해당 토지의 토지이용계획확인서를 열람해 보면, 입지할 수 있는 건축물의 종류, 높이 등의 제한부터 향후 사용에 대한 내용을 가늠할 수 있다.

부동산 투자는 적게는 수천만 원, 많게는 수억 원을 거래하는 행위이다. 상대방의 신원 및 부동산의 감정에 대한 사소한 부분까지 꼼꼼히 확인하는 자세가 중요하다.

 알아두면 좋은 부동산 TIP ────────

조심해야 할 부동산 이중 계약

부동산 계약과 관련해 자주 일어나는 분쟁 중 하나는 매도인이 하나의 매물을 2인 이상의 매수인과 각각의 계약을 체결하는 경우이다. 이런 이중 계약을 방지하기 위해서 거래는 당사자들이 직접 만나서 해야 한다. 집주인이 불참한다면, 반드시 위임장과 인감증명서를 받아야 한다. 또한, 보증금과 계약금은 무조건 집주인 명의의 통장으로 이체한다. 그리고 계약을 진행하는 중개업자가 공인중개소 자격을 갖췄는지 확인하고 공제증서를 받아두어야 한다. 계약서를 작성할 때는 특약사항도 체크한다. 이중 계약으로 계약을 파기할 때 계약금 외에 위약금으로 거래 금액의 두 배를 지불하는 등의 강력한 특약은 필수이다. 이외에도 등기부등본 역시 수시로 확인한다. 일부에서는 아직 다운계약서를 작성하기도 하는데 훗날 가산세 부과 및 과태료 폭탄 등 불이익을 겪을 수 있으니 절대로 하면 안 된다.

미래를 준비하는
주택청약종합저축

Q 40대 주부입니다. 그동안 부동산에 관심이 없다 보니 지금까지 주택 청약 관련 통장도 하나 없이 살았습니다. 하지만 전세를 오래 살다 보니 이제는 안정적인 내 집을 갖고 싶어졌습니다. 언제일지는 모르겠지만, 미래를 위해 아파트 당첨이 가능한 주택청약 통장을 만들고 싶은데 어떤 상품이 좋을까요?

A 청약저축, 청약예금, 청약부금으로 나뉘었던 청약 상품들을 하나로 통합한 통장인 '주택청약종합저축'을 추천합니다. 2009년 5월에 출시되었으며, 이 통장 하나면 공공주택, 임대주택, 민간주택 등 모든 주택에 청약할 수 있습니다. 주택청약종합저축은 주택 소유 여부나 나이 제한 없이 누구나 가입할 수 있습니다. 즉, 주택 소유자나 미성년자도 가입할 수 있으며, 매월 2만 원 이상 50만 원 이하 금액을 납입할 수 있습니다. 입금하려는 금액과 납입 누계액의 합이 1,500만 원 미만이면 월 50만 원을 초과하여 잔액이 1,500

만 원이 될 때까지 일시 예치도 가능합니다.

또한, 일반적인 예금 상품보다 금리가 높고, 소득공제도 받을 수 있다는 장점이 있습니다. 예금자보호법에 의한 예금 보호 대상은 아니지만, 국민주택기금의 자원 조성을 위한 저축 상품이고 이것을 국가가 관리하고 있으므로 실질적으로 예금자 보호가 가능한 상품입니다.

청약통장 1순위로 만들기

주택을 청약하기 위해서는 청약통장 자격이 1순위가 되어야 유리하다. 1순위가 되기 위해서는 납입 기간이 1년 이상이 되었거나 납입 횟수가 12회 이상이 되어야 한다. 그런데 현재 청약통장 1순위인 사람이 약 1천만 명, 2순위인 사람들도 약 1천만 명이나 있다고 한다. 우리나라 인구의 약 50%가 1~2순위인 셈이다. 그러니 청약통장 1순위 자격은 필수이며, 청약가점도 높아야 청약에 당첨될 확률이 높다.

청약가점은 총 84점 만점으로 무주택 기간(최고 32점), 부양가족 수(최고 35점), 청약저축통장 가입 기간(최고 17점)에 따라 점수를 부여한다. 청약가점이 60점 이상 되려면 배우자와 자녀 두 명을 부양가족으로 둔 세대주를 기준으로 했을 때 무주택 기간은 11년, 청약통장 가입 기간은 15년 이상이어야 한다.

최근 분양가상한제가 시행되면 평균 분양가가 현재 시세의 70~80% 수준으로 떨어질 것이라는 예측이 나오고 있어 청약통장의 인기는 이어질 전망이다. 그만큼 청약 당첨이 가능한 가점도 올라갈 것으로 보인다.

금융결제원에 따르면 2019년 서울 1순위 청약 당첨 평균 가점은 52점 수준이었다. 하지만 분양가상한제가 도입되면서 청약 당첨 평균 가점은 60점 이상으로 상승할 전망이다. 그러면 무주택자라도 청약의 기회를 잡기가 쉽지 않다.

현재 투기과열지구 내의 전용면적 85㎡ 이하 민영주택은 청약가점제가 100% 적용된다. 전용면적 85㎡ 초과 민영주택은 가점제와 추첨제가 각 50%씩 적용되지만, 추첨제 물량의 75%를 무주택자에게 우선 공급하고, 나머지 25%를 무주택자와 1주택자에게 공급한다.

주택청약종합저축으로 청약할 수 있는 주택

주택청약종합저축으로는 크게 국민주택과 민영주택을 구입할 수 있다. 국민주택은 국가, 지방자치단체, 대한주택공사, 지방공사가 건설하는 전용면적 85㎡ 이하의 주택을 말한다. 청약 자격은 일반공급과 특별공급으로 구분되는데 특별공급 자격 대상자는 신혼부부, 다자녀 가구, 노부모 부양 가구, 장애인 등 정책적 배려가 필요한 사회 계층이다.

반면, 민영주택은 국민주택을 제외한 주택으로, 예치 금액에 따라 전용면적으로 구분되는 평수가 결정된다. 서울과 부산에서는 300만 원 이상이 되면 85㎡ 이하, 600만 원 이상이면 102㎡ 이하, 1,000만 원 이상은 135㎡ 이하, 1,500만 원은 모든 면적의 주택에 청약할 수 있다. 청약 당첨 대상자는 보통 75%를 청약가점제로 정하고, 나머지는 추첨제로 정한다.

주택 청약을 하려면 한국감정원의 청약홈(www.applyhome.co.kr)에서 신청하면 된다. 청약홈에서는 청약 정보, 조회뿐만 아니라 초보자를 위한 청약 연습도 가능하고, 당첨 여부도 확인할 수 있다.

 알아두면 좋은 부동산 TIP ────────────

청년 우대형 주택청약종합저축

만19~34세의 청년이라면, '청년 우대형 주택청약종합저축'에 가입할 수 있다. 일반 주택청약종합저축의 금리는 연 1.8% 정도로 은행권 정기예금 평균보다 낮다. 그러나 청년 우대형 주택청약종합저축은 가입 기간이 2년 이상이 되면, 총 납입 원금이 5,000만 원 한도로 최대 10년까지 최대 연 3.3%의 우대금리를 받을 수 있다.

납입 방식은 주택청약종합저축과 같다. 1,500만 원까지 자유롭게 납입한 후에는 연간 600만 원(월 2만 원에서 50만 원 이내) 한도에서 납입할 수 있다. 가입 기간을 2년 이상 유지한 계좌는 이자 소득 500만 원 내에서 비과세 혜택을 적용받는다. 일반 주택청약종합저축을 청년 우대형으로 전환할 수도 있으며, 이때 기존 납입 금액과 납입 회차, 납입 기간이 모두 인정된다.

금리와 부동산의
상관관계

Q 부동산을 구입하기 위해 대출을 알아보면서 금리에 관해서 공부하고 있습니다. 최근 미국을 비롯해 한국 역시 저금리 기조가 계속된다고 합니다. 그렇다면 이런 금리와 부동산은 어떤 상관관계가 있을까요?

A 세계 어디서나 부동산은 매우 비싼 자산입니다. 어느 나라 국민이든 보통은 자기 돈만으로 집을 마련하는 것은 거의 불가능하며, 대부분 은행에서 돈을 빌려서 장만합니다. 그러므로 은행 금리는 부동산 가격 변동에 매우 큰 영향을 미칩니다.

금리가 낮으면 은행에서 대출을 받아 주택 구매에 나서는 사람들이 많아지고, 이에 따라 부동산 가격이 오를 가능성이 커집니다. 반면, 금리가 높으면 이자에 대한 부담 때문에 선뜻 주택을 구입하기 힘들어지며 주택 가격도 오르기 어렵습니다.

자산 수익률 관점에서 본 금리와 부동산

자산 수익률의 관점에서 금리와 부동산의 관계를 구체적으로 알아보자. 예를 들어, 예금금리는 1.5% 정도인데, 1억 원 건물의 임대 수익이 연 500만 원으로 수익률이 5%라고 하자. 그렇다면 사람들은 은행에 예금을 하기보다는 건물을 사서 임대를 하는 것이 수익이 높다고 판단한다. 그래서 돈이 수익형 부동산으로 몰리게 되고, 이에 따라 부동산 가격도 올라간다.

이제 예금금리가 4%라고 가정하면, 은행 예금이 건물을 사서 임대를 하는 것과 수익률에는 큰 차이가 없어진다. 이에 따라 수익형 부동산에 대한 수요가 줄어들며 가격이 오를 가능성이 작아진다. 시중 금리는 이처럼 부동산 가격에 큰 영향을 미친다.

미국 부동산이 서브프라임 모기지 사태 이전까지 크게 상승한 것도 저금리 기조가 너무 오랫동안 이어졌기 때문이다. 미국의 기준금리는 IT거품붕괴 이후, 경제가 회복되고 있는 국면에서도 2002년부터 2004년 6월 말까지 2년 넘도록 1%대를 유지했다. 이에 시중의 돈이 더 높은 수익률을 찾아 부동산과 모기지 채권으로 몰려들었다. 그리고 이후 금리가 인상되자 부동산 거품도 꺼졌다.

금리와 부동산 가격을 단순화하면, 저금리일수록 자금을 융통하기 쉬우니 부동산 가격이 오를 가능성이 높다. 전 세계적으로 제로 금리가 일반화되어 있고, 일본과 유럽에서는 마이너스 금리까지 도입하는 중이니, 이런 극단적인 저금리 환경에서는 부동산 가격이 오를 가능성이 높다고 볼 수 있다.

그러나 경제 현상은 단순하게만 흘러가지는 않는다. 금리가 낮다는 것은 투자에 대한 기대 수익률이 낮고, 자금 수요가 적기 때문이기도 하다. 돈을 빌려서 투자를 하더라도 이자조차 뽑아내기 힘든 상황이 될 수 있다. 이럴 때는 저금리라 해도 곧바로 부동산 가격이 상승하지 않을 수 있다.

어떤 이들은 제로 금리가 계속 유지될 수는 없으니, 앞으로는 언젠가 금리가 오를 수밖에 없고, 그러면 부동산 가격이 내려갈 수밖에 없다고 주장한다. 하지만 정말 그럴지는 고민해 봐야 할 문제이다.

기준금리 인상은 경제 전반에 큰 영향을 미치는 결정이다. 어느 나라나 중앙은행은 매우 보수적으로 정책을 결정하므로, 경기 회복에 대한 확신이 없다면 금리를 올리지 않는다. 그래서 기준금리 인상은 경기가 회복되고 있음을 알리는 신호탄이라고 할 수 있다. 그러므로 금리 인상은 오히려 부동산 투자가 다시 늘어나는 것을 드러내는 지표가 될 수도 있다.

결국, 금리와 부동산 가격은 서로 영향을 미치는 요인이기 때문에 이를 일률적으로 단정할 수는 없다. 앞으로 기준금리가 인상될 때 그 폭과 속도가 경기 상황에 비추어 과하다면, 부동산 가격은 하락할 가능성이 크다. 하지만 기준금리 인상의 폭과 속도가 크지 않다면, 부동산 가격은 다시 오를 가능성이 커진다.

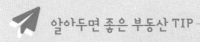

미국과 밀접한 우리나라 금리

2020년 초 신종 코로나바이러스 감염증인 '코로나19'가 발생했다. 전 세계적으로 사람들의 삶에 큰 영향을 끼친 바이러스 때문에 금리 역시 요 동칠 수밖에 없다. 글로벌 경제이고 수출이 주력인 우리나라는 미국의 경 제와 금리에 밀접한 영향을 받는다.

미국 금리는 미국 중앙은행인 '연방준비제도(Fed)'가 결정한다. '코로나 19'가 시작되자 연방준비제도는 기준금리를 0.5% 전격 인하했다. 이는 예 정에 없던 '깜짝 인하'였다. 이로써 미국의 기준금리는 기존 1.50~1.70% 에서 1.00~1.25%로 내려갔다. '코로나19' 공포로 경제 불확실성이 커지 자, 선제 처방을 내놓은 것이다. 한국 역시 미국 금리의 변화 후 기준금리를 연 1.25%에서 사상 최저 수준인 0.75%로 인하했다. 이러한 연관성 때문 에 우리나라 금리를 이해하기 위해서는 미국의 연방준비제도의 금리 정책 을 잘 알아야 한다.

정부의 부동산 정책을
읽어라

Q 40대 직장인으로 30대 시절부터 부동산 투자에 관심이 많았습니다. 10년 정도 부동산 투자를 공부해 보니, 정부의 부동산 정책이 중요하다는 것을 새삼 느꼈습니다. 부동산 정책과 부동산 투자와의 상관관계는 어느 정도인가요? 또, 정부의 부동산 정책을 미리 내다보려면 어떻게 해야 할까요?

A 부동산 투자는 정부의 부동산 정책과 한배를 타야 합니다. 큰 맥락에서 살펴보면, 이명박·박근혜 정부와 문재인 정부의 부동산 정책은 크게 다릅니다. 이처럼 각 정권에 따른 부동산 정책의 특징이 있고, 이를 고려한 투자 관점을 지녀야 합니다.

문재인 정부의 부동산 정책은 '규제'라는 관점에서 바라봐야 합니다. 문재인 정부에 들어서, 6·19 대책(2017년, 주택시장의 안정적 관리를 위한 선별적 맞춤형 대응 방안), 8·2 대책(2017년, 실수요 보호와 단기 투기수요 억제를 통한 주택시장 안정화 방안)과 9·13 대책(2018년, 주택시장 안정화 대책)이 나왔습니다. 정도의 차이는 있지만 모두 부동산 규제 정책들입니다.

2019년에는 가장 강력하다는 '12·16 대책'이 나왔습니다. 12·16 대책은 투기적 대출 수요를 차단하기 위한 대출 규제, 주택의 보유세 부담 강화 및 양도소득세 보완, 거래 질서 확립으로 규정된 민간택지 분양가 상한제 확대 및 거래 조사·청약 규제 강화, 공급 확대를 위한 내용 등 크게 4가지로 요약할 수 있습니다.

투기적 대출 수요를 막기 위한 대출 규제

12·16 대책의 대출 규제는 서울을 주요 타깃으로 하는 투기지역과 투기과열지구에 적용하는 대출 규제와 갭 투자를 방지하기 위한 전세 대출 규제로 나눌 수 있다. 12·16 대책의 대출 규제 특징은 주택담보대출을 원칙적으로 금지하는 규제(15억 원 초과 시)가 나왔다는 점이다. 이외에도 9억 원을 초과하는 경우는 주택담보대출비율(LTV) 한도를 일부 축소(9억 원 초과분은 LTV 20% 적용)하기도 했다. 특히, 투기지역과 투기과열지구 내에서 실수요자가 시가 9억 원이 넘는 주택을 새로 취득하거나 갈아타기를 한다면, 1년 이내에 전입하고 기존 주택을 처분하는 조건으로만 대출이 가능하다. 실수요자가 갈아타기 전략으로 자주 활용했던 일시적 2주택 비과세 혜택도 조정대상지역에서는 이제 1년 이내에 기존 주택 매각과 함께 새로운 주택에 전입해야만 가능하도록 축소했다.

2019년 11월 초, 강남 4구를 포함한 8개 구 27개 동을 지정했던 분양가상한제 적용 지역은 322개 동으로 확대(서울 13개 구 전체 272개 동 및 광명, 과천, 하남 13개 동)되었다. 서울 모든 지역이 분양가상한제의 사정권에 들어간 모양새이다. 투기과열지구에서 9억 원을 초과하는 주택을 구입할 때는 자금조달계획서의 증빙 자료 제출을 의무화하고, 청약 거주 요건을 강화했다. 또한, 청약 재당첨 제한 기간(분양가상한제 적용 주택과 투기과열지구 내의 주택 10년, 조정대상지역 내의 주택 7년)에 대한 내용도 유의해야 한다.

2020년에 정부는 6, 7월에 연달아 강력한 부동산 규제 정책을 내세웠다. 6·17 대책에서는 조정대상지역과 투기과열지구를 확대 지정하였고, 주택자금조달계획서 제도를 개선하였다. 그로부터 한 달 후인 7월에는 7·10 대책을 발표하여 다주택자 단기 거래에 대한 세율 인상, 서민과 실수요자의 부담을 줄이기 위한 공급 물량 확대 및 기준 완화, 등록임대사업자 폐지 등을 알렸다.

7·10 대책은 2020년 상반기에 지속해서 높은 가격상승률을 보인 경기·인천·대전·청주 등 일부 지역이 규제 지역으로 지정된 이후 상승세가 둔화한 반면, 서울 및 수도권 일부 지역의 매수세 및 상승세가 지속되는 현상을 고려해 나온 대책이었다.

또한, 실수요자들의 내 집 마련에 대한 불안감 그리고 신축 선호 등의 이유로 30대의 젊은 층을 중심으로 추격 매수 심리가 확산하고 있는데, 이런 문제를 고려해 무주택 실수요자에게 지속적인 공급을 늘리겠다는 취지였다. 그 일환으로 무주택 실수요자의 내 집 마련 지원을 위해 생애 최초 특별공급 적용 대상 주택 범위 및 공급 비율을 확대하기로 했다. 즉, 국민주택은 25%까지 확대하고, 전용면적

85㎡ 이하 민영주택 중 공공택지는 분양 물량의 15%, 민간택지는 7%를 배정한다.

이처럼 문재인 정부는 부동산을 주거의 관점에서 바라보며, 투기를 잡기 위해 다양한 정책을 계속 마련하고 있다. 하지만 여야의 정부가 바뀌듯이 부동산 정책 역시 변화되니 이러한 정책 역시 언제까지 갈지는 알 수 없다.

 알아두면 좋은 부동산 TIP

정권의 부동산 정책에 따른 집값 변동률

구분	부동산 정책	집값 변동률		주택 공급량
		전국	서울	
노태우 정부	주택 200만 가구 건설 1988년 2월 ~ 1993년 2월	43.3	42.2	271만 8,012
김영삼 정부	부동산 실명제 도입 1993년 2월 ~ 1998년 2월	-2	-2.8	312만 5,797
김대중 정부	양도소득세 감면, 전매 제한 폐지 등 전면적인 부양책 1998년 2월 ~ 2003년 2월	19.3	33.2	234만 629
노무현 정부	종합부동산세 신설, 재건축 초과 이익 환수제 도입 등 규제 2003년 ~ 2008년 2월	24.1	42.9	253만 8,118
이명박 정부	부동산 관련 세제 완화 2008년 2월 ~ 2013년 2월	13	1.9	227만 6,092
박근혜 정부	가계 부채 관리, 청약조정대상지역 지정 2013년 2월 ~ 2017년 3월	8.6	7.5	244만 6,743
문재인 정부	다주택자 양도소득세 중과, 종부세 추과 과세, 재건축 규제 등 2017년 5월 ~ 현재	14.7	42.2	?

은퇴 설계는
부동산으로

Q 50대 후반으로 이제 퇴직을 준비 중입니다. 그동안 벌어 놓은 것도 있지만, 인생 이모작이 걱정됩니다. 집 한 채를 갖고 있는데, 주택연금을 들어야 할지 아니면 다소 작은 집으로 갈아타서 자본을 융통해야 할지 고민이 됩니다. 가진 재산은 부동산밖에 없는데, 어떻게 은퇴 설계를 준비해야 하나 눈앞이 깜깜합니다.

A 고객들에게 은퇴 상담을 해 주면서 '부동산 은퇴 설계'를 굳이 힘주어 말하는 이유는 한국의 은퇴를 앞둔 세대의 가계 자산에서 부동산이 차지하는 비중이 80%가 넘기 때문입니다. 부동산을 빼고 은퇴 설계를 말할 수는 없습니다. 물론 부동산 은퇴 설계라고 해서 부동산만을 강조하는 것은 아닙니다. 부동산 은퇴 설계의 포트폴리오에는 담아야 할 다른 것들도 있기 때문입니다.

연금으로 만든 5층짜리 집을 만들자

먼저 현재 가지고 있는 부동산 자산을 정기적인 연금 형식으로 바꿔야 한다. 우리나라에서는 은퇴를 앞둔 세대의 자산 중 부동산이 차지하는 비중이 높다. 물론 부동산 자산 역시 든든한 밑천이 될 수 있지만, 당장 현금화하기 어려운 부동산의 특성상 질병이나 요양 등으로 급전이 필요할 때는 낭패를 보기 쉽다. 그래서 부동산 자산의 일부는 금융 자산으로 바꿔야 한다.

이에 기존의 부동산 자산을 정리해 연금으로 구성한 5층짜리 집 만들기를 제안해 본다. 1층은 국민연금, 2층은 퇴직연금, 3층은 개인연금, 4층은 주택연금, 마지막 5층에는 월 지급식 연금이 필요하다.

가장 밑바닥 1층에는 국민연금이 자리 잡고 있다. 1988년부터 시작된 국민연금은 향후 기초적인 노후 생활비가 될 수 있지만, 1층 집만으로는 태부족이다. 2층의 퇴직연금, 3층의 개인연금을 준비해야 탄탄한 연금의 집을 만들 수 있다. 4층인 주택연금도 매우 활성화되어 있다. 거주를 기반으로 9억 원 이하의 주택을 연금으로 받을 수 있는 주택연금을 활용하면 안락한 노후 생활을 영위할 수 있다. 최근에는 월 지급식 연금도 나와서 노후에 안정적인 연금 보장의 틀을 만들어 냈다.

부동산 자산의 리모델링

노후에는 부동산 자산의 리모델링을 통해 유동성이 낮은 부동산 자산을 과감하게 수익형 부동산으로 바꾸고, 거주 역시 실용적인 관점에서 접근해야 한다. 이제 부동산은 소유가 아닌 사용의 개념이다. 또한, 개발에서 관리로 부동산의 트렌드가 바뀌었다. 이런 부동산 흐름을 감지하고 부동산 자산을 새롭게 바라봐야 한다.

무엇보다 노후에는 행복 자산이 중요하다. 그래서 건강, 가족, 여가, 취미, 친구, 종교, 교육 등 행복한 생활이 기반이 돼야 한다. 연금과 부동산이 아무리 많아도 행복 자산이 '제로'라면 행복한 노후를 보내기 힘들다.

그러니 건강하고 행복한 노후를 위해서라도 최대한 안정적인 수익구조 마련과 자신을 행복하게 하는 다양한 취미와 모임 등 행복 자산을 비슷한 비율로 준비하려는 노력이 필요하다.

개인의 취향이 중요한 부동산 은퇴 설계

서울에 살다가 은퇴 이후 경기도 양평에 아내와 함께 내려간 65세 G 씨는 30여 년 동안 해오던 출판 사업을 자식에게 물려주고 전원에서 노후를 즐기고 있다. 그런데 전원생활이 만족스러운 G 씨와 다르게 그의 아내는 농사나 시골 생활에 별다른 매력을 못 느낀다. 아내는 주변에 이야기를 나눌 친구도 없고, 무료한 일상에 점점 지쳐갔다. 그러다 보니 G 씨와 그의 아내는 그러한 문제로 종종 부부싸움을 하게 된다.

도심을 떠나 전원생활을 한다는 것은 낭만적이기도 하고, 노후의 건강한 삶을 위해 아주 좋다. 그러나 모든 사람이 전원생활을 좋아하는 것은 아니다. 전원생활이 G 씨 아내에게 행복을 가져다주지 못했다. 이처럼 돈과 행복에 대한 기준이 개인마다 다른 만큼 개인에게 맞는 맞춤형 포트폴리오가 절실하다. 결국, G 씨 부부는 양평 전원주택을 주말 주택으로 별장처럼 활용하기로 하고, 아내의 연고가 있는 잠실 쪽에 주택을 하나 더 마련했다.

또 다른 기회가 되는
부동산 조정기

Q 저는 부동산 투자에 관심이 많은 40대 주부입니다. 지인들을 보면 부동산 투자로 많은 수익을 본 사람이 있는 반면, 부동산 투자로 손해를 본 사람들도 많습니다. 요즘은 부동산 시장의 조정기라는 이야기를 많이 듣습니다. 이러한 조정기에는 갈아타기를 하는 것도 방법이라고 하는데, 이에 대해서 자세하게 알고 싶습니다.

A 부동산 시장에는 조정기가 있습니다. 부동산 시장이 오름세 혹은 내림세가 확실하지 않고 조정 국면이 지속되는 경우를 말합니다. 그런데 의외로 이 조정기에 할 수 있는 것이 많습니다. 한마디로 말하자면 '부동산 자산 교체의 적기'입니다. 예를 들어, 무주택자는 신규 분양이나 경·공매, 1주택자는 불황기에 강한 도심의 소형 주택으로 갈아타기, 다주택자는 주택을 매도해 몸집을 줄일 수도 있습니다.

다주택자는 '몸집 줄이기'가 필요

2020년 상반기는 부동산 시장이 하향 추세를 나타내면서 조정기로 접어든 경향을 보인다. 하지만 오름세 혹은 내림세가 완연하지는 않다. 그럴 때 부동산 시장에서는 '적극적인 갈아타기' 전략이 필요하다.

무주택자라면 분양이나 경·공매를 노리는 것도 좋다. 신규 분양은 보통 시세 대비 20~30% 이상 가격이 싸기 때문에 조정기에도 손해를 보지 않고 다음 상승기를 노릴 수 있다. 조정기에는 경·공매도 매물이 넘쳐 낙찰가율이 떨어지고 당첨 확률이 높아지기 때문에 역발상으로 접근하면, 4~5년 뒤 상승기를 기대할 수 있다.

서울 변두리나 수도권의 중대형 1주택 보유자라면, 부동산 조정기에 상대적으로 가격 지지력이 높은 도심의 소형 주택으로 갈아타기를 시도해 보자. 1주택자는 관망하지 말고 축소 지역에서 성장 지역으로 갈아타는 것도 좋다.

반면, 다주택자는 부동산 자산 '몸집 줄이기'가 필요하다. 최근 보유세가 높아졌으니 아무래도 증여·상속이나 부부 공동명의 변경으로 세금 부담을 줄이고, 투자가치가 낮은 자산은 선별해 매각하는 전략이 중요하다.

좁은 국토를 가진 우리나라에서 땅의 가치는 계속 오를 수밖에 없다. 다만 개별 부동산은 주택시장에 영향을 미치는 다양한 요인들이 있다. '코로나19'와 같은 세계적인 전염병이 창궐하거나 경기 및 금리 역시 큰 영향을 미치는 요인들이다. 이럴 때 바로 조정기가 찾아오는데, 이 기회를 잘 활용해야 한다.

만약, 격변기에도 영향을 덜 받는 부동산을 고르고 싶다면, 현재 사는 곳보다 더 경쟁력을 갖춘 곳으로 갈아타기를 시도한다. 지역에서 더욱 경쟁력을 갖춘 주택은 분명히 있다. 이른바 대장 아파트이다. 그런 아파트는 보통 시장이 회복하면 가장 먼저 오른다. 1천 가구 이상 대단지와 역세권, 중산층이 많이 사는 초품아(초등학교를 품은 아파트) 등이 이에 해당한다.

신규 분양 아파트의 미계약 물량도 노려볼 수 있다. 미분양 물량은 분양 초기부터 남아 있는 물량이지만, 미계약 물량은 청약률은 높았는데 초기 가수요자들이 계약을 포기한 물량이다. 구조적인 문제가 있는 아파트는 아니라서 시간이 지난 후 가치를 인정받을 수 있다.

현재는 주거 여건이 다소 열악하지만, 앞으로 전철, 도로 등이 개통되면 교통 여건이 개선되는 지역은 침체기에도 안전할 수 있다. 이러한 지역은 개발 기대감이 지속해서 투자 심리를 자극하기 때문이다. 값이 좀처럼 내려가지 않으며 하락한다고 해도 시장 회복기에는 가격이 다시 올라간다.

부동산 조정기는 기회를 가질 좋은 조건이 된다는 것을 꼭 기억하자.

 사례로 보는 상식 TIP

은마아파트와 잠실주공5단지 아파트의 조정기

아파트 가격에는 바로미터가 있다. 바로 강남권의 은마아파트와 잠실주공5단지 아파트이다. 각각 재건축을 앞둔 이 아파트들의 시세는 전국 아파트 시세의 기준점이 되곤 한다. 조정기를 끝내고 시세가 오른다고 하지만,

이 두 아파트의 조정기는 예상외로 길었다. 이 아파트들은 최고점을 회복하는 데 각각 9년이 걸렸다.

국토부 실거래가 공개시스템에 따르면 대치동 은마아파트 전용 84㎡는 2007년 1월 13억 8,500만 원으로 최고점을 찍었지만, 2008년 9월 글로벌 금융위기 이후 그해 12월 8억 7,000만 원에 실거래되었다. 최고점 대비 37%나 급락한 것이다.

잠실주공 5단지 전용 76㎡도 2006년 12월 13억 6,000만 원을 찍었지만, 2008년 9월 10억 5,000만 원, 12월에는 7억 7,000만 원까지 내려갔다. 최고가 대비 43%나 떨어졌다. 1년 전인 2007년 12월(12억 원)과 비교해도 35%나 떨어진 금액이다.

물론, 현재 은마아파트는 20여억 원이 넘는다. 다만 2008년 많이 떨어진 시세가 완전히 회복하기까지는 꽤 오랜 시간이 걸렸다. 은마아파트는 9년 8개월, 잠실주공 5단지도 9년 6개월이 걸렸다.

부동산
매도의 기술

Q 부동산 중개사무소 실장의 권유로 살고 있는 아파트의 대출을 받아 상가를 하나 구입했습니다. 상가에서 나오는 월세 수입이 고스란히 은행 대출 이자로 나가는 상황인데, 임차인이 장사를 그만하고 나간다고 하니, 중간에 부동산 중개 수수료도 들고 어려움이 컸습니다. 할 수 없이 상가를 팔려고 부동산중개소에 내놓았는데 잘 나가지 않습니다. 부동산 매도를 위한 효과적인 방법이 있을까요?

A 부동산은 내 물건이 되면서부터 매도의 어려움이 시작됩니다. 단순하게 생각하면 매도가 쉬운 매물을 매수하면 됩니다. 하지만 부동산을 사고팔다 보면 매도가 쉬운 매물만 살 수는 없는 노릇입니다. 그때부터 매도의 어려움은 시작됩니다.

저는 부동산 매도를 원한다면 100군데의 공인중개소를 찾으라고 조언합니다. 그만큼 발품을 팔아야 한다는 것을 강조한 것입니다.

제아무리 여건이 안 좋은 부동산도 정말 팔아야겠다는 마음을 먹으면 팔 수 있습니다. 매도할 부동산의 임자는 따로 있기 마련입니다. 하지만 100군데의 공인중개소를 찾는다는 심정으로 개인이 노력해야 한다는 것도 잊지 말아야 합니다.

매매 차익이 적은 순으로 매도를 고려

부동산 매매를 하다 보면 상황에 따라 차선책으로 선정한 부동산을 매수하는 경우가 있다. 그때부터 매도의 기술이 필요하다. 주변에 개발 계획이 없고 주거, 교육, 교통 환경이 떨어지는 지역, 월세 수익률이 낮은 지역의 부동산을 보유하면서 매도하려고 노력하지 않는 사람이 있다. 이런 부동산을 계속 보유하는 것은 짐만 될 뿐이다.

먼저 세입자에게 매도 의사를 밝히고, 시세보다 약간 낮은 가격에 매입을 권유하는 것도 좋다. 세입자 입장에서도 이사비, 중개 수수료로 목돈을 쓰는 것보다 살던 환경을 유지하는 것을 선호하기 때문이다. 혹시 세입자가 매입할 의사가 없더라도 좋은 관계를 유지하기 위해 신경을 쓰는 게 좋다. 그래야 부동산 중개인과 매수자가 집을 보러올 때 편하게 볼 수 있고, 집이 나갈 확률이 높아진다.

부동산을 매도할 때는 매매 차익이 적은 주택을 먼저 처분하고 매매 차익이 큰 주택은 1가구 비과세 혜택을 받는 게 좋다. 조정대상지역 내 주택 매도자는 양도세 중과에 주의해야 한다. 특히, 조정대상지역 내 3주택 이상 보유자에게는 2021년 6월부터 기본세율에 30%가(그 이전까지는 20%) 중과 적용되니 유의하자. 하지만 3주택 이상 보유자라도 조정대상지역 이외 지역에 있는 집은 양도세 중과 대

43

상이 아니기 때문에 일반 세율로 양도세를 내면 되므로 먼저 매각해야 한다.

부동산 매도는 최대한 많은 공인중개소에 내놓아야 매도의 기회가 생긴다. 1~2개의 공인중개소에 매물을 내놓고 기다린다면, 언제 팔릴지 기약할 수 없다.

부동산 중개인과의 관계도 중요하다. 부동산 중개인에게 수수료를 넉넉히 주겠다고 먼저 제안할 수도 있다. 부동산 중개인 입장에서는 특별한 차이가 없으면 수수료를 많이 주겠다는 사람의 매물부터 팔기 마련이다. 계약을 마친 후 부동산에 건네준 법정 중개 수수료 외 수수료도 서로 간에 계약서를 작성 후 컨설팅 비용으로 받을 수 있다.

부동산 매매를 위해서는 매물을 깨끗하게 관리하는 것도 중요하다. 부동산을 구입하려는 사람들도 매물이 잘 관리되고 있어야 호감을 느낀다. 어떤 사람은 매매를 위해 인테리어를 하는 경우도 있다. 물론 그 비용은 매매 비용에 더해지기 마련이다.

부동산 매도의 최고 기술은 다시 말해 매수의 기술이기도 하다. 부동산을 매수할 때부터 최적의 부동산을 사는 것이 중요하다. 항상 부동산을 매수할 때 매도할 때를 고려해야만 매도할 시기가 왔을 때 애를 먹지 않는다는 것을 명심하자.

 사례로 보는 상식 TIP ──────────

적극적인 매물 내놓기로 매도 성공

F 씨는 공인중개소장의 권유에 따라 신축 아파트 단지 아래 골목에 분양

된 1층 구분상가를 매입했다. 상가 대금의 80%를 대출로 구입한 물건이다 보니, 임대 수익은 곧바로 은행 대출이자로 나가 버렸다. 결국, 상가 운용의 혜택은 대출이자 수익을 보는 은행에 있다고 생각한 F 씨는 상가를 매도하기로 했다. 그러나 분양은 쉬웠지만, 매도는 어려웠다. 골목에 들어선 구분상가에 대한 평가는 대부분 부정적으로 보았다.

이에 F 씨는 구분상가의 주변 공인중개소는 물론이고 해당 동네가 아닌 지역에 있는 공인중개소까지 발로 뛰며 50여 개의 매물을 내놓았다. 공인중개소에서는 매매 대금을 낮추라는 조언을 하면서 부정적으로 봤다. 하지만 그 동네가 아닌 다른 지역 부동산에서 매매 중개 연락이 왔다. 결국, 구분상가 근처 아파트 단지에 거주하는 의료 중개업을 하는 사람이 저렴한 대출이자를 내면서 사용할 집 근처 구분상가를 찾고 있었는데 해당 매물과 조건이 맞아 매매가 성사되었다. F 씨의 사례에서 보듯 매매를 원한다면 최대한 많은 공인중개소에 매물을 내놓을 때 성사 확률이 높다. 또한, 아무리 팔리지 않을 것 같은 부동산 매물도 결국은 임자가 따로 있다.

명확해야 할
부동산 자금 출처

Q 2020년 세무서에서 3년 전 취득한 아파트의 자금 출처에 대해 소명해 달라는 연락을 받았습니다. 아파트 계약 당시 부모의 도움을 받은 것이 사실입니다. 국세청도 이를 어느 정도 알고 있는 것 같습니다. 자금을 증여한 것으로 의심되는 저의 아버지도 조사 대상자로 동시에 선정되었습니다. 이럴 때는 어떻게 해야 하나요?

A 국세청에서는 직업·연령·소득·재산 상태 등으로 미루어 본인의 자금으로 부동산을 구입(또는 채무를 상환)한 것으로 보기 어렵다고 판단되면, 세무 조사를 통해 증여세를 추징하고 있습니다. 이를 '자금 출처 조사'라고 합니다.

실제로 부모에게 돈을 빌린 것이라면, 증여세를 매길 수는 없습니다. 그러나 정말 빌린 것인지, 아니면 증여를 받은 것인지 구분하는 기준이 있습니다.

판례들을 살펴보면, 금전을 빌려줄 당시 차용증과 같은 계약서가 있는지, 이자를 주고받았는지 등으로 사실 여부를 판단합니다. 만약 아버지에게 돈을 빌리면서 차용증을 작성했고, 그동안 매달 꾸준히 아버지에게 약정된 이자를 송금한 내역과 조금씩 원금의 일부도 상환해온 금융 거래 내역 등을 제출한다면 인정받을 수 있습니다.

자산 매각 대금은 자금 출처 대상

본인 소유의 부동산, 주식 등 자산 매각 대금은 당연히 자금 출처가 된다. 세무서에 신고된 근로 소득, 사업 소득, 퇴직 소득, 이자·배당 소득, 기타 소득도 자금 출처로 인정된다. 하지만 소득 전액이 아니라 소득에서 세금 등 공과금을 제외하며, 생활비나 기타 비용으로 쓴 돈은 제외된다. 즉, 신용카드 사용 금액, 교육비, 의료비, 보험료 등으로 지출한 금액이 있다면 이는 제외되는 것이다.

자금 출처 조사는 통장 잔고와 거래 내역을 우선적으로 확인한다. 부모와 같이 생활하면서 생활비를 부모가 지출하고, 그간 받은 봉급을 고스란히 통장에 넣어 두었더라도 대부분 자금 출처로 인정받을 수 있다. 금융기관을 통해 대출받은 자금이 투입되어 구입한 경우에도 이를 자금 출처로 인정받는다. 물론, 대출 및 상환과 이자 지급 등을 본인이 했다는 것이 입증되어야 한다.

부모가 자녀에게 돈을 빌려주었다면 증여로 추정되어 쉽사리 자금 출처로 인정받기 어렵다. 그러나 차용증을 작성하고, 약정대로 원리금을 상환하고, 부모가 이자소득세를 신고한다면, 실제 차입 거래임이 입증되고, 취득 자금의 출처로 인정받을 수 있다.

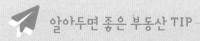

공동명의로 증여세 부담을 줄이기

신혼부부가 주택을 구입할 때 부부가 공동으로 취득 자금을 분담하고, 공동명의로 한다면 증여세의 부담을 줄일 수 있다. 가령 맞벌이하는 젊은 부부가 시가 10억 원의 주택을 취득한다면 20%를 제외한 8억 원까지 자금 출처를 입증하면 된다. 취득 주택을 담보로 은행에서 4억 원 대출을 받고, 두 사람이 직장생활을 해서 모은 급여 각 2억 원씩 합계 8억 원을 자금 출처로 증명한다면 증여세 없이 집을 마련할 수 있다. 만약 증여세를 신고하고 자녀들의 주택 마련 자금을 부모들이 지원하겠다면, 자녀가 취득하는 주택 규모는 더 커질 수 있다.

장점이 많은
부부 공동명의

Q 최근 아내가 제 명의의 아파트를 공동명의로 변경하자고 합니다. 막상 명의를 변경하려니 번거롭다는 생각이 들기도 합니다. 부동산을 공동명의로 바꾸면 정말 장점이 많은가요?

A 부부가 공동으로 명의를 가지면 장점이 될 수 있습니다. 먼저 양도소득세 관련 장점입니다. 양도소득세는 양도소득 과세표준에 세율을 곱하는데, 누진세율 구조라 과세표준 구간이 높아질수록 부담이 심합니다.

그런데 부부가 공동명의를 한다면, 이 과세표준 구간이 절반으로 낮아지므로 세율이 낮춰지는 효과를 볼 수 있습니다. 예를 들어, 1억 5,000만 원 상당의 아파트 한 채를 양도할 때 한 사람의 단독명의라면 35%의 세율을 적용받습니다. 그러나 부부 공동명의로 하면 지분이 반으로 줄기 때문에 세율 구간이 24%로 낮아져 실제로 내야 하는 세금도 1,000만 원 이상 차이가 납니다.

요즘은 아파트 가격이 높습니다. 만일 서울 시내의 아파트 가격을 기준으로 본다면, 이러한 세금 절감 효과는 더욱 커질 것입니다. 종합부동산세(종부세) 역시 부부공동명의로 하면 절세가 가능합니다.

실질적인 양도세 감면 효과가 있는 공동명의

일단 주택을 3억 원에 구입해 15년 후 6억 원에 양도한다면, 단독명의인 경우와 부부공동명의인 경우 세금이 얼마나 차이가 나는지 계산해 보자. 첫 번째, 단독명의로 취득 후 양도하는 경우는 납부해야 할 세금이 대략 6,500만 원이다. 해당 부동산을 부부가 50%씩 공동명의로 했다가 똑같은 양도 차익을 남기고 매각한다면 납부해야 할 세금은 약 4,600만 원이다. 그러면 부부가 각각 2,300만 원을 내면 되므로 부동산 명의를 분산해 세금 1,900만 원을 아낄 수 있다.

종합부동산세는 1인 별 합산 방식이다. 그래서 공동명의로 한다면 양도소득세처럼 과세표준 구간이 낮아지고 세율도 낮은 비율을 적용받는다. 10억 원짜리 아파트를 기준으로, 단독명의라면 공시가격이 9억 원을 초과하기 때문에 종합부동산세의 부과 대상이 된다. 하지만 공동명의라면 각각 5억 원의 지분이 생기므로 종합부동산세가 과세하지 않는다.

단독명의에서 나중에 공동명의로 변경하는 경우는 실제 체감할 수 있는 세금과 추가 비용을 비교해 보면 도움이 된다. 명의 변경은 등기 이전에 따른 증여세, 취득세, 등기 수수료 등이 부과되기 때문에 자칫하면 세금 절감액보다 이러한 추가 비용이 커질 수 있으니 주의하자.

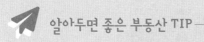 알아두면 좋은 부동산 TIP ────────────

부부공동명의, 이혼 후의 변수

S 씨는 2014년에 결혼하면서 부부공동명의로 아파트를 취득했다. 그런데 2019년 이혼하면서 소유권이전등기를 하고 S 씨가 100% 지분을 단독으로 보유하게 되었다. 구입 당시 2억 8,000만 원이던 아파트가 지금은 5억 원 정도로 올랐다. 이럴 때는 배우자에게 이전받은 지분 50%는 부부 공동 노력으로 이룩한 공동 재산으로 이혼 후 재산분할 및 환원에 해당하고, 당초 부부가 공동명의로 취득한 날부터 2년 이상 보유했다면, 1가구 1주택 비과세 적용이 가능하다.

다만, 재산분할청구에 의한 소유권 이전이 아니라 위자료 등의 명목으로 배우자로부터 지분을 이전받은 경우에는 자산의 분할 및 환원이 아닌 유상양도로 보기 때문에 양도소득세가 과세된다. 이때 본래의 지분 50%는 1가구 1주택 비과세가 되지만, 이혼 후 받은 지분 50%는 소유권 등기 접수일 등을 기준으로 2년 이상 보유하고 나서 양도해야만 비과세를 적용받을 수 있다.

생활의 차이로 이어지는
투자 마인드

Q 저하고 처지가 비슷한 친구가 있습니다. 비슷한 시기에 직장
에 들어갔고, 월급 등을 보면 저보다도 사정이 나을 것도 없는
친구인데, 만나서 이야기해 보면 부동산의 차이가 생활의 차이로 이어지는
것을 보고 다소 충격을 받았습니다. 한마디로 부동산에 대한 마인드와 접
근이 격차의 원인이었습니다. 저도 부동산을 연구해 투자에 성공하고 싶습
니다. 무엇부터 해야 할까요?

A 주변에 부동산 투자에 관심을 두는 사람은 아주 많습니
다. 투자자가 원하는 것은 적은 투자 금액으로 큰 수익을 보
는 물건을 찾는 것이지요. 투자자의 심정이야 이해할 수 있지만, 내
입맛에 가장 적합한 음식만 골라 먹을 수는 없습니다. 투자 역시 마
찬가지입니다. 중요한 것은 현실에 맞는 적정 물건을 찾고 내가 보유
한 현금과 지렛대를 활용할 수 있는 금액을 구체적으로 산정해야 합
니다.

부동산 투자에 왕도는 없다

부동산 시장의 같은 상황에서도 전문가와 일반인은 다르게 생각하고 반응한다. 전문가는 늘 한 수 앞을 보는데, 이는 축적된 경험과 지식을 활용한 통찰력에서 나온다. 예를 들어, 일반인은 미분양이라면 겁부터 집어먹는다. 반면, 전문가는 미분양 물량이 줄어드는 시점에 저렴하게 매수하고, 새집에 대한 호재가 가격에 반영되면 매도 준비를 한다. 일반인은 집값이 눈앞에서 오르는 것을 보고 매수를 한다.

또한, 투자에는 위험이 존재한다는 사실을 인정해야 한다. 그러니 투자 노트를 작성하고 투자 목표를 세우는 등 꼼꼼히 투자 계획을 세워야 한다. 부동산 투자에 위험이 전혀 없다면, 모든 사람이 무조건 투자할 것이다. 부동산은 경기 침체와 정부의 부동산 규제 정책에 상당한 영향을 받는다. 여기에 소비심리까지 더해진다면 옴짝달싹 못하는 상태에 놓이게 된다.

전국 각처에서 진행되는 부동산 호재는 실시간으로 전파되고 있다. 인터넷 정보가 활성화되고, 유튜브 채널과 각종 온라인 부동산 정보가 쏟아져 나오고 있기 때문에 자신만이 알고 있는 유일한 부동산 호재는 없다고 봐야 한다.

부동산 세미나에 단골로 찾아오는 한 투자자는 투자 노트를 갖고 다니며 강연을 들으면서 늘 열심히 메모한다. 또한, 부동산 상담을 하면 꼼꼼하게 그 내용을 적고, 분석한다. 시간이 흐른 뒤, 어느 날 그는 세미나에서 얻은 조언을 바탕으로 서울 금천구의 재개발 지역에 투자했고, 꽤 많은 수익을 냈다.

부동산 투자에 왕도는 없다. 투자 마인드를 기르기 위해서는 직간접적인 투자 이야기를 수집하고, 고수의 투자 마인드를 배우는 등 자신이 직접 발로 뛰어야 부동산 투자에 성공할 수 있다.

 알아두면 좋은 부동산 TIP ─────────────

머릿속에 부동산 지도를 그려라

머릿속에 서울과 수도권 지도를 거미줄처럼 입체적으로 연결해 놓으면 부동산을 이해할 때 아주 유용하다. 지도를 해석하는 능력인 독도법을 모르면 전문가가 되기 쉽지 않다. 서울과 수도권을 비롯해 각 시군구 단위를 입체적으로 외우고 전철, 도로, 학군, 상권과 강, 공원, 산 등의 지역 특성을 파악해야 한다. 이 같은 지도를 머릿속에 넣는 훈련을 하면 투자처에 대한 폭넓은 사고력과 상대적인 가치의 차이를 구분할 수 있다.

거주 주택
선택하기

Q 30대 직장을 다니고 있는 무주택자이자 독신입니다. 여자 친구와 결혼 이야기가 나오면서 앞으로 살아갈 주택 형태에 대해서 생각해 보기 시작했습니다. 앞으로 살아갈 주택을 어떻게 선택해야 할지 너무 막연합니다.

A 한국에서 주택을 선택한다는 것은 매우 중요한 의미가 있습니다. 일단 무주택자라면 주택 구입을 추천합니다. 물론 아파트를 사든, 빌라를 사든, 자신이 가진 재산을 포함해 대출 등을 활용하지 않으면, 주택 구입이 쉽지 않은 것이 현실입니다.

하지만 정부에서도 무주택자가 주택 구입에 나선다면, 각종 규제를 제한하지 않습니다. 각종 규제와 대출 제한도 주택을 가진 사람들에게 해당하는 이야기입니다. 대출을 끼고 한 채의 주택을 산다면, 주택 가격의 상승 속에서 거주형 주택 투자자가 되는 것입니다.

우리나라의 다양한 주택 형태

주택을 구입하기로 했다면, 다음은 주택 형태를 결정해야 한다. 우리나라 주택은 아파트와 빌라, 단독주택이나 원룸 등 아주 다양한 형태가 있다.

도심에 직장이 있는 사람들은 보통 아파트를 찾는다. 앞서 주택청약제도에 대해 소개했듯이, 아파트 청약 당첨은 무주택자에게 큰 힘이 될 수 있다. 재테크를 고려한다면, 신규 아파트 당첨을 추천한다. 다만, 신규 아파트 분양이 '로또'라고 불리듯 그리 쉬운 것만은 아니다. 차선책으로 기존 아파트 구입을 고려해 보자. 입지와 앞으로의 잠재력을 감안하여 아파트를 구입한다면 나중에 큰 힘이 될 수 있다.

빌라는 더욱 신중하게 입지 조건과 앞으로의 재개발과 재건축 등의 개발 가능성을 염두에 두어야 한다. 아무래도 아파트보다 빌라의 가격 상승률이 높지 않다 보니 다른 메리트를 생각해야 한다.

단독주택도 고려해 볼 수 있는 또 하나의 옵션이다. 다만 서울과 같은 대도시에서 서울의 어느 지역을 가도 평당 가격이 만만치 않기에 자금 면에서는 부담이 된다. 하지만 지금까지는 아파트가 인기이지만, 단독주택의 가치는 시간이 갈수록 더욱 높아질 수 있다.

은퇴를 고려해서 도심을 떠난다면 전원주택지를 선택할 수도 있다. 도시 외곽 지역은 교통이 나쁘지 않으면서 땅값이 도심보다는 상대적으로 저렴하다. 또한, 자신이 원하는 집을 설계해서 주택을 직접 지을 수 있다는 점도 큰 장점이다.

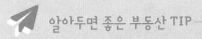

EBS 프로그램 〈건축 탐구 집〉

EBS 프로그램 〈건축 탐구 집〉은 매회 다양한 집과 그곳에 사는 사람들을 보여 주면서 집이란 무엇인가에 대해 진지하게 생각하게 한다. 출연자들은 나이도 직업도 처한 상황도 각양각색이지만, 대부분 자신이 원하는 삶이 무엇인지 많이 사색한 사람들이다. 분주한 삶에 떠밀려 자기 공간에 대한 성찰의 기회조차 얻지 못하는 도시민의 입장에서 보면 선뜻 이해가 가지 않기도 한다.

유명한 프랑스 건축가 르코르뷔지에(Le Corbusier)는 말년을 4평 남짓한 통나무집에서 보냈다고 한다. 작지만 궁전이 부럽지 않았고, 그 속에서 충분히 행복했다고 한다. EBS 〈건축 탐구 집〉은 그러한 집의 본질을 성찰해 주는 프로그램이다. 누구나 누릴 수 있는 주거의 자유를 이 프로그램을 통해 다시 한번 생각하며, 자신이 진정 원하는 거주 형태는 어떤 것인지 생각해보자.

건폐율과 용적률
알아보기

Q 열심히 부동산 공부 중인 40대입니다. 부동산중개소 사람들과 만나서 부동산에 관한 대화를 나누다 보면 '건폐율'과 '용적률'이라는 용어를 자주 듣습니다. 건폐율과 용적률이란 무엇인지, 그 개념은 어떤 것인지 궁금합니다.

A 건폐율은 건축 용어로 전체 대지 면적에 대한 건축 면적의 비율을 뜻하며, 백분율로 표시합니다. 건폐율이 높을수록 건축할 수 있는 면적이 커져 건축 밀도가 높아지므로, 적정 주거환경을 보장하기 위하여 건폐율의 상한선을 지정합니다. 이는 용적률과 더불어 도시계획을 수립하는 데 기본적인 고려 사항입니다.

건폐율은 밀도 관리, 용적률은 바닥 면적을 합친 면적

만약 건폐율이 50%라면, 전체 토지의 면적이 100평일 때 해당 건물의 가장 큰 층의 면적이 50평이라는 의미로, 평면적인 밀도를 관리하는 개념이다. 그렇다면 건폐율이 높으면 더 큰 건물을 지을 수 있으니 무조건 좋을까? 건폐율이 높을수록 건축 효율이 높은 것은 사실이지만, 투자 가치 혹은 건물의 가치를 의미하지는 않는다. 주택을 예로 든다면, 건폐율이 높을수록 녹지가 줄어드는 것은 물론이고 개방감, 일조량, 사생활 등 주거 쾌적성이 떨어질 것이라는 우려가 있다.

용적률은 전체 대지 면적에 대한 건물 연면적의 비율을 뜻하며, 백분율로 표시한다. 용적률이 높을수록 건축할 수 있는 연면적이 많아져 건축 밀도가 높아지므로, 적정 주거 환경을 보장하기 위하여 용적률의 상한선을 지정한다. 용적률을 계산할 때 지하층의 바닥면적은 포함하지 않으며, 또 지상층의 면적 중에서 주차용으로 쓰는 것, 주민 공동시설의 면적, 초고층 건축물의 피난안전구역의 면적은 포함하지 않는다.

가령 면적이 330㎡인 대지의 건폐율이 50%, 용적률이 100% 이하라면, 그 지역에는 바닥 면적 165㎡짜리 건물을 2층까지 올릴 수 있다. 만약 82㎡짜리 건물이라면 4층까지 올릴 수 있다. 내가 가진 땅의 건폐율과 용적률이 궁금하다면, '토지이용규제 서비스(luris.molit. go.kr)' 홈페이지를 방문해 주소를 입력하면 쉽게 확인할 수 있다.

건축할 때는 건폐율도 매우 중요한데, 용적률처럼 땅의 용도별로 저마다 다르다. 예를 들어, 도시 지역에서 녹지는 20% 이하, 주거·공업 지역은 70% 이하, 상업 지역은 90% 이하로 적용된다.

용적률은 건물을 새로 지을 때 수익성을 가늠하는 중요한 요소 중 하나이다. 만약 330㎡에 용적률 300%를 적용해 건축 면적 330㎡짜리 주택을 지었다고 하자. 이 집을 전세 놓는다고 가정할 때 임대료가 3.3㎡당 500만 원이라면, 15억 원(990㎡×500만 원)의 임대 수입이 생긴다.

그러나 용적률이 200%라면 임대 수입이 10억 원으로 줄어든다. 물론 용적률이 300%일 때 건축비는 더 들어가겠지만, 임대 수입이 훨씬 많기 때문에 건축비를 충분히 뽑고도 남는다. 그래서 집이나 빌딩을 지으려는 사람들은 더 많은 용적률을 얻어내기 위해 안간힘을 쓰기 마련이다.

 알아두면 좋은 부동산 TIP

구멍이 난 건물, 역삼동 '어반하이브'

강남구 신논현역 일대 명물로 통하는 '어반하이브'의 외관은 이상하다. 콘크리트 외벽에 벌집처럼 원형의 구멍들이 촘촘히 나 있는 이 건물의 비밀도 용적률에 있다. '폭 1.5m 이내의 개방된 발코니는 용적률에 포함되지 않는다'라는 건축법의 조항을 이용했다. 벽면에 원형으로 개구부(채광이나 환기를 위해 만든 창이나 문)를 만든 뒤, 이를 건물을 지탱하는 '덮개'처럼 활용했다. 이 덮개는 건축물이지만, 용적률에는 포함되지 않는 '보너스'이다. 아파트에서 확장된 발코니가 '덤'으로 주어지는 것과 같은 원리이다.

용적률을 지키면서 건물의 층수를 최대한 높이고 싶다 보니 건물 중앙에 거대한 구멍을 내는 방법을 사용한 것이다. 중간에 비어 있는 공간만큼의 면적을 더 만들 수 있기 때문에 건물의 층수를 높일 수 있었다.

부동산의 바탕은
인문학과 실용 학문

Q 30대입니다. 저희 부모님은 부동산 운이 별로 없었던 것 같습니다. 서울 강남에서 부동산 가격이 치솟기 전에 강북 아파트로 이사를 오고, 그 이후부터도 부동산 투자와는 별로 인연이 없었던 분들이었습니다. 부모님을 보면서 저는 부동산 투자 마인드를 꼭 가져야겠다는 생각이 들었습니다. 부동산 투자 공부를 하고 싶은데 어떻게 시작해야 할지 조언을 부탁드립니다.

A 부동산 투자 공부는 끊임없이 깊게 파고들어야 합니다. 그리고 인문학과 실용 학문이라는 쌍두마차를 끌어야 합니다. 인문학은 궁극적으로 사람을 이해하는 학문입니다. 사람을 알면 인생을 알고 비즈니스를 이해하고 부동산 투자에도 도움이 됩니다. 또 부동산 관련 실용 학문인 경제, 경영 등을 깊이 공부하면 실무 투자에서 요긴하게 쓰입니다. 그래서 인문학과 실용 학문을 두루 공부하면서 기초를 닦아야 합니다.

미래 가치가 중요한 부동산

부동산은 현재도 중요하지만, 미래의 가치가 더 중요한 영역이다. 많은 사람이 부동산을 산 후에 매매 차익이나 가치 상승을 기대하기 때문이다. 이런 미래를 보는 안목은 통찰력이다. 그래서 정치, 문화, 사회에 대한 깊이 있는 지혜가 필요하다.

이러한 관점 아래서 구체적으로 '부동산 시장 공부'와 '부동산 물건 공부'가 필요하다. 먼저 시장 흐름을 파악하기 위해 '하루 1시간 부자 수업'을 하자. 6개월 이상 꾸준히 공부하면 부동산뿐만 아니라 전반적인 경제 분야에 대한 기초 지식을 쌓을 수 있다.

이론뿐만 아니라 실제로 부동산 시장의 흐름을 알아야 한다. 예를 들어, 몇 년 정도 한 지역의 아파트 시세를 꾸준하게 관찰한다면, 아파트의 시세별 동향에 대해서 그 누구보다도 정통하여 향후 부동산 투자 시 현실적인 판단을 내릴 수 있다.

또한, 독서는 투자 고수들의 노하우를 내 것으로 만드는 가장 빠른 방법이다. 부동산 투자를 하려면 많은 정보가 필요하다. 내 집 마련을 준비한다면, 알아봐야 할 정보가 한둘이 아닌데, 무작정 발로 뛰면서 알아보기에는 시간이 부족하다. 부동산에 관한 다양한 정보를 효율적으로 얻을 수 있는 유튜브 등을 활용하면 좋다. 유튜브에는 부동산 투자 방법부터 경매, 투자 관점 등에 관한 영상 및 정보가 많다. 많이 시청하다 보면 옥석이 가려지고, 더 집중해서 좋은 콘텐츠를 선별해 시청하면 좋다.

N 씨가 부동산 공부에 열을 올린 까닭

N 씨는 2013년 어느 경제 전문가의 '앞으로 부동산 가격이 폭락'할 것이라는 방송을 듣고 자신이 살던 목동 아파트를 3억 5,000만 원에 매도했다. 하지만 매도 이후 집 시세는 계속 올라가서 7억 원이 넘었다. 그때 그는 큰 충격에 빠졌다. 무엇보다 자신만의 부동산 투자 관점이 없었다는 점이 후회스러웠다. 그리고 부동산 투자 공부를 적극적으로 시작했다.

그 후 2017년 서대문구에 있는 아파트를 매수할 기회가 왔다. 이미 제법 오른 가격이기에 아내는 매우 반대했지만, 그는 서대문구의 시세가 오를 것이라는 생각이 들었고, 무엇보다 그동안 공부했던 부분이 그의 결정에 힘이 되었다. 2020년에 그의 서대문구 아파트는 3억 원 정도가 올랐다. 그의 결정에는 부동산 투자 공부가 큰 역할을 했다.

집 한 채로 노후를
대비하는 주택연금

Q 55세의 공무원입니다. 30년 공직생활 동안 한길만 달려왔습니다. 그러나 결혼을 늦게 해서 자식들이 아직 고등학생과 중학생입니다. 그래서인지 퇴직 후의 노후가 매우 불안합니다. 공무원 연금 혜택을 보겠지만, 그것만으로는 부족하여 서울 노원구에 위치한 제가 사는 아파트를 기반으로 노후를 계획하려고 합니다. 그러다 보니 자연스레 주택연금에 관심이 생기는데, 주택연금의 이모저모를 자세히 알고 싶습니다.

A 노후에 안정적인 주거생활은 매우 중요합니다. 전월세를 산다면 원치 않은 잦은 이사로 삶이 힘들어질 수도 있습니다. 그래서 은퇴 이후 편안하고 행복하게 살기 위해서라면 무엇보다 주거가 안정되어 있어야겠지요. 이러한 노년의 삶을 위해 안정된 주거를 유지하며 경제적으로도 활용할 수 있게 마련한 정책이 바로 '주택연금'입니다. 한곳에 정착해 살면서 자신이 소유한 주택을 활용해 연금을 타는 방법이지요.

주택연금은 단어 그대로 고령자들이 주택을 금융기관에 담보로 맡기고 매월 생활비를 타서 쓰는 연금 상품입니다. 주택을 담보로 생활비를 빌려 쓴다는 뜻에서 '역모기지 대출'이라고도 불립니다. 실제로 주택연금은 인기가 많습니다. 한국주택금융공사에 따르면, 주택연금 가입자는 2018년 말 기준으로 6만 명을 넘어섰고, 2020년 6월 말 기준으로 7,600명 이상이 가입했습니다.

최근 들어서 신규 가입자가 점점 늘어나는 현실을 반영해 정부에서는 주택연금 활성화 차원에서 문호를 크게 개방했습니다. 주택연금 가입 연령 요건을 부부 중 연장자의 나이 55세 이상으로 완화한 것입니다. 또한, 가입 주택 상한액도 시가 9억 원에서 공시지가 9억 원으로 개정했습니다.

다양한 연금 수령 방식

주택연금의 연금 수령 방식은 다양한데, 매월 일정한 금액을 종신토록 지급받는 '종신지급방식'과 사용한도액의 절반까지를 목돈으로 타고, 나머지를 연금으로 받는 '종신혼합방식'이 있다. 주택연금 이용자가 주의해야 할 점은 주택연금 이용 기간에 지급 방식(종신지급, 종신혼합, 확정기간지급)의 변경은 가능하지만, 월 지급금의 지급 유형(정액형, 증가형, 감소형, 전후후박형) 변경은 불가능하다는 점이다.

담보로 맡긴 주택이 재개발·재건축이 되는 것도 걱정할 필요가 없다. 재개발·재건축 사업에 참여한다는 서류를 제출하면 연금을 계속 수령할 수 있으며, 수령액은 기존과 같다. 다만, 재개발·재건축 사업이 끝나면 새 주택을 기준으로 연금액을 조정하는데, 조정 방법은 이사를 할 때와 동일하다. 또, 담보주택에 불이 나거나 자연재해로 붕괴가 되더라도 연금을 계속 받을 수 있다. 그동안은 화재나 재난으로 멸실되면 연금 계약이 해지되었다. 하지만 2019년 6월 주택금융공사가 가입자의 연금 수급 연속성을 보장하기 위해 관련 규정을 개정하여 화재 등 천재지변으로 피해를 보았다면, 경찰서 등에서 재해·피해사실확인서를 발급받아 담보주택을 변경하면 된다.

이 같은 장점에도 여전히 주택연금 가입을 망설이는 사람이 적지 않다. 가장 많이 제기되는 의문은 주택연금에 가입한 후 집값이 오르면 손해를 보는 것이 아니냐는 것이다. 실제로 주택연금에 가입할 때 결정된 월 지급금은 연금 가입 후 집값이 올라도 달라지지 않는다.

하지만 향후 주택을 처분한 후에는 차액(주택가격-연금지급액)을 자녀에게 상속할 수 있다. 집값 상승에 따른 이득이 자녀에게 돌아가는 셈이다. 또, 매월 받는 월 지급금을 평균 수명까지 단순 합산한 연금액이 주택가격보다 적다는 점도 가입을 꺼리게 되는 이유이다. 하지만 평생 내 집에서 이사 다닐 걱정 없이 거주할 수 있고, 앞으로 집값의 등락과 관계없이 일정한 연금을 받을 수 있다는 것이 주택연금의 강점이다. 또, 주택 가격과 연금 수령액 간의 차액은 상속되고 집값이 하락하거나, 100세까지 장수해 연금 수령액이 주택 가격을 초과하더라도 부족분을 가입자에게 청구하지 않는다.

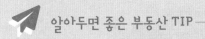

주택연금을 받으며 이사도 가능

주택연금을 이용하는 중에도 자유롭게 이사할 수 있다. 이사를 한다면 새로 산 주택으로 담보주택을 변경하면 주택연금을 계속 받을 수 있다. 다만, 이사 당시 기존 주택과 새 주택의 가격 차이에 따라 매월 받는 연금액이 변동될 수 있다.

또한, 주택연금은 나중에 목돈이 필요해질 경우를 대비해 목돈 인출 한도를 미리 설정하거나 주택연금을 받는 도중에도 설정할 수 있다. 다만, 목돈 인출 한도를 설정하면 매달 받는 연금액은 그만큼 줄어든다.

농지연금으로
노후 준비하기

Q   지방으로 내려가 농사를 지으려는 귀농 준비자입니다. 귀농에
대한 자료를 찾던 중 농지연금 제도가 있다는 사실을 알았는데,
주택연금과 비슷한 개념으로 알고 있습니다. 농지연금의 기준과 내용에 대
해서 자세히 알고 싶습니다.

A   도시와 비교해 농촌은 초고령화 사회입니다. 반면, 소득
수준은 높지 않습니다. 최근 농촌은 연간 수익이 1,000만
원 이하인 농가가 77.5%를 차지한다는 통계가 나왔습니다. 이처럼
고령화된 인구 분포와 안정적인 월수입이 보장되지 않은 농촌에서는
농지연금이 그 대안이 될 수 있습니다.

또 이탈 농업인, 고령 농업인, 도시민으로부터 농지를 수탁, 매입해
이를 전업 농업인에게 임대, 매도하는 농지은행을 활용하는 것도 부
동산 은퇴 설계자에게 유용합니다. 2011년부터 농어촌공사가 주관해
시행 중인 농지연금은 노후생활 안정을 위해 농업인이 소유한 농지를

담보로 매월 생활자금을 연금 형식으로 지급하는 제도입니다. 주택연금과 비슷한 형태라고 볼 수 있습니다.

농지연금의 기준은 부부 모두 만 65세 이상으로 영농 경력 5년 이상입니다. 단, 농지는 저당권 등이 설정되거나 압류·가압류·가처분 등이 되지 않은 상태여야 합니다. 주택 대신 농지를 담보로 한 역모기지론이라 할 수 있습니다. 주택연금처럼 농지연금의 가장 큰 매력은 생활 안정 자금으로 연금을 매달 받으면서도 소유 농지에서 영농을 계속하거나 별도의 임대를 통한 임대 소득을 추가로 올릴 수 있다는 것입니다. 즉, 농지연금을 신청했다고 당장 땅을 내놓아야 하는 것은 아닙니다.

다양한 종류의 농지연금

농지연금은 정액종신형, 전후후박형, 일시인출형, 기간정액형, 경영이양형이 있다. 많이 선택하는 유형인 정액종신형과 기간정액형을 살펴보자. 정액종신형은 농지연금 가입자 본인이나 배우자가 65세부터 사망할 때까지 매월 일정 금액을 지급받는 방식이다. 기간정액형(5년·10년·15년)은 가입자가 선택한 일정 기간만 매월 돈을 받는다. 가입자 연령이 많을수록, 담보 농지 평가 가격이 높을수록 월 지급금을 많이 받는다. 당연히 기간정약형은 지급 기간이 짧은 유형을 선택할수록 월 지급금이 많아진다.

예를 들어, 공시지가 기준 2억 원짜리 농지를 담보로 제공한다면, 65세는 월 65만 원가량의 연금을 받고, 70세는 월 77만 원, 75세는 월 93만 원, 80세는 월 115만 원을 죽을 때까지 받을 수 있다. 또 땅 판 돈 2억 원을 보험사에 일시 납입해 즉시 연금으로 수령하면, 매월 100만 원 정도를 평생 받을 수 있다.

농지연금을 받던 농업인이 사망하더라도 배우자가 승계하면 배우자 사망 시까지 계속해서 농지연금을 받을 수 있다. 또한, 연금을 받으면서도 담보 농지를 경작하거나 임대할 수 있어 연금 이외에 추가 소득이 가능하다는 것이 장점이다. 이외에도 연금 채무 상환 시 그 남은 금액이 있으면 상속인에게 돌려주고, 만일 연금이 지가보다 초과하더라도 더 청구하지 않는 것이 원칙이다. 농지연금에는 이러한 다양한 혜택이 주어진다.

 사례로 보는 상식 TIP

농지연금으로 행복한 노후를 보내는 K 씨

경기도 용인시 처인구 백암에 거주하는 K 씨는 농지 3,596㎡를 담보로 매월 50만 8,720원을 받는 농지연금에 가입했다. K 씨의 땅은 공시지가로는 1억 5,000원이다. K 씨는 남매를 출가시켰는데, 자식들이 자신에게 생활비를 줄 형편이 안 되었다. 그러나 현실적으로 농사를 많이 짓지 않아 수입이 적어서 무척 고민했고 시골에서도 돈은 필요했다.

그는 주택모기지론을 알아봤는데, 주택이 농촌 지역이라 가격이 낮아 가입 엄두가 나지 않았다. 그러다가 농지연금이 숨통을 트이게 해 준 것이다. 기존 100만 원 정도의 수입에 이 농지연금 50만 원을 보태니 K 씨 부부가 경조사비나 문화생활비로 지출하는 비용이 충당되었다. 사는 곳이 도심이

아니다 보니 생활비로 들어가는 경비가 비교적 적은 편이라 농지연금으로

경제적인 부분이 어느 정도 해결됐다. 농지연금은 K 씨에게 서울에 사는 자

식들도 자주 만나 손자와 손녀에게 용돈도 주며 남은 인생을 화목하게 사는

데 큰 기틀을 마련해 주었다.

외국 부동산
은퇴 설계에서 지혜 얻기

Q 은퇴를 앞둔 50대 후반입니다. 은퇴 이후 부동산 및 거주 형
태에 대해서 고민이 됩니다. 아파트와 단독주택, 도심 혹은 외곽
에 거주할 것인지에 따라 계획을 달리 세워야 하기 때문이지요. 외국에서
는 은퇴 설계 이후 어떤 형태로 살고 있는지 궁금합니다.

A 최근 일본에서 정년을 맞이하는 세대는 이른바 단카이
세대(1947~1950년에 태어난 일본 베이비부머이며, 3년간 약
650만 명이 태어났다.)입니다. 2000년대 중반부터 정년퇴직을 시작한
단카이 세대는 은퇴 후, 살 곳으로 교외가 아닌 도쿄와 같은 도심을
선택합니다. 도심의 문화와 활기를 느끼면서 노후를 보내겠다는 것이
그들의 특징이지요.

단카이 세대가 도심을 선호하는 이유는 생활편의시설이 갖춰진 다
양한 도심의 기능을 이용하기 위해서입니다. 세탁, 택배 등 다양한 생
활 지원 서비스와 각종 문화시설, 건강 유지를 위한 피트니스센터 등

도심의 장점을 최대한 이용하겠다는 속내입니다.

일본은 노년 인구가 전체 금융 자산의 60% 이상을 차지할 정도로 노인이 현금 등 유동 자산을 많이 보유하고 있습니다. 전체 자산도 금융과 부동산의 자산 비율이 6대 4 정도로 금융이 높은 편입니다. 금융과 부동산 자산이 2대 8 정도인 한국과 비교해 일본 노년 세대는 보다 안정적인 자산 관리가 이뤄지고 있습니다.

일본의 저성장, 저금리, 초 고령화 사회라는 키워드가 우리에게도 낯설지 않습니다. 한국은 이미 경제 성장도 더디고, 저금리와 노인 인구 증가가 급속도로 이뤄지고 있습니다. 일본 신도시의 빈집 증가 현상과 단카이 세대의 도심 선호 현상에서 우리나라의 미래 변화를 가늠해 보는 지혜가 필요합니다.

미국의 대표 시니어 주거 문화 CCRC

미국은 가계 자산에서 부동산을 중심으로 한 비 금융 자산이 전체 자산의 35.1% 정도를 차지한다. 부동산 자산은 낮지만, 미국 베이비부머의 주택 보유율은 비교적 높은 편이다. 미국 은퇴자들은 높은 주택 보유율 덕분에 역모기지론을 활용하고 있다.

미국의 역모기지론은 1989년 정부 부처인 주택 및 도시개발부 산하기관인 연방주택청을 통한 보증을 한 이후 크게 활성화되고 있다. 보증의 내용은 금융기관에 대해서는 역모기지론 취급에 따른 손실을 보전하고, 차입자에게는 금융기관 파산 시 약정된 월 대출금을 대신 지급하는 것이다. 이처럼 미국은 은퇴를 앞둔 국민이 부동산 자산을 활용해 안정적인 노후 소득을 창출할 수 있도록 정부가 배려하고 있다.

또한, 실버타운도 많이 운영하고 있다. 실버타운 CCRC Continuing Care Retirement Community는 기후와 경치가 좋아 휴양과 여가를 즐기기 적합한 버지니아, 플로리다 등 남동부 지역과 서부 캘리포니아에 집중되어 있다. 이곳에는 2만여 개의 실버타운과 1,000세대 이상의 은퇴 마을이 3,000여 곳에 달한다. 노인 전문 병원도 7,000여 개나 있다. 실버타운은 80% 이상이 민간 기업이 운영하기에 커뮤니티마다 차별화되어 있다. 이곳은 노인들의 특성에 맞춰 다양한 구조로 운영되는데 건강한 50~70대가 편안한 노후 생활을 위해 거주하는 공간 Active Adult Community, 독립생활 공간 Independent Living, 혼자 생활하지 못하는 노인을 위한 도움 생활 공간 Assist Living, 치매나 중풍 등 노인성 질환을 앓고 있는 노년층의 치료와 재활에 초점을 맞춘 공간 Licensed Living 등이 있다.

CCRC는 미국의 시니어 주거 문화를 보여 주는 대표적인 커뮤니티이다. 건강할 때 들어가서 다양한 여가와 취미생활을 커뮤니티를 통해 즐길 수 있고, 시니어의 건강을 잘 아는 의료 지원을 죽을 때까지 받다가 품위 있는 죽음을 맞이할 수 있다.

유럽의 임대 정책 활성화

영국 임대주택은 입주자의 선정, 관리 등이 지자체의 권한과 재량에 맡겨진다. 또한, 사회적 약자를 배려하는 제도가 오래전부터 지속되어 왔다. 이외에도 영국에는 공정 임대료 Fair Rent라는 제도가 있다.

런던 등 대도시를 포함한 모든 임대주택에 대해 지방정부가 기존 임대료와 물가상승률을 고려해 공정 임대료를 산정하면 중앙정부가 이를 교차 검증한 뒤 전국에 공정 임대료를 공시하는 방법으로 이뤄진다. 이러한 제도를 실시하는 이유는 부동산 임대료가 과도하게 상승하면 서민 생활이 불안해지고, 결국 경제 전반에 악순환이 초래되기 때문이다.

프랑스에서 공공임대주택은 중앙정부가 단지 여건 및 소유 주체별 건설 원가를 고려해 임대료 상한선을 고시한다. 스웨덴 역시 사업 주체와 임차인 간 매년 협상을 통해 임대료를 결정하는 민주적인 방식을 따르고 있다. 네덜란드에서 공공임대주택은 해당 주택의 편의 및 입지 등 효용 가치와 가구 소득 수준에 따라 임대료가 결정된다. 전체적으로 유럽의 주택에서 공공임대주택이 차지하는 비율은 높은 편이다. 네덜란드는 공공임대주택 비율이 32%, 오스트리아는 23%, 덴마크는 19% 정도이다.

 알아두면 좋은 부동산 TIP

미국의 로미오 열풍

미국 은퇴자들 사이에서는 로미오(ROMEO) 열풍이 불고 있다. 줄리엣의 비극적 연인 로미오를 말하는 게 아니다. 로미오는 '은퇴자들의 식사 모임(Retired Old Men Eating Out)'의 약칭이다. 미국 전역에는 수백 개의 로미오가 존재하며 4~5명으로 구성된 소규모 모임에서, 많게는 80여 명에 이를 정도로 규모도 다양하고 모임의 성격도 다양하다. 구성원들의 공통 관심사나 유대 관계를 바탕으로 자발적으로 결성되기도 하고 종교 단체, 지역사회 단체 또는 노인복지기관과 연계해서 열리기도 한다. 남자들은 모임에서 수다를 즐기며 스트레스도 해소하고 네트워크를 끈끈하게 만든다. 미국의 한 대학교수는 인간관계가 넓은 사람이 장수한다는 통계도 발표한 바 있다.

미국의 은퇴한 남자들의 수다 모임 '로미오'는 미국 은퇴자들의 문화이지만, 우리나라 은퇴자에게 시사하는 바가 크다.

미국이나 일본, 유럽 은퇴자의 삶의 모습과 부동산 은퇴 설계를 들여다보는 것은 매우 의미 있는 일이다. 다른 나라 사례를 통해 정보도 얻고 자신의 노후 생활에 대한 구체적인 계획을 세워보자.

노후의 주거지는
익숙하고 편안한 곳으로

Q 홀어머니를 둔 아들입니다. 직장 문제도 있고, 어머니와 저희 부부가 같이 살지는 않습니다. 어머니가 사는 곳은 쾌적한 아파트인데, 오래 살던 곳에서 이사 와서 그런지 어머니가 지인분들과 떨어져 외롭다는 이야기를 자주 하시네요. 어머니를 위해 지인분들이 있는 곳으로 다시 이사를 해야 할까요?

A 어머니는 사람 간의 관계 속에서 재미를 느끼고 안정감을 찾는 것 같습니다. 노후의 주거지는 '내 집처럼 편안한 환경'이 중요하다고 봅니다. 실제로 유엔에서는 노인을 위한 권고 원칙으로 '가능한 한 오랫동안 노인들이 자신의 집에서 살아갈 수 있도록 돕기 위해 노인의 능력에 적합한 시설을 리모델링하기 위한 법령을 제정해야 한다.'라고 발표한 바도 있습니다.

정부의 정책도 이러한 분위기를 반영합니다. 2014년 이후 주택연금은 매년 급격한 증가세를 보입니다. 자신이 거주하는 집을 담보로 매달 연금 형태로 지급받는 주택연금의 실시로 자연스레 본인의 집에서 노후를 보내는 노인층이 늘어나고 있습니다.

은퇴자를 위한 주거지 리모델링이 필요

편리한 노후 생활을 위해서는 거주하는 주택이 가장 큰 변수이다. 우리나라는 전체 자산의 80% 이상이 부동산에 쏠려 있는 자산의 특성상 거주 주택의 활용은 필수적이다.

주거 주택을 활용한다면, 먼저 주택연금을 고려할 수 있다. 현행 9억 원 이하의 주택에 대해서 주택연금을 들 수 있고, 매달 연금을 받는다면, 다소 큰 주택이더라도 시세에 따라 안정적인 재무를 확보할 수 있다.

직접적인 방법은 작은 주택으로 이주하는 것이다. 주택 규모를 작게 줄여서 그 차액을 금융자산으로 바꿀 수 있다. 주택 유형과 지역에 따라서도 부동산의 자산 규모는 크게 달라진다. 같은 서울이라도 강남과 강북이 차이가 나고, 아파트와 연립주택과의 부동산 시세도 다르다. 이외에도 주거 주택을 처분해 쪼개서 소형 아파트를 비롯한 수익형 부동산을 장만한다면, 재무적인 부분에서 노후에 안정된 생활을 영위할 수 있다.

여유 있는 노후자금과 자신이 마음에 드는 집에 거주한다면, 은퇴 이후 주거지의 문제에서 기본적인 토대는 마련한 것이다. 하지만 개인적으로나 사회적인 관점에서 주거지를 뒷받침해야 할 요소가 있다.

먼저 주거지를 은퇴자에게 맞게 리모델링해야 한다. 보통의 주거지는 건강한 성인을 기준으로 만든 것이기에 노령자에게 어울리는 리모델링이 필요하다. 문턱을 제거하고, 욕실 등에 미끄럼 방지 처리를 한다. 또한, 아파트의 복도나 계단에 안전장치를 설치하는 등 아파트 리모델링도 노후 생활에 도움이 된다.

정부나 지방자치단체에서도 고령자를 고려한 도시 설계가 필요하다. 한국은 이제 본격적인 고령화 사회로 접어들고 있다. 고령자나 어린이, 장애인들이 모두 이용할 수 있는 도시의 전체적인 시스템이 중요하다. 예를 들어, 고령자가 대중교통을 쉽게 이용할 수 있도록 정류장이나 버스를 노인층을 고려해 설계하는 등이다.

지자체에서는 고령자를 체계적으로 관리하고 지원하는 시스템을 구축하고, 지역에 사는 노령 인구의 데이터를 관리해 주기적으로 건강 상태를 체크하는 서비스 등이 필요하다.

 알아두면 좋은 부동산 TIP

시니어 코하우징 문화 대안

'코하우징(co-housing)'이란 이웃과 함께 사는 주거 형태를 말하는데, 1970년 덴마크에서 처음 공동주택을 만든 이후 미국, 일본, 유럽에서 활발하게 운영되고 있다. 건강한 시니어들이 은퇴 이후 노후 주거의 대안으로 공동 활동에 참여하고 자치적으로 생활하는 공동 노인주택 문화라 할 수 있다.

덴마크와 스웨덴의 시니어 코하우징 주민들을 대상으로 한 설문조사에 따르면, 70대를 전후로 한 대다수 주민은 노후 생활에서 가장 큰 비중을 차지하는 것은 사회적 관계라고 지적한다. 국내에서도 성미산 마을, 푸른마을, 안양 아카데미타운 등 공동체 문화를 지향하는 일종의 커뮤니티 마을이 있다. 이 마을들은 주민들이 함께 공동 육아와 문화를 만들어가는 새로운 마을 공동체로서 주목받고 있다. 하지만 시니어를 위한 특화된 공동체 마을이라고 볼 수는 없다. 외국의 시니어를 위한 코하우징 문화를 살펴볼 때 머지않아 우리나라에도 이런 문화가 정착할 가능성이 크다.

2030년,
스마트한 주거 공간이 온다

Q 30대 도시에서 거주하는 직장인입니다. 평소 주거 공간에 대한 고민도 많고, 로망도 있습니다. 앞으로 미래 주거 공간은 어떻게 펼쳐질지 궁금하기도 합니다. 미래 주거 문화는 현재와는 많이 달라지겠지요. 전문가가 예측하는 미래 주거 공간은 어떤지 궁금합니다.

A 앞으로 10년 후 2030년의 주거 문화는 사물끼리 인터넷으로 연결되는 사물 인터넷이 큰 영향을 미칠 것입니다. 이러한 주거 문화에 접목하는 용어가 사물 인터넷 하우징(주택)입니다. 현재에도 신축 아파트에 적용되고 있는데, 화장실 변기가 그날의 건강 상태를 알려 주고, 이에 따른 알맞은 식사와 운동을 권해 주는 식입니다. 또한, 천편일률적인 아파트 평면을 지양하는 '핏 사이징Fit-sizing' 아파트가 주거 시장의 새로운 트렌드로 떠오를 것입니다. 1인 가구가 늘면서 삶의 질이 보장되는 '적정 공간'을 찾는 소비자가 늘어나고 있기 때문입니다.

어디에나 있는 유비쿼터스 환경

할리우드 영화 시리즈 2015년 개봉된 〈터미네이터 제니시스〉는 전편보다 큰 스케일로 많은 사람의 관심을 받았다. 이 영화가 진짜 눈길을 끄는 것은 인간과 기계와의 전쟁을 다룬다는 점이다. 이 영화는 지금도 기계와 컴퓨터가 인간의 일을 점점 대체하고 있는데, 미래에는 컴퓨터 기반인 기계를 잘 다루지 못하면 오히려 인간이 기계에 몰릴 수도 있다는 것을 보여 준다. 영화처럼은 아니더라도 이제 기계와 컴퓨터는 우리 삶에서 떼려야 뗄 수 없는 존재가 되었다. 그래서 우리에게는 기계를 언제 어디서도 능수능란하게 다룰 수 있는 유비쿼터스 환경이 필요하다.

'유비쿼터스Ubiquitous'의 사전적 의미는 형용사로 '어디에나 있는'이라는 뜻이다. 유비쿼터스는 사회 각 부문에서 전 방위적으로 일어나겠지만, 주거 공간에도 큰 변화를 가져온다. 집안에서는 거울, 옷장, 침대 같은 다양한 가구에 디지털 기기가 결합하고 책상이나 벽 자체가 소리를 발생시키는 스피커 진동판이 되기도 한다. 청소용 로봇이 우리의 가사를 도와줘 맞벌이 부부의 애환을 덜어 줄 수도 있다.

유비쿼터스 주거 문화의 핵심 기술은 홈네트워크와 홈오토메이션 등의 디지털 기술과 네트워크 가전, 센서 및 제어 기술, 디지털 콘텐츠 등이 어우러진 첨단 신기술이다. 특히, 필수 사항은 보안 시스템과 센서 시스템이다.

실제로 유비쿼터스 보안 아파트는 지금도 많은 아파트에 적용하고 있다. 가령 아파트 단지 내에서 어린이에게 위협을 가하는 사람이 있다면, 어린이는 아파트 현관문을 열 때 사용하는 첨단열쇠의 비상 버튼을 누르기만 하면 된다. 그러면 컴퓨터 프로그램에 따라 단지 내 곳곳에 설치된 수백 대의 폐쇄 회로 가운데 현장 주변의 CCTV들이 자동으로 어린이가 있는 곳을 찍기 시작하고, 이 장면은 집 안의 모니터와 스마트폰을 통해서 가족들에게 송출된다. 동시에 경비 업체와 관할 경찰서에도 전송된다.

서울시는 교통, 환경, 복지, 안전 등 모든 생활에서 유비쿼터스가 구현되는 도시를 만들기 위해 '유비쿼터스 도시 서울 계획'을 수립해 추진해 나가고 있다. 이를 위해 에너지, 취약 계층에 대한 보안, 관광 분야 등에서 이런 시스템을 정착시켜 나가고 있다. 국토해양부와 지식경제부 등에 따르면, 국내 수십 개 지방자치단체가 '그린 스마트 시티'를 추진하거나 계획하고 있다.

송도국제도시, 세종시 등은 도시설계 단계에서부터 이런 개념이 포함돼 도시가 완공되었다. 외국에서도 도시개발의 대세가 '그린 스마트 시티'이다. 미국과 유럽연합(EU) 등 주요 선진국은 이미 도시개발 초기 단계부터 친환경적이고 첨단 도시 기능을 갖춘 '그린 스마트 시티' 개발에 주력하고 있다.

 알아두면 좋은 부동산 TIP ─────────

유비쿼터스를 접목한 U-City

'U-City'는 유비쿼터스 컴퓨팅 기술 기반의 도시를 의미하며, 유비쿼터스 정보통신기술을 기반으로 도시 전반의 영역이 통합되고 융합되어 지능적인 도시로 관리된다. 이는 끊임없이 혁신하며 언제 어디서나 원하는 정보와 기능을 얻을 수 있는 친환경, 최첨단, 자급 자족형, 지속 가능한 구조의 새로운 도시 개념이다.

U-City의 구성 요소는 공간, 시간, 인간, 사물이며 이를 융합하여 편리한 도시, 쾌적한 도시, 즐거운 도시, 발전적인 도시를 향해 가는 특징을 보여 준다. 대표적인 사례로 상암지구에는 세계적인 정보미디어산업 집적지와 경제적, 문화적, 환경친화적 최첨단 정보 도시를 목표로 미디어와 엔터테인먼트에 특화된 신도시인 서울 상암 디지털미디어 시티를 건설하였다.

2장

알아두면 든든한
부동산 계약과
기초 법률

부동산의 처음과 끝은 계약으로 이뤄집니다. 그래서 임대 혹은 임차, 부동산 매매를 할 때도 계약이 중요합니다. 간혹 잘못된 계약으로 인해 평생 모은 보증금을 떼이는 사례가 발생하곤 합니다. 이런 위험을 피하기 위해서는 부동산 관련 기초 법률에 대해서 잘 알아야 합니다.

가장 기본적으로 임대차 계약 시 상대방을 직접 만난다는 원칙을 꼭 지키도록 합니다. 또한, 규모가 작은 월세를 구하는 세입자라도 꼭 임대인을 대면시키는 부동산에서 계약을 합니다. 이러한 기본적인 사항을 지킨 후, 부동산 매매나 임차의 기초 노하우를 습득하도록 합니다.

이번 장에서는 부동산 용어를 비롯해 보증금을 지키는 요령, 상가임대차보호법, 저당권, 유치권 등 부동산 계약과 관련한 다양한 법률적인 내용을 다루었습니다.

꼭 알아야 할
부동산 기본 용어

Q 부동산 거래 경험이 없는 30대 초반 여성입니다. 집에서 독립
한 후에 제가 번 돈으로 전세 계약을 하려고 합니다. 비록 전세
이지만, 제 이름으로 부동산을 계약하는 게 처음이라 모든 것이 낯설게 느
껴집니다. 그러다 보니 계약을 혼자서도 잘할 수 있을지 걱정이 앞섭니다.
부동산 거래에 앞서 꼭 알아야 할 부동산 용어들이 있을까요?

A 부동산 거래가 처음인 사람은 공인중개소에서 하는 이야
기가 마치 남의 나라말인 양 어렵게 느껴질 수도 있습니다.
그러니 중요한 계약을 앞두고 있다면 기초적인 부동산 용어는 미리
공부하는 것이 좋습니다.

부동산 거래는 매도자와 매수자, 혹은 임대인과 임차인이 만나 계
약을 하며 최종 마무리됩니다. 이때 가장 많이 듣는 용어가 '계약금'
입니다. 계약금은 부동산 거래를 할 때 필요한 돈 중 가장 먼저 오가
는 대금을 말합니다. 임차 또는 매수인은 추후 계약할 테니 다른 사람

과 계약을 하지 말라는 의미에서 계약금 일부를 건네고, 임대 또는 매도인은 말만 하고 약속을 지키지 않을 경우를 대비해 선금을 받아 놓는다는 개념입니다. 계약금이 오간 것은 부동산 거래가 성립됐음을 의미합니다. 물론 이 계약금이 전해진 근거가 없다면, 그 계약은 무효가 되지요.

임차인 또는 매수인이 계약을 해지하려면 자신이 건넨 계약금을 포기해야 하고, 임대 또는 매도인이 계약을 해지하려면 계약금의 배가 되는 금액을 위약금으로 지불해야 합니다.

보통 계약금은 임대 또는 매매 대금의 10% 선에서 정해집니다. 쌍방 간의 합의에 따라 금액이 정해지기 때문에 그보다 많을 수도, 적을 수도 있습니다. 얼마가 됐든 계약 성사를 위해 먼저 내건 계약금은 다시 돌려받을 수 없기 때문에 신중하게 거래해야 합니다.

계약의 마무리 절차인 잔금 치르기

계약금이 오가고 거래가 시작됐다면, 그 마무리는 '잔금' 절차이다. 잔금을 치렀다면 매도자의 권리가 매수자에게 이전되고, 임차인은 이제 명실상부하게 그 부동산의 임대 권리가 생긴다.

잔금을 치른 후에는 어떤 방법으로도 계약을 되돌릴 수 없으므로 아무리 늦어도 잔금 지급 전에는 해당 부동산과 서류에 이상이 없는지 꼼꼼하게 확인해야 한다. 이때, 부동산 거래 경험이 전혀 없다면, 주변 지인에게 자문하는 것도 좋다.

간혹 계약하고 나서 잔금 치르기 전까지의 시기에 매도자나 매수자의 마음이 바뀔 수 있다. 부동산 가격은 하루가 다르게 오르고 내리기 때문이다.

만약 아파트를 매수하기로 하고 계약금을 보냈는데, 매도자가 아파트 시세가 오르자 변심을 해서 아파트 거래를 안 하겠다고 나선다면 어떻게 해야 할까?

이러한 상황에서 매수인은 적정한 날짜를 정해서 계약 이행을 촉구하는 내용증명을 보낼 수 있다. 이때, 주었던 계약금의 배액을 받을 수 있는 법적 권리가 생긴다. 다만 순순히 배액을 배상하지 않겠다고 나서는 매도인에게는 손해배상을 청구해 처리할 수 있다.

그밖에 부동산 거래를 할 때 발생하는 대부분 거래 사고가 부동산 '등기'를 제대로 확인하지 않아서 생긴다. 부동산 등기란, '등기부등본'을 의미하는 것으로 부동산에 관한 소유권과 권리관계 등이 기재된 장부이다. 등기부등본에서 집 주인 정보와 매매 내역을 확인할 수 있으므로, 등기부 열람은 부동산 거래에서 매우 중요한 과정이다. 만약 등기를 제대로 확인하지 않으면, 전혀 관련 없는 사람이 집주인이라고 나타나거나 미등기된 불법 건축물, 가압류된 집 등으로 인해 피해를 볼 수 있으니 주의해야 한다.

 알아두면 좋은 부동산 TIP

확정일자와 전세권 설정 등기

청년 세대에는 임차의 경험이 부족해서 생기는 법적 분쟁이 있다. 그중 하나가 확정일자와 전세권 설정 등기와 관련된 일이다. 자신의 전세 보증금을 보호받기 위한 가장 간단한 방법은 확정일자를 받는 것이다. 입주할 집이 있는 곳의 관할 주민센터를 방문해 전입신고를 하고, 임대차 계약서에 확정일자를 받으면 된다.

보증금을 보호받는 또 다른 방법으로는 '전세권 등기'가 있다. 서류를 구비해서 관할등기소를 찾아가 소유주 부동산의 등기부에 임대차에 대한 권리를 기재하는 것이다. 등기부에 전세권 설정을 할 경우, 제삼자가 해당 물권의 등기부등본을 뗐을 때, 전세권자의 전세금을 확인할 수 있다.

얼굴 모르는 집주인과는
절대 계약하지 마라

Q 30대 회사원입니다. 결혼한 지 얼마 되지 않았는데 회사 사정
상 전셋집을 옮기기 위해 새로운 월세 주택을 알아보고 있습니
다. 마음에 드는 매물을 발견했는데 집주인이 나이 든 분이라 부동산 중개
사에서는 위임장으로 대신 하자고 합니다. 집주인의 얼굴을 모르고 부동산
중개를 해도 큰 문제가 안 될까요?

A 얼굴을 모르고 부동산 계약을 한다는 것은 위험 부담이
큰 일입니다. 얼마 전 청와대 국민 청원 게시판에 '신혼부부
와 젊은이들이 부동산 사기극 때문에 거리로 쫓겨 나오게 되었다'라
는 제목의 글을 보았습니다.

경기 안산에 사는 청원인은 2018년 6월 딸 신혼집으로 8,000만 원
에 오피스텔 계약을 맺었다가 8개월 후 이 계약이 사기였던 것을 알
게 되었습니다. 실제 집주인은 따로 있고, 부동산 중개사무소의 중개
보조원이 내세우는 가짜 집주인과 전세 계약을 맺었다는 것이 청원

내용입니다.

경찰에 따르면 사건에 가담한 중개보조원은 위임장 없이 허위 계약서로 임차인과 전세 계약을 체결한 후 집주인에게는 월세 계약을 맺었다고 속이고 보증금을 가로챈 것으로 밝혀졌습니다. 사기를 당한 피해자만 177명, 피해 금액도 총 65억 원에 달했습니다.

집주인과 세입자는 직접 만난 후 거래하기

매매 임대차 거래 등에서 본인이 나서지 않고 대리인을 내세울 때 꼭 필요한 서류가 위임장이다. 그런데 위임장은 본인의 위임 사실을 증명하는 서류일 뿐, 위임의 효력을 담보해 주지는 않는다. 만일 위임장이 위조됐거나 위임 의사에 하자가 있다면, 무권대리로서 본인에게 무효인 계약이 된다. 즉, 본인의 위임 의사를 확인하는 별도의 절차가 필요하다. 그런데도 위임장과 인감증명서만 첨부되면 계약에 아무런 하자도 없다고 믿는 일이 많다.

위임장은 부부간에도 필요하다. 아무리 부부라도 대리인이면 타인보다도 더더욱 위임장이 필요한데, 실무에서 부부 사이를 입증하는 가족관계 증명서가 있으면 위임장이 필요 없다고 오해하는 사람들이 많다. 그러나 우리나라 민법은 부부 별산제를 채택하고 있기 때문에 부부 한 사람이 상대방을 대리해 집을 팔거나 근저당을 잡히는 처분 행위를 하려면, 반드시 본인 위임이 필요하다.

전월세 사기를 막기 위해서는 기본적으로 당사자인 집주인과 세입자가 직접 만나 신분증으로 신원을 확인하는 것이 가장 안전하다. 중개업소에서 어떤 이유에서라도 '집주인이 계약 현장에 오지 못한다'라는 이야기를 하면 위임장을 반드시 확인하고, 집주인과 통화해 녹음이라도 하는 등 최소한의 안전장치가 필요하다. 또한, 전세보증금은 중개사 계좌가 아닌 집주인 계좌로 이체해야 한다.

 알아두면 좋은 부동산 TIP

전월세 사기를 막는 제도적인 장치

전문가들은 전월세 사기 피해자를 보호하기 위해 '실거래가 신고 의무화' 제도를 도입하거나 '부동산 전자 계약' 활성화가 필요하다고 주장한다. 또 전세보증금을 집주인이 아닌 제3의 기관에 예치해 두는 '에스크로(Escrow)' 제도를 일부 도입해야 한다는 의견도 있다.

지금까지는 매매 거래와 달리 전월세는 실거래 신고가 의무사항이 아니었지만, 2021년 6월부터는 임대 소득에도 세금을 부과하기 위해 임대 계약 당사자, 보증금, 임대료, 임대 기간, 계약금 및 중도금과 잔금 납부일 등의 계약 사항을 30일 이내에 관할 시·군·구청에 신고하도록 하는 전월세 신고제를 시행한다. 이러한 제도로 전월세 세입자의 피해를 줄이고 부동산 거래가 좀 더 투명하게 이루어질 것을 기대한다.

가계약 시
주의해야 할 점

Q 30대인 저는 이제 곧 결혼을 앞두고 있습니다. 혼자서는 원룸에 살았지만, 이제 정식으로 신혼 집을 얻어서 신혼생활을 시작하려고 합니다. 여러 부동산을 보러 다니던 중 공인중개소에서 마음에 드는 매물이 있으면 가계약을 할 수 있다며, 소액의 가계약금을 내면 된다고 이야기합니다. 부동산 가계약도 정식 계약의 일환인가요?

A 가계약은 예비 계약 혹은 임시 계약이라고 불립니다. 국내에서 관행적으로 계약의 형태를 맺고 있지요. 정식 계약서를 작성하는 날은 다른 날로 정하고, 보통 계약금보다 적은 금액을 매도인(임대인)의 계좌에 선입금해 매물을 선점하는 일입니다.

대부분 가계약이 구두로 급하게 이뤄지는 경우가 많고, 계약 당사자들의 변심으로 분쟁 또한 많습니다. 가계약자가 마음이 급해 계약을 파기하면, 너그러운 매도인이나 임대인은 조건 없이 가계약금을 돌려주는 경우도 있지만, 현실적으로 반환받기는 매우 힘듭니다.

법률적으로 유효한 가계약

부동산 전문가들은 만일 마음에 드는 매물이 나오면 일단 소액의 금액이라도 매도인의 은행 계좌로 송금하라고 한다. 그만큼 가계약은 유효한 계약이다. 주요 부분에 대한 계약 당사자 간 합의가 이뤄진다면, 개별적인 내용이 확정되지 않았더라도 계약은 성립한다는 판결이 나오기도 했다.

대법원 판례(대법 2005다299594)에도 '가계약서에 잔금 지급 시기가 기재되지 않았고, 후에 본계약서가 작성되지 않았더라도 위 가계약서 작성 당시 매매 계약의 중요 사항인 매매 목적물과 매매 대금 등이 특정되고 중도금 지급 방법에 관한 합의가 있었으므로, 이 사건의 매매 계약은 성립되었다'라고 나왔다.

만일 가계약한다면 어떤 방법이든 가계약서 형식을 갖추는 것이 좋다. 불가피하게 구두 계약을 한다면, 합의 시 중요사항을 특약으로 한 대화 내용을 녹음한다면 좋은 대비가 될 수 있다. 가령 가계약금을 돌려받는 내용으로 '계약 당사자가 본계약 전에 가계약 해제를 요구하면, 계약금은 조건 없이 반환한다'라는 정도의 내용이 있다면 조금 더 안전하다. 하지만 그러한 내용이 없을 때 가계약금도 계약의 일부로 판단해야 한다. 또한, 가계약금을 송금한 후에는 메일이나 문자 등으로 입금 내용과 합의 내용을 정리해 거래 당사자에게 보내두는 것이 좋다. 그리고 가계약을 체결한 후에는 이른 시일 내에 본계약을 진행하도록 한다.

가계약 관련 법원 판결 사례

대구지법 서부지원 K 판사는 부동산을 매수하려던 A 씨가 '가계약금 300만 원을 돌려달라'며 부동산의 소유주인 B 씨를 상대로 낸 소송(2018가소21928)에서 A 씨의 청구를 기각했다.

A 씨는 목적 부동산에 관하여 매매 대금 2억 7,000만 원 중 잔금 지급일 2018년 10월 중순, 계약금은 매매 대금의 10%, 가계약금은 300만 원이라는 B 씨의 제안을 받고, 2018년 4월 B 씨에게 가계약금 명분으로 300만 원을 송금했으나 그 후 본계약을 체결하지는 않았다.

A 씨는 '매매 계약 체결 여부를 결정할 여유를 한 달 정도 달라는 뜻에서 B 씨에게 가계약금 조로 300만 원을 보냈는데, 자신의 사정으로 매매 계약 체결을 포기했으므로, 300만 원을 반환하라'며 소송을 했다. 판사는 '이 사건처럼 본계약의 체결을 스스로 거부한 원고는 가계약금의 반환을 청구할 수 없고, 원고와 피고 사이에 본계약이 체결되지 않을 경우 가계약금을 반환하기로 약정한 것을 인정할 만한 증거가 없다'라며 원고에게 청구할 이유가 없다고 판시했다.

보증금을 지키는
전입신고 및 확정일자

Q　뉴스에서 전입신고와 관련된 기사를 봤습니다. 임대업자의 근저당권 설정으로 인해 세입자가 전세금을 고스란히 날리게 되었다는 보도였습니다.

　현재 사는 전셋집의 계약이 완료되면 남편의 회사 근처로 전셋집을 옮겨야 하는 저로서는 무척 걱정되는 뉴스였습니다. 전세금을 지킬 수 있는 전입신고와 확정일자 등에 대해 좀 더 자세히 알고 싶습니다.

A　전세나 월세로 집을 임차했을 때 불안감이 생깁니다. 만약에 전세금을 돌려받지 못한다면 전 재산을 날리는 일이라 더욱 신중해질 수밖에 없습니다. 임대차 계약을 하기 전에는 임차하려는 집에 대출은 얼마나 있는지, 근저당이 있는지를 확인하기 위해서 등기부등본을 확인합니다. 그리고 계약한 후라면 임차인이 신경써야 할 것은 전입신고와 확정일자 받기입니다.

　전입신고는 하나의 세대에 속하는 사람이나 그 일부가 거주지를 이

동한 후 새로운 거주지에 전입한 날부터 14일 이내에 주소 변경 및 등록을 위한 전입 사실을 새로운 거주지 관할 기관에 신고하는 일입니다. 법원 또는 동주민센터에서는 주택임대차 계약을 체결한 날짜를 확인해 주기 위해서 임대차 계약서 여백에 확인 도장을 찍어주는데, 이것이 바로 확정일자입니다.

보증금을 보호받을 수 있는 장치

전입신고는 임차인이 이 집에 들어왔다는 사실을 신고하는 것이고, 확정일자는 임차인이 언제부터 들어왔다고 등록하는 것이다. 또한, 확정일자를 받아 놓아야 자신이 세를 얻어 사는 집이 경매로 넘어가더라도 자신의 보증금을 보호받을 수 있다. 만약 다가구 주택 같이 임차인이 여러 세대일 때는 전입신고나 확정일자를 한 날짜에 따라 우선순위가 달라지기 때문에 확정일자는 하루라도 먼저 받아두는 것이 좋다.

그런데 전입신고만 하면 보증금은 과연 안전할까? 사례를 하나 들어 구체적으로 알아보자.

전라도에서 다가구주택 전셋집에 사는 40대 J 씨는 집주인에게 낸 보증금 1억이 전 재산이다. 그런데 이 보증금을 모두 날리게 되었다. 이사하고 전입 신고한 바로 그날, 집주인이 아무 말 없이 근저당을 설정한 게 문제가 되었다.

J 씨는 2년여 전, 전라도 광주의 다가구 주택 전세를 계약하고 금요일에 입주했다. 알뜰살뜰 모은 전 재산 1억 원을 보증금으로 치른 상

태이다. 이사를 한 날은 정신이 없던 터라, 전입신고는 동사무소가 쉬는 주말을 넘기고 월요일에 했다.

입주 후 두 달 뒤, 집주인이 바뀌었다는 소식을 전해 들었다. 어차피 주택이 매매되어도 임대차 계약이 승계되기 때문에 J 씨는 별 신경을 쓰지 않았다. 그러던 어느 날, 집주인의 채권자들이 건물에 가압류를 걸었고, 급기야 건물이 경매로 넘어갔다.

그제야 J 씨는 뜻밖의 사실을 알게 되었다. 전입신고하던 날에 옛 집주인에서 새 집주인으로 건물의 소유권이 이전됐고, 그와 동시에 새 집주인이 2억 8,000만 원을 대출받으면서 근저당을 설정한 것이었다.

만약 전입신고를 한 날에 임대인이 근저당을 설정하면 어떻게 될까? 임차인의 권리, 즉 보증금은 근저당에 순서가 밀린다. 근저당은 설정과 동시에 권리가 생기지만, 임차인을 보호하는 가장 강력한 권리인 주택임대차보호법상 대항력은 전입신고를 한 익일 0시부터 효력이 생기기 때문이다. 즉, 근저당은 설정 당일 그 시간부터 바로 효력이 생기고, 세입자의 대항력은 당일 전입신고를 해도 다음 날 0시부터 효력이 생긴다. 안타깝지만 J 씨의 사례는 방송에서도 소개됐지만 어쩔 수 없었다. 현행법으로 어떻게 해볼 도리가 없는 것이다.

대항력은 모든 권리를 무력화시킬 수 있는 막강한 권리로, 세입자를 보호하기 위해 만들어졌다. 이 대항력을 갖추고 있으면 집주인이 바뀌어도 사는 집에서 나가지 않아도 되고 보증금을 전액 돌려받을 수 있다.

전입신고는 대항력을 갖추는 요건이 되고, 확정일자로는 만에 하나

사는 집이 경매에 넘어갔을 때 배당받는 순위를 정할 수 있다. 금융권에서는 근저당을 설정할 때, 세입자가 있으면 세입자의 보증금을 뺀 만큼 근저당(채권최고액)을 설정해 준다.

그렇기 때문에 이사를 하면, 반드시 전입신고와 확정일자를 받아두어야 한다. 그리고 만일의 사태에 대비해서 계약하고 전입신고와 확정일자를 받기 위해 주민센터에 갈 때는 등기사항전부증명서를 다시 한번 열람하는 것을 잊지 말자.

 알아두면 좋은 부동산 TIP

오피스텔 전입신고 안 하는 조건의 임대차 계약

일부 오피스텔 소유주들이 전입신고를 못 하게 하는 것은 세금 혜택을 보려는 '꼼수'이다. 사무용과 주거용으로 쓸 수 있는 오피스텔은 전입신고를 하면 주택으로 간주한다. 소유주가 사무용으로 오피스텔을 분양받으면 부가세를 환급받을 수 있는데, 전입신고를 해서 주택으로 용도가 바뀌면 환급받은 부가세를 반납해야 한다. 소유주가 기존에 다른 집도 보유한다면, 전입신고와 함께 다주택자가 되어 세제 혜택 등을 받지 못한다. 하지만 전입신고를 하지 않을 때 생기는 피해는 온전히 임차인에게 있다. 오피스텔의 전입신고 안 하기 특약 등을 임대인에게 제안받는다면, 다른 매물로 눈길을 돌리는 것이 좋다. 그런 특약이 없는 오피스텔도 많기 때문이다.

결코 쉽지 않은
잔금 치르기

Q 부동산 매매를 마쳤고, 다음 달에 잔금을 치르기로 했습니다.
이사도 같은 날로 잡아서 계약과 이사를 동시에 해야 합니다. 저
는 부동산 매매 계약이 처음이다 보니 이사하는 날 정신없는 와중에 부동
산 거래도 잘 처리할 수 있을지 걱정이 앞섭니다. 잔금을 치를 때는 어떤
것들을 잘 살펴보고 준비해야 할까요?

A 잔금을 치르는 과정은 늘 위험이 있기에 신중해야 합니
다. 사소한 실수가 경제적인 피해로 이어지거나 계약 파기
로 이어질 수 있기 때문입니다. 먼저 매수자는 잔금을 치르기 전에 최
종 점검 사항이 있습니다. 소유권, 전세권 등을 제한하는 권리가 추가
로 등록된 것은 없는지, 등기부등본을 통해 최종적으로 확인해 위험
을 방지해야 합니다.

잔금 수령 방법도 사전에 확인

잔금 지급 날짜를 확정한 후에는 집주인마다 원하는 잔금 수령 방법이 다르기 때문에 사전에 확인해야 낭패를 줄일 수 있다. 예를 들어 계좌이체, 현금, 수표 등의 방법을 정하는 것이다.

만일 토요일이나 공휴일에 현금으로 잔금을 치러야 한다면, 현금을 미리 준비하는 것도 좋다. 토요일과 휴일에는 은행이 영업하지 않아서 현금 찾기가 어렵기 때문이다. 현금으로 잔금을 치렀다면 반드시 영수증을 받아두어야 한다.

잔금을 가지고 있는 수표로 송금하는 경우도 있다. 하지만 잔금을 받는 사람의 거래 은행과 수표를 발급한 은행이 다르다면, 잔금을 치르기로 한 날짜 하루 전에 송금해야 한다. 타 은행에 수표를 송금하면, 당일이 아닌 그다음 날 오후에 출금이 가능하기 때문이다.

또한, 현금으로 잔금을 치르면 돈을 분실할 위험도 있고, 영수증을 받아야 하는 번거로움도 있다. 그러니 거래 내역이 기록되는 모바일 뱅킹, 인터넷 뱅킹, 텔레뱅킹 등을 이용하는 것을 추천한다.

계좌이체를 한다면 자기 계좌의 이체 한도도 미리 확인하자. 잔금 액수가 가능한 만큼, 이체 한도를 여유 있게 늘려 놓아야 잔금을 치르는 데 문제가 없다. 이체 한도가 초과하여 바쁜 잔금 당일날에 은행으로 뛰어가는 사람들이 생각보다 많다. 이체하기 전까지 꼭 자신의 이체 한도를 확인하자.

중요한 계약 과정에 있어서 마무리는 잔금 처리이다. 알고 있는 상식선에서 간단하게 끝낼 수도 있지만, 계약자 간 성향, 이를 안내하는 공인중개소의 일 처리 방식, 잔금 지급 날짜 등 다양한 변수로 순탄하게 끝나지 않을 수도 있다. 그러니 위의 사항들을 미리 알아두고 좀 더 편안하고 안전하게 잔금을 치르자.

 알아두면 좋은 부동산 TIP

사건 사고가 많은 잔금일과 이삿날

보통 잔금을 치르고 당일 이사를 하는 경우가 많다. 흔히 '잔금 치르기 전에는 이사할 집으로 출발하면 안 된다'라는 이야기를 한다. 그만큼 잔금이 중요하다는 뜻이다. 아파트를 구입해 이사를 계획한 A 씨는 계약을 위해 현금을 찾았다. 잔금을 치르러 가던 그는 택시에 현금이 든 가방을 두고 내려서 계약을 하지 못했다.

전세로 단독주택에 입주하기로 한 P 씨는 기존 세입자의 요청으로 세입자가 집을 비우기 전에 잔금을 치렀다. 하지만 이사 당일 기존 세입자는 집을 비우지 않았고, P 씨는 큰 곤경에 빠졌다. 이처럼 잔금과 관련해 이사 당일에 당혹스러운 상황이 발생하기도 한다.

공인중개소 소장과
친해지는 법

Q 저는 재개발이나 재건축 아파트 단지 구입을 목표하고 있습니다. 부가가치가 크다고 보기 때문입니다. 그런데 정보를 위해 찾아간 공인중개소의 반응이 대부분 심드렁합니다. 그 지역 공인중개소 소장과 친하게 지내면 좋은 정보를 얻을 것 같은데, 공인중개소 소장과 친해지는 비결이 있나요?

A 집을 구하다 보면 여러 곳으로 부동산을 보러 다니고, 다양한 중개업자를 만나게 됩니다. 공인중개소를 방문할 때도 요령이 있습니다. 물어볼 것은 미리 메모해 두었다가 물어보는 것이 좋습니다. 자신의 신분을 밝히고 예의를 차려 물어보면 원하는 정보를 좀 더 빨리 얻을 수 있습니다. 공인중개소 소장들은 그 현장에 대해서 어떤 부동산 전문가보다 더 고급 정보를 알고 있습니다.

시청이나 구청 등을 방문하면 원론적인 수준의 이야기이지만, 해당 지역의 개발 정보나 토지 이용 현황을 정확히 알 수 있습니다. 가장 기본적인 해당 지역의 정보에 대해서는 지자체를 찾아가서 확인하는 것이 훨씬 도움이 됩니다.

세상에 공짜는 없다

유명 연예인 기획사 대표 Y 씨는 처음 부동산에 투자할 때 아무런 정보가 없어서 전문 분야에 있는 공인중개소 소장과 친해지며 정보와 노하우를 축적했다고 한다. 약 7년 동안 김치찌개를 같이 먹으며 친분을 쌓았다고 하니, 그 정도이면 전문가 저리 가라 할 정도의 지식을 얻었을 것이다.

실제로 공인중개소 소장과 친해지면, 부동산과 관련한 생생한 경험을 공유할 수 있다. 또한, 해당 지역의 부동산에 대해서 깊이 알 수 있다. 공인중개소 소장과 친해지려면 공인중개소를 방문할 때 늘 웃는 얼굴로 들어가자. 첫인상이 좋아야 좋은 정보를 주고받을 수가 있다. 거래할 때는 부동산 중개 수수료를 배려하자. 공인중개소 수수료는 법으로 정해져 있다. 다만 여기에만 얽매이지 말고, 부동산 컨설팅료 명목으로 좀 더 챙겨 줄 방법은 많다. '세상에 공짜는 없다'라는 말이 있다. 상대방에게 이익을 가져다주면 그것이 다시 돌아오기 마련이다.

단, 공인중개소 소장에게 만만하게 보여서는 안 된다. 그들은 주변 가정집의 숟가락 개수까지 꿰뚫고 있는 전문가이다. 그들을 내 편으로 만들려면, 자신이 원하는 아파트의 시세를 어느 정도 알고 가야 한다.

"정말 마음에 드는데, 돈이 좀 부족합니다. 수수료를 추가로 드릴

테니, 가격을 좀 깎아 주십시오."

이렇게 역으로 제안할 수 있다면, 중개업자는 추가 수수료를 위해서라도 가격을 맞추기 위해 노력한다.

"지금 이분을 놓치면 시간이 얼마나 더 걸릴지 모르니 지금 좀 더 싸게 파시는 게 좋을 것 같아요."

이처럼 공인중개소는 집주인을 설득하는 에이전트 역할을 충실히 수행해 준다. 또한, 공인중개소 소장과 인간적인 교류를 선행하며 친분을 쌓다 보면, 분명 여러 부동산의 고급 정보에도 다가갈 수 있다.

 사례로 보는 상식 TIP ───────

공인중개소 소장과의 친분으로 산 부동산

평소 부동산에 관심이 많던 P 씨는 공인중개소를 자주 찾는데, 그중 자신과 코드가 맞는 한 공인중개소에 자주 놀러 갔다. 커피 한잔하면서 동네의 시세, 개발 정보, 임대 아파트를 피하는 학군 선호도 등을 듣게 되었다. 그러다가 가끔 음료수도 한 박스 사 가고, 점심을 같이 먹는 등 공인중개소 소장과 친해지기 시작했다.

그러던 어느 날 그 공인중개소 소장에게 연락이 왔다. 경매에 들어간 한 매물이 취하되면서 시세보다 몇천만 원이나 싼 매물이 매매 시장에 나왔다는 정보였다. P 씨는 곧바로 계약금을 계좌 이체하고 매매에 성공했다. 그가 시세보다 싸게 부동산을 구입해 투자에 성공할 수 있었던 요인은 공인중개소 소장과의 교류 덕분이었다.

부동산 중개 수수료
아끼는 법

Q 부동산을 사려는데, 부동산 매매 계약 경험이 별로 없습니다. 그런데 매수하려는 부동산의 중개 수수료가 생각보다 많은 것 같습니다. 부동산 중개 수수료는 어떻게 책정하는 것인지, 혹시 좀 더 절약할 방법은 없는지가 궁금합니다.

A 집을 내놓거나 구할 때 공인중개소에서 미리 수수료율을 결정해야 합니다. 부동산 중개 수수료는 서울의 아파트 매매를 기준으로 평균적으로 거래 금액의 0.4%에서 0.5%가 적당합니다. 그보다 많이 요구하면 협상이 필요하지요. 중개 수수료 분쟁 때문에 법정까지 가도 보통 0.5% 이하를 내라는 판결이 나옵니다. 중개 업무를 잘해 줘서 고마운 마음에 더 줄 수도 있지만, 더 준다는 걸 서로 알고 더 줘야 하지 않나 생각합니다.

주택 매도 시 관련 있는 영수증 처리

부동산 중개 수수료에 대해 현금영수증 처리를 요구해야 한다. 그래야 차후 주택을 매도할 때 세금공제를 받을 수 있다. 이때 부가세 포함 여부도 정확히 명시해야 한다. 일반과세자인 공인중개소는 부가세 10%를 나중에 추가로 요구할 수도 있다. 단, 간이과세자라면 10%의 부가세를 요구할 수 없다. 그래서 부가세 포함인지 아닌지 사전에 확실히 해둘 필요가 있다. 가능하면 문자 메시지나 음성 녹음 등 증거를 남겨 두는 게 좋다. 만약 현금영수증 처리를 해 주지 않는다고 하면, 국세청에 신고해 포상금을 받을 수 있다. 포상금은 해당 중개 수수료의 20%이다.

계약 시 계약서의 두 번째 장, 즉 중개 수수료가 쓰여 있는 부분을 꼼꼼히 확인할 필요가 있다. 여러 서류를 한 번에 들추며 분주한 분위기를 조성하고, 도장을 달라고 해 직접 날인하는 공인중개소도 많으니 주의하자. 계약 내용 중 공인중개소의 가장 큰 관심은 중개 수수료라는 점을 기억해야 한다. 거의 모든 중개사가 중개 수수료를 최고 요율로 적어둔다. 공인중개소들이 이용하는 컴퓨터 프로그램 자체가 따로 손보지 않는 한 자동으로 최고 상한 요율로 설정되어 있다. 반드시 중개 수수료 부분을 확인하고, 사전에 합의한 숫자로 바꿔야 한다.

'거래할 때 깎으면 복 날아간다'라며 은근히 부담을 주는 일부 중개사들도 있다. 세계적인 부자로 알려진 워런 버핏도 맥도날드에서 할인쿠폰을 내민다. 트럼프 미 대통령은 부동산을 매입할 때 엄청나게 가격을 깎는 걸로 유명했다.

사실 가장 좋은 것은 중개 수수료도 후하게 내고, 현금영수증 처리
도 공인중개소가 원하는 대로 해 주는 대신, 목표하는 금액에 매매하
는 것이다. '1,000만 원 깎아 주면 수수료를 얼마까지 지불하겠다' 하
는 식으로 사전에 성공 보수를 걸어두면, 매매가 어려운 부동산이 매
도되기도 하니 참고하자.

 사례로 보는 상식 TIP

공인중개소 B 씨의 승소 사례

건축업자인 A 씨는 새로 건물을 신축하여 친구이자 공인중개소 소장인
B 씨에게 매수인을 찾아달라고 부탁했다. A 씨는 매매가 성사되면 B 씨에
게 중개 수수료로 4,000만 원을 주겠다고 하였고, B 씨는 매수인을 찾아 매
매 계약을 성사시켰다. 중개대상물확인설명서에는 법정 수수료 상한인 매
매 가액의 0.9%를 중개 수수료로 한다고 기재하였다. 그런데 이후 친구 사
이인 A 씨와 B 씨의 관계는 틀어졌고, A 씨는 약속한 중개 수수료를 지급하
지 않았다. B는 법정 수수료라도 달라고 하였으나 받지 못했고, 결국 소송
까지 갔다.

부동산중개업법 제15조 제2호에는 중개업자 등이 '제20조 제3항의 규
정에 의한 수수료 또는 실비를 초과하여 금품을 받거나 그 외에 사례·증여
기타 어떠한 명목으로라도 금품을 받는 행위'를 하여서는 안 된다고 규정하
고 있다. 그러므로 중개업자 등이 부동산의 거래를 중개한 후 수수료는 물
론 사례비나 수고비 등의 명목으로 금품을 받았을 때 그 금품의 가액이 소
정의 수수료를 초과한다면 위 규정을 위반한 행위에 해당한다.

결국, 재판부는 중개대상물확인설명서에 수수료에 관한 명시적인 약정이 기재되어 있고, 다른 부동산에 관한 중개에서도 수수료가 지급되었던 점 등에 비추어 보면, 이번 사건의 중개 수수료를 면제해 주기로 했다는 A 씨의 주장을 인정하기에 부족하고 달리 이를 인정할 증거가 없다고 판단했다. 그래서 공인중개소 B 씨의 승소로 판결이 마무리되었다. 이처럼 중개 수수료는 법적인 기반 위에서 책정되어 있다.

부동산 계약서
분실했을 때 대처법

Q 부동산 임대차 계약을 통해 매수한 부동산의 매매 계약서를
분실했습니다. 정말 하늘이 노랗고 당황스러워 걱정이 큽니다.
부동산 계약서를 분실하면 제 권리는 사라지게 되는지 궁금합니다.

A 부동산 계약서는 문서에 금액 등 계약자간 합의한 내용
이 적혀 있어 매우 중요한 서류입니다. 하지만 질문자의 경
우처럼 이사나 다른 이유로 계약서를 분실하는 경우가 종종 있습니
다. 이때는 크게 당황할 필요는 없습니다.

분양 계약서 분실은 사본 발급해 대체

만약 아파트 분양 계약서를 분실했다면, 분양 사무실로 문의해 필
요한 서류가 무엇인지 확인한다. 사유를 이야기하고 신분증을 지참해
사본을 받으면, 별문제 없이 해결된다. 만일 더욱 확실하게 문제를 원

칙적으로 해결하고 싶다면, 이후 경찰서에서 분실신고와 분실신고 접수증을 발급받는다.

모든 절차를 마친 후 필요한 서류와 함께 분양 사무실을 방문하면, 계약 권리를 인정해 원본대조필의 복사본 계약서를 발급받을 수 있다. 이때 받은 사본은 원본이 아니지만, 원본과 같은 효력을 지니기 때문에 걱정하지 않아도 된다.

만약 부동산 임대차계약서를 분실했다면, 부동산이 속한 동주민센터에서 '확정일자 확인 정보공개 요청서'를 작성하면 된다. 그런 후 계약서를 작성한 부동산에 방문해 임대차 계약서 사본을 요청하면서 '확정일자 확인 정보공개 요청서'를 내면 된다. 공인중개소는 5년간 임대차 계약서 보관 의무가 있다.

온라인으로는 정보공개시스템(www.open.go.kr)에서 확정일자발급대장 복사를 신청하면 된다. 확정일자를 온라인을 통해 부여받았다면, 대법원 인터넷등기소 홈페이지를 통해 열람과 출력이 가능하다.

등기권리증(집문서)을 분실했다면, 부동산 매매로 소유권을 이전하게 될 때 등기권리증(등기필증)을 발급받을 수 있다. 등기권리증은 문서 도용 등의 문제를 사전에 방지하기 위해 한 번만 발급된다. 이를 분실했다면 '확인서면'을 이용하여 등기권리증과 동일한 효력을 발휘할 수 있다. '확인서면'은 매도인이 등기소에서 본인 여부를 확인한 후 해당 증명서에 날인한 문서를 말한다.

부동산 거래 계약서 분실 시 양도소득세 신고 요령

오래전에 샀던 부동산의 거래 계약서를 잃어버렸을 때 양도소득세를 어떻게 신고해야 할까? 이때는 취득 당시 기준시가를 우선 확인해야 한다. 세법에는 매매 계약서가 없을 때 취득가액을 산출하는 방법이 정해져 있다. 상속이나 증여로 취득한 부동산은 취득 당시에 유사 매매 사례가액으로 상속세 및 증여세를 신고했다면, 그 취득가액을 기준으로 양도소득세를 산출한다. 하지만 아파트가 아니고서는 유사 매매 사례가 없을 가능성이 크다. 그때는 기준시가를 활용한다.

매매 계약서를 분실했다면 부동산 양도 시점의 기준시가와 취득 시점의 기준시가 비율을 반영해서 취득가액을 환산한다. 양도 시점의 기준시가와 취득 시점의 기준시가의 비율이 2대 1이면 같은 비율로 계약 당시의 가액을 환산하는 방식이다. 즉, 현재 기준시가가 4억 원이고 매매 당시 기준시가가 2억 원으로 비율이 2대 1이라면, 현재 양도가액 10억 원을 2대 1의 비율에 적용해서 당시 취득가액을 5억 원으로 본다.

근저당권과 저당권에
대해 알아보기

Q 얼마 전에 아파트 전세를 계약했습니다. 공인중개소에서 집 주인의 등기부등본을 떼어 보니 근저당권 설정으로 상당한 액수의 금액이 적혀 있었습니다. 이런 집으로 전세를 들어가도 될지 조금 걱정이 됩니다. 근저당권 외에 저당권도 있다고 하는데 좀 더 알아보고 싶습니다.

A 전세나 월세 혹은 매매로 부동산을 계약하기 전에 등기 부등본을 떼어 보면 '을구' 란에 근저당권 설정이라 적혀 있고, 은행이나 개인의 이름과 채권최고액이 적혀 있는 경우가 있습니다. 근저당권 설정이란 우리가 흔히 말하는 담보 대출이라고 생각하면 됩니다. 즉, 부동산을 담보로 하여 은행에서 돈을 빌리고, 등기부등본에 얼마를 빌렸는지 적어 놓은 것입니다.

연체 이자 금액이 포함된 근저당권

보통 근저당권 설정 금액에는 빌린 돈보다 많은 금액이 적혀 있다. 연체하게 될 때를 대비해 약정된 연체 이자 금액까지 등기부등본에 기록되기 때문이다. 보통 우리가 알고 있는 1금융권에서는 대출 금액의 120%를, 2금융권에서는 130%를 채권최고액으로 적어 놓는다. 만약 1억을 빌렸다면, 1금융권에서는 1억 2,000만 원을, 2금융권에서는 1억 3,000만 원을 적어 놓는다.

채권최고액이 대출 금액보다 높은 이유는 채무자가 은행 대출을 연체하여 경매가 진행될 때 필요하기 때문이다. 즉, 은행에서 경매 낙찰금으로 배당받을 수 있는 원금과 연체 이자의 합계를 받을 수 있는 한계 금액을 채권최고액이라 한다.

한편, 저당권은 담보 대출을 받을 때 채무 금액을 정확하게 확정해 등기부등본에 올린다. 등본에는 '채권액'으로 표시되며 정확한 액수 1억 원이 등재되어 있다. 저당권이 설정되면, 채무자가 중간에 돈을 갚거나 담보 대출을 늘릴 때 저당권 설정 등기를 다시 해야 한다. 반면, 근저당권으로 채권최고액을 설정하면, 해당 범위 내에서 대출 금액이 달라져도 다시 설정하지 않아도 된다.

채권자는 저당권 설정으로 인해 원금과 이자 외에 위약금(채무자가 빚을 갚지 않을 경우 채권자에게 주기로 약속한 금전), 손해배상금(빚을 돌려받아 운용했다면 얻을 것으로 추산되는 금액), 저당권 실행 비용(담보 처분 과정에서 생기는 교통비, 경매 수수료 등 비용) 등도 받을 수 있다.

근저당권은 저당권과 달리 실행 비용까지 담보하지 않는다. 대신 근저당권은 손해배상권 보증 기한을 제안하지 않는다. 채권자가 근저 당권을 설정하면 빚의 상환일이 1년 이상 지나도 손해배상금을 받을 수 있다. 다만 손해배상금이 채권최고액보다 적어야 한다.

 알아두면 좋은 부동산 TIP

포괄근저당권의 폐지

과거에는 채권자와 채무자 사이의 특정 거래에서 발생하는 채권을 담보하는 것이 아니라 당사자 사이에 발생하는 현재 또는 장래의 모든 채권을 하나의 근저당권으로 일괄해 담보하는 '포괄근저당권'이 있었다. 이는 거래마다 근저당권을 설정하는 번거로움을 피하기 위해 거래 전부를 포괄하는 계약으로 금융기관 등이 채권 담보를 확보하기 위해 과도하게 적용한 것이었다.

직장인 H 씨는 은행에 담보(설정 금액 9,000만 원)로 제공된 김모 씨의 주택을 구입하면서 관련 대출금 6,000만 원을 채무로 인수했다. H 씨는 소유권 이전 등기 후 대출금을 전액 상환한 뒤 은행에 근저당권 말소를 요청했다. 그러나 은행은 근저당권을 말소해 줄 수 없다고 회신해 왔다.

H 씨가 연대 보증한 이모 씨의 신용대출 1억 5,000만 원을 상환하기 전에는 불가능하다는 것이었다. 그의 주택은 보증채무 6,000만 원 외에 채무자의 현재, 장래의 모든 채무를 담보하는 포괄근저당권이 설정된 상태였다. 이와 같은 비합리적인 포괄근저당권은 다행히도 최근에 폐지되었다.

임차인을 지켜 주는
주택임대차보호법

Q 월세를 살고 있고 2년 계약이 끝나기 전인데, 집주인이 사정이 생겼다고 방을 비워 달라고 합니다. 갑자기 이사할 생각을 하니 억울하기도 하고 고민이 많습니다. 이럴 때 집주인의 말대로 제가 이사를 꼭 해야 할까요?

A 예전에는 전세를 살다가도 계약 기간과 상관없이 주인이 이사를 하라고 하면 이사를 해야 했던 시절이 있었습니다. 하지만 지금은 주택임대차보호법이 생겨서 임차인을 보호해 줍니다.

주택임대차보호법은 국민 주거생활의 안정을 보장하기 위해 주거용 건물의 임대차에 관해 민법에 대한 특례를 규정한 법률입니다. 그러니 세입자는 계약 기간까지는 그 집을 사용할 권리를 갖고 있습니다. 이 법은 전세나 월세로 입주하는 세입자들을 보호하는 목적으로, 세입자가 계약 시 내는 보증금이 실제로 적은 돈이 아니기 때문에 임차인의 권리를 보호하는 데 중점을 둔 법입니다.

임대차계약상 임차인이 갖는 권리는 '대항력'

주택임대차보호법에서 사용하는 용어들을 살펴보자. '대항력'이란
임차인이 임대차계약상의 권리를 제삼자에게 주장할 수 있는 힘이다.
만약 매매나 경매 등으로 임대인이 변경될 경우에도 임차 기간을 보
장받을 수 있으며, 보증금을 반환받을 수 있는 권리이다.

하지만 대항력을 갖추기 위해서는 몇 가지 사항들이 필요하다. 먼
저, 주택의 인도와 전입신고가 꼭 되어 있어야 한다. 주택임대차보
호법을 살펴보면, 임차인이 주택의 인도와 전입신고를 완료했을 때
그다음 날인 익일부터 대항력의 효력이 생기는 것으로 명시가 되어
있다.

'우선변제권'이란, 임차인이 확정일자를 받았는데 임차한 주택이

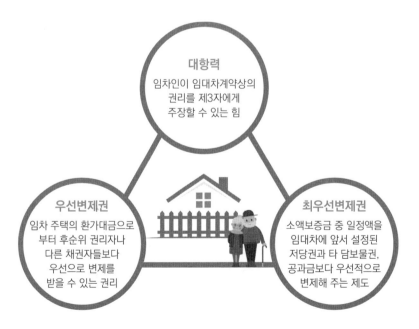

여러 가지 이유로 인해 처분되었을 때 임차 주택의 환가대금으로부터 후순위권리자나 다른 채권자들보다 우선적으로 변제받을 수 있는 권리이다.

즉, 우선변제권을 가지기 위해서는 대항력이 있어야 한다. 그 대항력은 임차인이 주택 입주와 주민등록 전입신고, 임대차계약서 확정일자를 갖추어야 생긴다. 만약 중간에 보증금을 증액한 경우, 증액한 보증금에 대해서도 확정일자를 받아야 우선변제 순위를 갖게 된다.

또한, 부동산 임차인의 보증금이 소액인 임차인이라면 영세 세입자의 주거 안정을 위해서 '최우선변제권'이라는 것을 행사할 수 있다. 이는 소액보증금 중 일정액을 임대차에 앞서 설정된 저당권과 타 담보물권, 공과금보다 먼저 변제해 주는 제도이다. 하지만 소액보증금의 기준은 지역마다 다르기 때문에 미리 확인해 보아야 한다.

 알아두면 좋은 부동산 TIP

집주인이 바뀌어도 임대차보호법에 적용

세입자의 권리를 지켜 주기 위한 주택임대차보호법에 따르면 계약 후 2년 동안은 갑작스러운 월세 인상에도 집주인의 요구를 거부할 수 있다. 집주인이 바뀌었다 하더라도 이전의 집주인과 계약에 맞춰 주택임대차보호법이 적용된다. 집주인이 바뀌었다고 월세를 인상해 달라는 요구는 받아들이지 않아도 된다. 2년 이내 임대차 기간이 끝나더라도 임차인이 보증금을 반환받을 때까지는 임대차 관계가 존속되어 법적 보호를 받을 수 있다.

집주인이 보증금을
주지 않을 때

Q 신도시에 전세로 살고 있습니다. 다른 곳으로 이사를 하고 싶은데 집주인은 다음 세입자가 구해지지 않은 상황에서는 전세 보증금을 빼줄 수 없다고 합니다. 계약 기간은 훨씬 지났는데, 이러지도 저러지도 못하고 속앓이만 하고 있습니다. 무슨 좋은 방법이 없을까요?

A 전세금을 돌려받지 못해 고민하는 상황은 빈번하게 일어납니다. 특히, 역전세난일 때 아파트 가격이 하락장인 상황에서 집주인이 갭투자 등으로 아파트를 샀다가 시세보다 아파트 가격이 내려가면 종종 발생합니다.

일반적으로 전월세 보증금을 돌려주는 방식은 집주인이 신규 세입자를 구한 뒤 이 임차인으로부터 받은 보증금을 기존 세입자에게 돌려주는 식입니다. 만약 시세가 떨어져 계약 당시의 보증금보다 내려갔다면, 그 차액은 당연히 집주인이 부담해야 합니다.

내용증명을 보내 계약 갱신 거절 의사 표명하기

세입자들은 전세 계약 만료 한 달 전에 집주인에게 연락을 취해 계약 일자대로 계약을 만료할 것을 직접 고지하는 것이 좋다. 이때 좀 더 확실한 방법은 '내용증명'이다. 내용증명에는 계약 갱신을 거절하는 의사 표시, 이사 날짜, 명도 확인 요청, 전세금 반환 계좌번호, 보증금 반환이 지연될 시 진행될 절차 등을 명시한다.

만약 집주인과 연락이 닿지 않으며 실 주거지를 모른다면, 내용증명 서류를 가지고 관할 주민센터에 가서 집주인의 등본상 주소지를 확인하는 방법이 있다.

'임차권 등기 명령'은 전세금을 돌려받지 못한 상태에서 부득이한 사정으로 이사를 가야 할 시에 대항력을 유지하기 위해 등기하는 법적 행위이다. '임차권 등기 명령'을 신청하면 집주인은 자신이 소유한 주택, 오피스텔 등 모든 부동산을 처분하거나 새로운 세입자를 구하는 등의 부동산 거래를 진행할 수 없게 된다.

그래서 전세금 반환을 차일피일 미루는 집주인에게 임차권 등기를 하겠다고 하면, 그제야 보증금을 순순히 돌려주는 임대인도 있다. 임차권 등기야말로 전세금을 돌려받을 수 있는 실질적인 효력이 있는 방법이다. 만일 내용증명으로 계약 갱신 거절 의사를 표명하고, 임차권 등기 명령까지 신청했는데도 집주인이 요지부동이라면, '전세금 반환청구 소송'을 해야 한다. 이때는 법률 전문가의 도움을 받아야 한다.

전세 보증금 반환 보증 금지

　최근 역전세난이 심해지면서 집주인이 전세금을 돌려주지 못하는 보증 보험 사고 건수가 급증하고 있다. 이에 주택도시보증공사는 보증 상품에 가입한 집주인이 전세금을 돌려주지 않았다는 신고가 접수되면, 이 집주인의 보증 상품 재가입을 금지하기로 했다.

　전세 보증금 반환 보증은 임대인이 임차인에게 지급해야 하는 전세 보증금의 반환을 책임지는 보증이다. 보증료를 내면 나중에 집주인이 보증금을 줄 수 없는 상황이 생겼을 때 주택도시보증공사가 이를 대신 세입자에게 내준다. 주택도시보증공사는 추후 집 주인에게 보증금을 돌려받는다. 임차인 입장에서는 집주인이 주택도시보증공사에 가입됐는지를 살펴보는 것도 전세보증금을 지키는 방법의 하나가 될 수 있다.

유치권 행사
알아보기

Q 지하철역 근처 건물에 '유치권 행사'라는 플래카드가 걸려 있는 광경을 자주 봅니다. 유치권 행사라는 것이 정확히 무엇인가요? 어떻게 하면 유치권이 행사되는지 알고 싶습니다.

A 건설공사에서 시공업체들은 늘 공사대금을 받지 못할 위험을 부담하며 공사를 합니다. 이러한 위험을 방지할 수 있는 강력한 수단 중 하나가 바로 유치권입니다. 유치권은 공사의 목적물을 점유하면서 건축주가 공사비를 지급할 때까지 이를 돌려주지 않는 것입니다. 다른 담보권과 같은 우선변제권은 없지만, 후속 공사업체, 심지어 건축주의 출입까지 막을 수 있는 효력이 있기 때문에 공사를 빨리 끝내야 하는 건축주에게 강한 압박감을 줍니다. 그러나 잘못 행사하는 경우에는 목적 달성 없이 끝나거나, 도리어 건축주에게 손해를 배상해 주어야 할 수도 있습니다.

점유 개시의 적법성이 중요

유치권 행사를 위한 점유는 적법한 점유여야 한다. 원칙적으로 시공사 및 하도급 업체는 도급 계약에 따라 공사하고 있는 건물을 적법하게 점유할 권리가 있다. 그러나 공사 대금에 관한 분쟁 단계에 접어들면 공사가 차일피일 미뤄지게 되고, 그렇게 되면 유치권을 행사할 것인지 여부를 확실하게 정하기도 전에 공사 인력들이 현장에서 철수하는 경우가 흔하다. 이때 공사업체가 공사하고 있는 건물에 대한 점유권을 상실했다고 볼 수 있는 상황이 되면 큰 문제가 발생할 수 있다.

공사업체가 완전히 철수한다면 공사 중인 건물이 건축주의 점유가 되고, 이후 공사업체가 유치권을 행사하겠다면서 현장에 다시 들어가면 이른바 건축주로부터 점유를 강탈한 것으로 인정되어 불법 점유가 될 수 있다. 점유가 불법적으로 개시되면 유치권이 성립하지 않고, 불법 점유로 인한 임대료 상당액을 부당 이득금으로 건축주에게 지급해야 하는 결과를 초래한다. 그러니 공사업체는 현장 인력이 철수하더라도 최소한의 관리 인력은 상주시키고, 공사업체가 점유를 지속했음을 입증할 사진, 임금 지급 자료 등을 최대한 확보해 두는 것이 좋다.

한편, 공사 중인 건물을 적절한 수준으로 점유하지 않아도 유치권은 성립하지 않는다. 즉 유치권을 행사하기 위해서는 건축주의 점유를 막고, 자신이 배타적인 수준으로 목적물을 점유해야 한다. 일반적으로 관리소장 또는 경비원을 상주시키거나, 해당 건물을 자물쇠 및 울타리 등으로 완전히 봉쇄하는 수준의 점유는 유치권을 성립시킬 수 있다. 그러나 타인의 출입을 막기 위한 별다른 조치 없이 유치권 행사

중임을 알리는 플래카드만 붙이는 행위로는 유치권이 성립되기 어렵다. 판례를 보면 경비원을 24시간 상주시키지는 않았으나, 낮에는 현장에 있다가 밤에는 자물쇠로 잠그고 퇴근하는 방법 등으로 점유 침탈을 배제한 경우에는 유치권이 성립했다고 보았다. 반면에 자물쇠를 잠가 두었지만, 주변 토지를 통하여 건물에 출입하는데 아무런 문제가 없었다면 유치권이 성립하지 않았다고 본다.

공사업체가 받아내야 할 금액이 현실적으로 확실하게 존재하는지에 대한 검증도 필요하다. 즉 남은 공사 대금이 실질적으로 없거나 크지 않은데도 감정적으로 유치권을 행사하면 공사업체가 자칫 더 위험해진다. 이럴 때는 가압류 등의 우회적인 방법을 찾아보는 것도 대안이 될 수 있다.

 알아두면 좋은 부동산 TIP ────────────

유망한 특수물건 경매

유치권 등이 걸려 있는 부동산은 특수물건 경매로 나올 수도 있다. 이때 투자 가치도 큰 편이다. 이러한 투자 방식은 안전성과 수익성 모두를 담보할 수 있다. 실제로 특수경매 물건은 경기가 호황일 때도 블루오션 영역으로 높은 수익을 낼 수 있는 분야이지만, 2020년 6월 '코로나19'로 인한 글로벌 경기 폭락이 우려되거나 장기 경기 침체가 현실화되는 불황기에는 더욱 뜨거운 관심을 받고 있다. 경매 분야는 불경기에 많은 매물이 나오기 때문에 반사 이익을 볼 수 있는 영역이기 때문이다. 하지만 부동산 경매 중 특수물건 경매 분야는 고난이도의 권리분석을 포함해 현장 경험과 법적 지식이 필요하기에 일반인들이 접근하기 어려운, 진입 장벽이 높은 투자 영역이다. 그래서 부동산 공부를 철저히 해야 하고 꼼꼼히 준비한 다음, 경매로 나온 물건 중에서도 유치권 등이 포함된 특수물건, 감정가 20~30%로 유찰되어 200% 이상의 가치재평가가 가능한 우량 물건만을 취급한다면 수익을 낼 가능성이 있다.

부동산 관련
민사소송 절차

Q 수년 전부터 서울 마포구 망원동에서 카페를 운영했습니다.
상가 주인이 더는 상가를 임대하지 않겠다고 해서 새로운 카페
임차인을 구했습니다. 그런데 상가 주인은 아들을 내세워 상가를 직접 운
영하겠다고 합니다. 5년간 카페를 운영해 단골손님을 만들었던 제 수고에
대한 아무런 대가도 없이 말입니다. 너무 억울합니다. 이때 할 수 있는 것
이 민사소송인 것 같습니다. 민사소송의 절차가 많이 복잡할까요?

A 우리가 살아가다 보면 크고 작은 문제들이 일어나 의견
이 갈리고 다툼도 하게 됩니다. 의견을 잘 나누어 말로 해결
하면 좋겠지만, 그렇지 않은 일도 분명히 있습니다. 이처럼 쉽게 해결
이 되지 않는 개인과 개인 간에 발생하는 각종 다툼은 법률적으로 강
제적으로 해결하고 조정하는데, 이 절차가 바로 민사소송입니다.

소송이라는 것은 살면서 하지 않으면 더 좋겠지만, 어쩔 수 없이 시시비비를 가려야 한다면 제대로 알고 처리해 손해를 최소화해야 합니다. 그래서 기초적인 민사소송 절차에 대해서는 어느 정도 숙지하고 있는 것이 현명합니다. 개략적인 민사소송 절차는 다음과 같습니다.

소장 작성과 관할 법원에 제출

억울한 일을 당하여 소송을 제기하는 자, 즉 소장을 작성하여 법원에 제출하는 사람을 '원고'라고 하고, 그 상대방을 '피고'라고 한다. '원고'는 본인의 요구사항, 주장, 입증 내용을 포함한 소장을 충실히 작성하여 관할 법원에 제출해야 한다. 소장에는 원고와 피고의 이름, 주소 등 인적 사항, 청구 취지, 청구 원인, 관할 법원 등을 명시해야 하고 입증 자료를 첨부해야 하며, 소장 제출 시에는 '인지대'라는 수수료와 송달료를 법원에 납부해야 한다.

소장 심사 및 송달

관할 법원에 소장이 제출되면, 법원은 그 소장의 형식적인 부분을 심사하여 별다른 하자가 없으면 소장 부본을 피고에게 보낸다. 만일 하자가 발견되면 법원이 보정 명령을 내린다. 원고는 그에 대해 정해진 기간 내에 보정하여 다시 소장을 제출해야 한다. 피고는 소장 부본을 받은 후 30일 이내에 원고의 주장 내용을 반박하는 답변서를 관할 법원에 제출해야 한다. 만일 답변서를 해당 기간 내에 제출하지 않으면, 변론 기일을 열지 않고 바로 원고 승소 판결이 내려질 수 있다.

물론, 이 30일의 기간은 불변 기간이 아니기 때문에 30일을 넘겨서 제출하더라도 큰 문제는 없다. 판결 선고기일이 지정되더라도 선고 전에만 답변서를 제출하면서 변론 재개 신청을 하면 무방하다. 피고가 답변서를 제출하면, 이는 법원을 거쳐 다시 원고에게로 송달된다.

변론 준비 기일 또는 변론 기일

'변론 준비 기일'은 다소 쟁점이 복합적인 사건이라면 변론 기일에 앞서 사건의 주요한 쟁점들을 판사와 함께 파악, 정리하는 절차이며, 변론 기일은 일반적으로 우리가 TV나 영화에서 보던 재판 절차라고 보면 된다.

변론 기일은 사건 하나당 보통 2~3회 이상 열리는 경우가 대부분이며, 평균적으로 한 달 간격으로 진행이 된다. 변론 절차가 진행되는 과정에서 원고와 피고는 필요할 때마다 '준비서면'을 제출하여 그 주장 및 입증 자료 등을 제출하게 되고, 문서 송부 촉탁, 사실 조회 신청, 검증·감정 신청, 증인 신청 등도 적절히 활용해야 한다.

드라마나 영화에서 나오는 장면들을 보면, 법정에서 변호사들이 매우 말을 길게 하면서 멋있게 변론한다. 하지만 일반적인 민사재판의 변론 기일에는 미리 제출된 준비서면 상의 내용을 법정에서 진술하는 것으로 간주하고 재판장이 필요한 부분 몇 가지만 질문하고 끝나기 때문에 증인 신문이 없는 이상 길어야 5~10분 정도가 소요된다.

변론 종결 및 판결 선고

원고와 피고가 여러 차례의 변론 기일을 거치면서 더 제출할 증거가 없고 재판부에서 판결을 내릴 수 있을 정도로 충분한 심증이 형성되었다면, 재판장은 변론 절차를 종결하고 판결 선고 기일을 지정한다. 보통 판결 선고는 변론 종결 이후 한 달 이내에 이루어진다.

마지막으로 소송 기간, 즉 소 제기부터 판결 선고까지 걸리는 시간은 일반적으로는 최소 6개월 정도이며, 원고와 피고의 입장이 극명하게 대립하여 치열한 공방이 오갈 경우는 1년이 넘게 걸릴 수도 있다. 다만, 청구액이 3,000만 원 이하인 소액 사건의 경우에는 소액사건심판법이 적용되어 일반 민사소송보다는 절차적으로 신속하게 진행, 종결될 수 있다.

1심 재판의 결과를 받아들일 수 없어 항소를 제기하면 항소심 재판이 열리고, 항소심 재판에 불복하면 대법원에서 상고심이 열린다. 그래서 간혹 하나의 사건이 완전히 종결되는데 4~5년 이상 걸리기도 한다.

액수가 크든 작든 간에, 세상에 아깝지 않은 돈은 없다. 예측하지 못한 위기에 처했을 때 신속하고 적극적으로 대응하지 않는다면, 소멸 시효나 권리 남용 등으로 인해 법에 의한 보호도 제대로 받을 수 없게 된다. 내 소중한 재산권이나 인격권이 누군가로 인해 침해당했다면, 절대 침묵하지 말고 용기 내어 당당하게 그 권리를 되찾자.

임대차 소송의 핵심은 증거 자료

임대차 분쟁은 우리 주변에서 흔히 일어날 수 있는 일이다. 계약 기간이 끝나갈 때는 정해진 기간 내에 계약 갱신 요구를 하여야 하며, 계약 갱신 요구 기간이 끝나거나 더 이상 계약 갱신, 재계약을 원하지 않을 때는 신규 임차인의 주선을 통해 권리금을 회수할 수 있도록 적절한 조치가 필요하다. 또한, 구두 협의 사항은 추후 입증하는 것이 거의 불가능하거나, 입증되더라도 계약 내용으로 인정받지 못할 가능성이 크다. 그러니 분쟁을 예방하기 위해서는 반드시 계약서에 특약 사항으로 명확히 기재하거나 별도의 문서를 남겨야 한다.

임대인과 임차인 간의 각종 임대차 소송은 앞으로도 수없이 발생할 것이다. 부동산 거래는 수천만 원에서 수십억 원까지 상당한 액수가 걸려 있는 거래이기 때문에 양측의 입장이 첨예하게 대립할 수밖에 없다. 그러니 계약 단계부터 계약서에 기재해야 할 사항에 대해 면밀히 검토해야 하며 자신에게 불리한 조건은 없는지, 특약 규정으로 작성해야 할 사항이 모두 들어갔는지 꼼꼼하게 확인하여 본인의 권리를 지켜야 한다.

그런데도 분쟁이 생겨 부동산 소송을 해야 한다면, '믿을 만한 확실한 증거'를 제시해야 한다. 사실관계를 입증할 수 있는 객관적이고 신빙성 있는 자료가 필요하다는 사실을 잊지 말자.

내용증명의
허와 실

Q 부동산 상가에 임차로 들어온 사람입니다. 계약이 완료되어
상가를 나가려고 하는데, 다음 임차인이 정해지지 않은 상태입
니다. 그런데 임대인이 보증금을 차일피일 미루며 돌려주지 않습니다. 저
는 다른 상가로 이전할 준비를 모두 마친 상태인데 보증금을 받지 못해 이
러지도 저러지도 못하고 있는 상황입니다. 주변에서는 내용증명이라도 보
내서 문제를 해결해 보라고 이야기합니다. 과연 내용증명이 큰 효과가 있
는지 궁금합니다.

A 어떤 분쟁이 생겼을 때 내용증명을 보내면 모든 사건이
다 해결이 된다고 오해하는 사람들이 매우 많습니다. 하지
만 내용증명은 아무런 법적 효력이 없습니다. 내용증명은 과거 어느
시점에 내가 상대방에게 어떤 내용이 기재된 편지를 보낸 적이 있다
는 사실을 우체국에서 증명해 줄 뿐입니다.

법적인 효력은 없으나 분쟁 시 큰 효과

내용증명이 법적인 효력은 없으나 소송 시에는 아주 중요한 역할을 한다.

내용증명을 받으면 내용의 증명을 위해 총 3부를 작성하여 1부는 우체국이 보관하고, 1부는 상대방에게 발송하고, 1부는 발송 일자를 찍어 본인에게 돌려준다. 내용증명은 서로의 의사 표시를 확인하는 절차가 진행된 후 나중에는 법적인 증거로 활용되기 때문이다.

내용증명은 기본적으로 내가 보내는 편지이기 때문에 상대방이 받지 않으면 의미가 없다. 만약 반송되면 주소를 확인해서 다시 보내야 한다. 내용증명은 의사 표시의 발신인을 중시하여 의사 표시를 상대방에게 했다는 것을 입증하기 위한 것이다. 자신의 의사 표시에 확정 일자를 갖추고자 할 때 쓰는 방법이지만, 이 역시 의사 표시의 방법 중 하나에 불과하다. 그래서 내용증명이 수신인에게 도달하는 순간 효력이 발생한다.

내용증명으로 채무를 이행하라고 독촉하였을 때 내용증명을 발송한 후 6개월 이내에 재판상의 절차를 진행하는 시효 중단의 효력이 발생한다. 단순한 어떤 주장이나 사실관계를 적은 내용증명이 아니라 민법상 채권양도 통지, 또는 계약 해지 전 최고 통지 등 법률이나 계약에서 명확히 해야 할 절차를 자신이 이행했다는 것을 증거로 남길 때는 내용증명이 유용하게 사용된다.

내용증명의 효과

내용증명은 상대방에게 어떤 사실을 통지하는 원칙을 넘어서 최후통첩의 수단이 될 수 있다. 순순히 의무를 이행하지 않으면 법대로 하겠으니 그전에 좋게 처리하라는 뜻도 담겨 있다. 그래서 내용증명을 보내 언제까지 당신이 무엇을 이행하지 않으면, 나는 소송을 하겠다는 의사를 표현한다. 또한, 상대방이 거기에 대해 회신을 보냄으로써 법적 분쟁까지 가지 않고 서로 원만히 절충해 합의하는 효력이 있다.

내용증명을 받으면 마치 법원의 판결문이 온 것처럼 깜짝 놀라는 사람이 있는데, 내용증명은 내가 상대방에게 보내는 편지일 뿐이다. 나에게 온 편지 내용을 꼼꼼히 읽어보고, 그 내용 중에 내가 답변할 부분이 있으면 정확히 기재해서 내용증명으로 발송해 주고, 별 내용이 없으면 답변을 안 해도 크게 문제가 안 된다.

내용증명은 그 자체가 법적 분쟁을 종결시키는 어떤 특별한 법적 효력이 있는 것은 아니고, 분쟁이 발생했을 때 어떤 증거 자료, 증거 서류로 사용하기 위한 하나의 방법이라고 생각하면 된다.

만약 상대방이 돈을 빌려 갔는데 돈을 갚지 않을 때, 부동산 매매 후 이전등기를 미룰 때, 임대 만기가 되었는데 전세 보증금을 돌려받지 못했을 때, 인터넷 쇼핑 등으로 물건을 구입한 뒤 반품할 때, 채권의 양도 사실을 통지할 때, 소송 전에 마지막으로 상대방 의사를 확인하고 싶을 때 내용증명을 보내면 의외의 효과를 볼 수 있다.

3장

내집 마련을 앞당기는
무주택자를 위한
부동산 상식

부동산 통계를 보면 우리나라에 주택이 있는 사람보다는 주택이 없는 사람이 아직은 더 많습니다. 하지만 안정적인 생활과 재테크 차원에서도 자신이 사는 집 하나는 마련하는 게 좋습니다. 정부에서도 1주택자에 대한 규제는 크지 않고, 보통 다주택자의 규제에 초점이 맞춰져 있습니다. 그래서 1주택 비과세부터 청약 등 무주택자가 주택을 마련할 수 있게 돕는 각종 정책을 만들어 주택 마련을 돕습니다.

이번 장에서는 무주택자를 위한 청약통장, 신혼부부 특별공급, 주택담보대출, 내 생애 첫 임대주택 도전, 행복주택 등에 주택 마련에 관한 현실적인 조언들로 구성했습니다. 더욱이 무주택자를 위한 다양한 정보와 관점을 제시하기 위해 노력했습니다.

오래 될수록 유리한
청약통장

Q 저는 재테크나 부동산에 관해 많이 무지한 편입니다. 한번은
친구들 모임에 나갔다가 아직 청약통장을 만들지 않았다고 했더
니 핀잔을 받았습니다. 그리고 한 친구가 청약통장의 중요성을 크게 강조
했습니다. 하지만 따로 저축할 여유도 없고, 청약통장이 있어도 너무 비싼
아파트값을 감당할 여유가 언제쯤이나 생길지 기약이 없습니다. 그런데도
청약통장을 꼭 만들어야 할까요?

A 대한민국 땅에서, 그것도 수도권에 자신의 보금자리를
마련한다는 것은 꽤 어려운 일입니다. 그래서 더욱 일찍부
터 주택청약종합저축으로 미리 준비해야 합니다. 청약통장은 자신이
집을 살 수 있도록 그 자격을 키워 주는 상품입니다. 자격 요건을 충
족할수록 아파트 분양 확률이 높아져 집을 사는 데 유리해집니다. 청
약통장은 매달 일정 금액을 넣고 금리를 받는 적금과 유사하지만, 그
목적이 '내 집 마련'에 있다는 것만 다를 뿐입니다. 지난 2009년에 기

존에 존재했던 청약저축, 청약예금, 청약부금이 모두 합쳐져 '주택청약종합저축'으로 통합됐습니다.

주택청약 제도는 분양 시 우선권을 받을 수 있다는 점 말고도, 절세 혜택까지 볼 수 있습니다. 연 소득 7,000만 원 이하의 무주택 세대주인 경우 240만 원까지 납입 금액의 40%, 즉 96만 원을 소득공제 받을 수 있습니다. 또한, 은행별로 청약저축 보유 여부에 따라 '우대금리'가 제공되기도 합니다.

설혹 지금 당장은 아파트를 언제 살 수 있을지 알 수 없다고 해도, 언젠가 기회가 온다면 청약통장은 내 집 마련에 아주 좋은 디딤돌이 될 것입니다.

일찍 가입할수록 유리한 청약통장

주택청약종합저축 통장은 당첨에 떨어져도 분양받을 때까지 계속 사용할 수 있다. 오래 묵혀 둘수록 진가를 발휘하는 게 청약통장이다. 결국, 큰 목돈이 되어 다시 돌아오게 될 확률이 높다. 서울이나 수도권에 거주 중인 가입자는 매매가보다 싼 분양가에 집을 살 수도 있다. 중도 해약 시 원금 및 이자가 유지되고 만기도 없다. 민영, 공영 조건 없이 모든 아파트에 청약이 가능하다.

이미 주택을 소유하고 있어도 가능하며, 신분증 하나면 가입할 수 있다. 단, '1인 1통장'을 원칙으로 기존 청약을 해지하고 신규로 가입할 경우 기존 청약통장의 기간이나 금액은 인정되지 않는다. 가입 기간이 길수록 유리해서 대학생들 사이에서도 주목받고 있다. 납입 금액이 월 2만 원부터 가능해서 청년들에게도 인기이다.

청약 가점제 기준에는 '가입 기간'이 있다. 만점인 17점을 받기 위해서는 15년 이상의 가입 기간이 필요하다. 그래서 장기간 가입자일수록 유리할 수밖에 없다. 사회 초년생이나 미성년자도 일찍부터 청약통장에 가입해야 하는 이유이다. 오래 보유할수록 '금리' 혜택 또한 높아지며, 5년 이상 납입 후 해지해도 원금이나 이자 부분에서 손실 없이 그대로 받아볼 수 있다.

금리는 동일하며, 가입자는 매달 월 2만 원에서 50만 원 이내로 자유롭게 납부가 가능하다. 납입 방식은 적립식과 예치식 중 선택할 수 있고, 가입일로부터 1개월 이내에는 이자가 없다. 이후 1년 미만은 연 1.0%, 1년 이상 2년 미만은 1.5%, 2년 이상은 연 1.8%의 금리를 적용받는다.

청약통장은 가입자가 원하는 집에 당첨되면 자동으로 해지된다. 금액 납부 후 일부 인출도 되지 않는다.

 사례로 보는 상식 TIP

불법 청약통장 거래는 강력한 처벌

R 씨는 1년 동안 국가유공자나 장애인 등과 같은 이들에게서 분양 신청에 필요한 서류 그리고 청약통장 등을 매수한 다음, 이들의 명의로 분양을 신청하여 다수의 아파트를 분양받았다. 그리고 이 분양권에 고액 프리미엄을 붙여 되팔았다가 적발되었다.

그뿐만 아니라 다자녀, 신혼부부처럼 청약 가점이 높은 이들에게도 청약통장을 매입하여 되파는 행위도 했다. 결국, R 씨와 이에 연계된 브로커, 통장 양도인 등이 무더기 적발되었고 처벌이 이루어졌다.

청약통장 불법 거래를 알선한 자, 매매한 자는 3년 이하의 징역이나 3,000만 원 이하의 벌금형이라는 무거운 처벌을 내린다. 또한, 이렇게 불법 거래로 얻은 청약통장으로 당첨이 되었다 하더라도 청약통장은 매매부터가 불법인 만큼 당첨자의 계약은 무효로 돌아가고, 최장 10년까지 청약 자격 제한 처분을 내린다.

지난 2018년 말에는 주택법 개정안이 통과되면서 분양권의 불법 전매, 청약통장의 불법 거래를 통하여 부정한 이득을 얻었을 때, 위반 행위로 얻은 이익의 3배까지 벌금을 부과하도록 하는 '징벌적 벌금 제도'가 도입되었다. 불법 청약통장 거래는 절대로 해서는 안 된다.

청약 가점을
높이자

Q 청약을 간절히 원하는 주부입니다. 짧지만 집을 소유했던 적
도 있고, 아이도 없어서 청약 가점이 높지 않다고 합니다. 주택
청약에서 가장 중요한 것 중 하나가 청약 점수라고 하던데, 청약 점수는
어떻게 높일 수 있을까요? 그 기준이 무엇인지 궁금합니다.

A 주택청약종합저축에 가입하고 일정한 시기가 지나면 1
순위가 됩니다. 하지만 그렇다고 해도 청약에 쉽게 당첨되
기는 힘듭니다. 우리나라에는 수많은 1순위자가 있고, 그들 역시 청
약을 기다리고 있기에 순위보다는 청약 점수를 어떻게 받느냐가 중요
합니다.

청약 가점은 아파트 분양 여부를 결정짓는 결정적인 변수이기 때문
에 정확한 계산이 필요합니다. 계산 실수로 낮은 점수가 나오면 청약
기회를 놓칠 수도 있고, 과하게 계산해서 부적격 처리가 되면 6개월
에서 1년간(지역별 상이) 재당첨이 제한될 수 있습니다.

가점제와 추첨제에 따라 다른 청약 계획

먼저 청약하려는 주택형이 가점제인지 추첨제인지부터 확인해야 한다. 현재 민영주택이나 지자체, LH 등 민간건설 국민주택의 입주자를 선정할 때는 가점제와 추첨제로 청약을 진행한다. 가점제는 일정 항목으로 구성된 점수가 높은 순으로 입주자를 선정하는 제도이고, 추첨제는 같은 순위 안에서 경쟁이 있으면 추첨을 통해 입주자를 선발하는 제도이다. 그런데 지난 2017년 8·2 대책이 시행되면서 무주택 실수요자의 내 집 마련 기회를 늘리기 위해 투기과열지구 및 청약 조정대상주택, 수도권 공공주택지구는 가점제를 대폭 확대했다. 청약 가점은 무주택 기간(2~32점), 부양가족(5~35점), 청약통장(1~17점) 등 3개 항목으로 구성되며, 총 84점 만점이다.

무주택 기간(32점 만점)

무주택 기간은 만 30세부터 점수를 매길 수 있다. 만 30세가 안 됐지만, 결혼했다면 혼인신고를 한 시점부터 점수가 부여된다. 만 30세 미만의 미혼이라면 가점이 0점이다. 기본 점수(1년 미만)는 2점이며, 1년이 추가될수록 2점씩 늘어난다. 무주택 기간이 15년 이상일 경우 32점 만점을 받을 수 있다.

여기서 무주택자란 자신 명의의 집이 없는 사람을 말하는데, 청약 신청자 본인을 포함해 세대를 이룬 세대원(직계존속·직계비속)까지 주택이 없어야 한다. 다만 60세 이상 직계존속(부모, 배우자의 부모 등)이 주택을 소유한 경우에는 청약 신청자를 무주택자로 본다.

무주택 기간 산정에서 의외로 실수하는 이들이 많다. 알고 봤더니 배우자가 상속이나 증여를 받은 시골집의 지분을 가진 것을 뒤늦게 알게 되는 등 잘못 계산하는 경우가 종종 있다.

부양가족 수(35점 만점)

부양가족은 가점 항목 중 배점이 가장 크고, 부양가족이 한 명도 없는 단독 세대주인 경우에도 기본 점수 5점이 매겨진다.

한 명이 추가될 때마다 5점씩 늘어나며, 6명 이상일 경우 35점 만점을 받을 수 있다. 법적으로 혼인관계인 배우자는 주민등록상 주소가 떨어져 있어도 무조건 부양가족 수에 포함된다.

만 30세 미만의 미혼 자녀는 청약자의 주민등록등본에 함께 등재돼 있으면 부양가족으로 본다. 주소지가 떨어져 있어도 입주자 모집공고 전까지만 등본에 올리면 된다. 만 30세 이상의 자녀는 입주자 모집 공고일로부터 1년 이상 청약 신청자와 함께 주민등록이 되어 있어야만 부양가족으로 점수를 받을 수 있다.

청약통장 가입 기간(17점 만점)

청약통장 가입 점수는 기본 점수(6개월 미만)가 1점부터 시작한다. 6개월 이상, 1년 미만은 2점이고, 1년이 지날 때마다 1점씩 오른다. 가입일로부터 15년 이상 지나면 만점인 17점을 받는다. 이 세 가지 항목을 합산한 점수가 높을수록 청약 당첨 확률도 높아지는데, 최근에는 그 당첨 커트라인이 점점 높아지는 추세이다.

종종 등장하는 청약 가점 만점자

6명의 식구를 부양하는 중년의 C 씨는 15년 넘게 자기 집 없이 살았다. 그는 '내 집 마련'의 꿈을 안고 15년 전 청약통장을 만들었다. 그러다 지난 2018년에 비로소 아파트에 당첨됐다. 대출도 안 나오는 39억 원짜리 집인 '래미안 리더스원 펜트하우스' 당첨자 이야기이다.

새 청약 제도 시행 전 유주택자의 마지막 강남권 갈아타기로 들썩인 래미안 리더스원은 삼성물산이 서초우성1차를 재건축한 아파트로, 일반분양 232가구 모집에 9,671명이 1순위 청약에 접수했다. 평균 41.69:1의 경쟁률을 보였다.

이 '로또 청약'의 주인공인 C 씨는 무주택 기간 32점, 부양가족 35점, 청약통장 17점으로 청약 가점 84점 만점을 받은 사람이다. 청약 가점에서 만점을 받기란 쉽지 않다. 오랜 시간 꾸준히 준비해야 하기 때문이다. 무주택 기간과 청약통장 가입 기간이 각각 15년이어야 하고, 부양가족은 6명 이상이어야 한다. 청약 가점 만점은 마음만 먹으면 무조건 아파트 청약에 당첨될 수 있는 점수이다.

2020년에는 5월 흑석리버파크자이에 이어 9월에 신목동 파라곤 분양에서도 청약 가점 만점자가 나왔다. 이처럼 청약 가점 만점자도 속속 등장하며 앞으로의 분양 시장도 더욱 치열해질 전망이다.

전략을
세워야 하는 청약

Q 아직 부동산 청약 제도가 낯선 30대 직장인입니다. 청약이 중요하다는 것은 어렴풋이 알겠는데, 청약 전략을 어떻게 짜야 할지 잘 모르겠습니다. 청약 전략을 짜는 방법을 알려 주세요.

A 내 집 마련 방법 중 가장 쉬운 길이 청약입니다. 청약은 모든 부동산 매매의 출발이기도 합니다. 새 아파트를 분양받기 위해 청약을 공부하고 들여다보면, 자연스럽게 복잡한 제도를 익히고 지식을 쌓을 수 있습니다. 만약 자신이 사는 지역에 모델하우스가 문을 열었다면 꼭 분양받을 생각이 없더라도 상담을 받아보며 지식을 키워야 합니다. 어디에 아파트가 들어서고 해당 지역에 어떤 밑그림이 그려졌는지도 자연스럽게 배울 기회입니다.

청약 가점도 스스로 계산할 줄 알아야 합니다. 실제로 청약홈 홈페이지에서 청약할 때 스스로 기재하는 가점을 잘못 입력해 당첨되고도 부적격자 판정을 받는 일이 자주 있습니다.

아파트 분양에 앞서 일간지 등에 게재되는 입주자 모집 공고문도 빼놓지 않고 챙겨 봐야 합니다. 깨알 같은 글씨로 빼곡히 적혀 있다 보니 대충 읽고 넘어가려는 청약자가 많지만, 청약 조건과 계약 조건은 공고문에 가장 상세히 나오니 꼭 챙겨서 확인해야 합니다.

차선책으로 당첨 확률을 높여라

정말 청약 당첨받고 싶다면 차선책도 생각해야 한다. 그중 하나는 여러 단지가 동시에 청약할 때 상대적으로 수요가 덜 몰리는 지역에 청약하는 방법이다. 이 가운데서도 선호도가 떨어지는 동과 주택형에 청약하면 당첨 확률을 높일 수 있다.

특별공급도 한번 고려해 보자. 일반 청약과 달리 '그들만의 리그'에서 경쟁하다 보니 당첨 확률이 크게 오른다. 신혼부부 특별공급은 최근 경쟁률이 치열해졌지만, 중소기업특별공급, 장기복무군인특별공급, 장애인특별공급은 몰라서 기회를 놓치는 사례도 많다.

상대적으로 가점이 낮은 젊은 세대는 한시라도 빨리 청약 통장을 만드는 게 무엇보다 중요하다. 민간분양 가점제 당첨은 힘들지만, 공공분양 당첨 확률은 높일 수 있다.

또한, 무순위 주택청약도 노려볼 수 있다. '현금 부자'들이 미계약 물량을 줍는다는 의미에서 '줍줍'이라고도 칭한다. 무순위 주택청약은 기존 청약통장을 이용한 1순위 당첨자 중 여러 가지 사유로 부적격자 판정이 되거나 계약을 포기한 물량을 다시 추첨하는 것이다. 무순위 주택청약도 청약의 기본 관점은 똑같다. 가령 입지라든가, 미래

전망, 주변 상권과 학군 등 다양한 요소를 살펴야 한다. 보통 인터넷으로 해당 단지의 홈페이지에 들어가서 쉽게 청약을 할 수 있다.

 알아두면 좋은 부동산 TIP ─────────────

비대면으로 바뀌는 청약 시장

2020년 '코로나19' 사태의 확산으로 청약 시장에서도 '언택트(Untact, 비대면)'가 대세로 떠오르고 있다. 사이버 견본주택을 비롯해 견본주택을 소개하는 유튜브 라이브 방송 등이 대표적인 예이다. 업계에서는 향후 청약 시장에서도 언택트 방식이 주류로 떠오를 것이라고 분석한다.

'코로나19'로 인한 청약 시장의 가장 두드러진 변화 중 하나로 '사이버 견본주택'이 꼽힌다. 사이버 견본주택은 VR, AR 등의 기술로 실물 견본주택을 영상으로 촬영해 온라인으로 단지의 정보를 제공하는 방식이다. 사이버 견본주택뿐만 아니라 유튜브 라이브 방송을 선보이는 건설사도 등장했다. GS건설은 지난 2020년 과천에서 공급한 '과천 제이드자이'의 사이버 견본주택을 개관하는 당일, 고객과 소통하는 유튜브 라이브 방송을 진행했다. 또한, HDC현대산업개발도 '우장산숲 아이파크'의 사이버 견본주택을 개관하며, 유튜브 라이브 방송을 진행했다.

신혼부부라면
특별공급을 노려라

Q 서울 노원구에 사는 예비 신혼부부입니다. 직장이 서울이라 서울에 내 집을 마련하고 싶은데 청약 가점은 너무 낮고, 자금 사정도 좋지 않아 고민입니다. 저희도 신혼부부 특별공급이 가능할까요?

A 청약 경쟁은 치열하지만, 신혼부부 특별공급은 청약 가점이 낮은 신혼부부들끼리 경쟁하기 때문에 그나마 당첨 확률이 높다고 봅니다. 신혼이 인정되는 기간에 신혼부부 특별공급에 대해 공부하고 적극적으로 활용한다면 좀 더 쉽게 내 집 마련의 꿈을 이룰 수 있습니다.

국민주택과 민영주택에 따른 신혼부부 특공

신혼부부 특별공급 청약 자격은 혼인 신고 이후 7년까지이다. 예비 신혼부부도 혼인 사실을 증명하기만 하면 청약할 수 있다. 또한, 청약 당시 세대 구성원 전체가 무주택자여야 한다. 청약통장 가입일은 모집 공고일과 기준 지역에 따라 다르지만 보통 최소 6개월 이상, 납입 횟수 6회 이상은 충족되어야 신청이 가능하다. 다만 소득 조건을 충족시켜야 하는데 공공분양과 신혼희망타운, 민영분양의 기준이 각각 다르다.

2020년 10월 14일, 국토교통부 발표에 따르면 공공분양은 배우자와 합친 월평균 소득이 전년도 도시근로자 가구당 월평균 소득의 130% 이하(맞벌이 140% 이하)여야 한다. 민영분양은 월평균 소득 140% 이하(맞벌이 160% 이하)까지 가능하다. 현재 3인 이하 가구 기준 도시 근로자의 가구당 월평균 소득은 563만 원이다. 외벌이라면 월평균 소득이 789만 원, 맞벌이면 900만 원을 넘으면 안 된다(2021년 1월부터 반영). 만약 집값을 조달할 수 있다면 신혼부부 특별공급을 적극적으로 공략하자. 최근 조건을 완화하는 추세이고, 분양가 상한제 아래에서는 시세보다 저렴한 주택을 구입할 가능성이 크기 때문에 신혼부부라면 놓치지 말고 내 집 마련을 위해 활용하는 게 좋다.

실거주가 목적이라면 장기적인 호재가 있는 지역으로 눈을 돌려도 좋다. 신안산선 개통이 예정된 서울 금천구 독산동, 수도권 광역급행철도(GTX) 수혜 지역인 서울 중랑구의 망우동, 상봉동처럼 교통 호재가 있어 향후 발전 가능성이 있는 곳을 주목해 보자.

신혼부부 특별공급의 1순위 내에서 당첨자 선정 방법은 우선 공급과 일반 공급이 있다. 분양 물량의 75%를 소득이 작은 신혼부부에게 우선 공급하고 나머지 25%를 일반 공급한다. 우선 공급에 지원하려면 소득이 앞서 확인한 소득 기준표에서 100% 이하여야만 가능하다.

그 안에서 미성년 자녀 유무에 따라 1순위가 정해지는데 1순위 내에서는 해당 주택 건설 지역의 거주자, 자녀 수가 많은 사람 순으로 선정하고, 자녀 수가 같을 때는 추첨한다.

〈신혼부부 특별공급 가점〉

구분	조건	가점
가구 소득	전년도 도시근로자 가구당 월평균 소득의 80% 이하	1점
미성년 자녀 수(태아 포함)	3명 이상/2명/1명	3점/2점/1점
해당 지역 거주 기간	3년 이상/1년 이상~3년 미만/1년 미만	3점/2점/1점
청약 납입 횟수	24회 이상/12~24회 미만/6~12회 미만	3점/2점/1점
혼인 기간	3년 이하/3~5년 미만/5~7년 미만	3점/2점/1점

 알아두면 좋은 부동산 TIP

신혼부부를 위한 공공 전세

한국의 신혼부부 10쌍 중 8쌍은 첫 집을 전세에서 시작한다. 공공전세 제도도 알아두면 좋은 주거 전략이다. 장기전세주택은 국가나 지방자치단체, 한국토지주택공사 등 공공기관이 집주인인 전셋집이다. 애초에 정부가 운영하기 때문에 일반 전세보다 저렴하다. 최대 20년간 거주할 수 있고, 주택임대차보호법으로 보호받기에 전세금이 올라도 5% 내외 정도이다. 전세 임대주택은 장기전세주택과 다르게 지역과 집을 원하는 대로 선택할 수 있다. 먼저 마음에 드는 집을 고르고 공공기관에 가서 '이 집에서 살고 싶으니 지원해 달라'고 요청한다. 그러면 공공기관이 집주인에게 전세금을 지불하고, 전세 계약을 맺은 다음 재 임대를 하는 식이다. 쉽게 말해서, 공공기관의 지원을 받아 살고 싶은 집에 사는 제도이다.

신도시의
청약 틈새 보기

Q 29세의 공무원으로 임용 이후 열심히 1인 가구로 살아가고 있습니다. 집에 오는 길이면, 앞으로 결혼도 해야 하는데 내 집이 있어야 하지 않을까 하는 생각이 듭니다. 청약이란 기회를 통해 내 집을 얻고 싶은데, 최근 3기 신도시에 대규모 청약이 있을 예정이라고 들었습니다. 3기 신도시 청약에 대해서 기회가 생길까요?

A 3기 신도시는 문재인 정부에서 주택시장 안정을 위해 마련한 대규모 택지지구 사업입니다. 남양주 왕숙 신도시·하남 교산 신도시·인천 계양 신도시·고양 창릉 신도시·부천 대장 신도시 이렇게 5곳이 3기 신도시로 지정되었습니다. 무주택자라면 신도시 청약에 집중하는 것이 유리합니다. 정부는 12·16 대책에서 서울 27개 동 외 서울 13개 구와 경기 3개 시, 13개 동 등을 분양가 상한제 지역으로 추가 지정했습니다. 청약 가점이 65점 이상으로 높은 무주택자들에게 일명 '로또 청약'의 기회가 높아진 셈입니다.

해당 지역의 2년 거주 요건을 확인

서울 등 인기 지역은 분양가 상한제가 적용되더라도 신규 분양 아파트 가격이 9억 원을 넘는 경우가 많아 청약 당첨 시 자금 계획을 잘 짜야 한다. 주의해야 할 점은 분양받을 때도 자금 조달 계획을 제출해야 하므로 자금 출처를 명확히 해야 한다. 그렇지 않으면 자칫 청약에 당첨되고도 포기하는 경우가 나올 수 있다.

가점이 낮은 무주택자는 3기 신도시나 1순위자가 적은 경기 인기 지역을 노리는 것을 추천한다. 3기 신도시 분양을 기다리는 예비 청약자도 해당 지역으로 거주지를 옮겨야 2년 거주 요건을 채우고 당첨 확률을 높일 수 있다. 3기 신도시의 본격적인 분양 시점은 2021년부터이다. 해당 지역이 아니라 수도권에 거주하기만 해도 신도시 청약이 가능하지만, 해당 지역 주민에게는 우선 공급 기회가 있다.

이미 정부는 수도권 30만 가구 공급 목표를 달성하기 위해 2021년 3기 신도시와 주요 공공택지에 '사전 청약제'를 도입한다고 밝혔다. '사전 청약제'란 미리 확보한 일부 주택 물량에 대해 본 청약을 하기 1~2년 전에 앞당겨 청약을 받는 방식이다. 사전 청약 당첨자가 본 청약까지 자격을 유지하면 당첨이 확정된다.

'사전 청약제'는 이명박 정부 당시 보금자리주택 지구를 대상으로 시행했었다. 하지만 토지 보상이 끝나지 않은 상태에서 사전 청약을 받는 바람에 본 청약까지 3~5년을 기다려야 했다. 이번에는 토지 보상을 마친 뒤 사전 청약을 받아 본 청약까지 대기 기간이 1~2년으로 줄어들 예정이다.

신도시에 분양받는 비결

분양받기 전까지 무주택자를 유지하면 좋다. 주택 공급에 관한 규칙 28조에 따르면 수도권에 지정된 공공주택지구(개발제한구역 해제 면적이 전체의 50% 이상인 경우) 내 민간분양이면, 전용 85㎡ 이하는 100% 가점제를 적용한다. 그래서 무주택자가 절대적으로 유리하다. 무주택 기간 가점이 전체 84점 중 최고 32점을 차지하고 있다.

택지개발지구가 66만㎡ 이상의 대규모일 때는 해당 건설 지역 거주자에게 30%, 해당 지역 외 경기도 거주자에게 20%를 우선 공급하고, 나머지 50%는 수도권 전체 거주자에게 공급된다.

그렇다면 남양주, 하남, 인천, 과천에 1년 이상 거주한 사람에게 공급 물량의 30%를 배정하는데 거기서 떨어지더라도 다시 20%(거주 1년 미만, 해당 지역 외 경기도)와 경쟁하고, 거기서도 떨어진다면 나머지 50% 안에서 또 한 번의 기회가 있다. 해당 지역의 거주자에게는 총 3번의 기회가 주어지기 때문에 어디에 거주하는지가 당첨 확률을 높이는 데 중요한 요인이 된다. 이처럼 무주택과 해당 지역 거주 여부가 당첨의 핵심이다.

효과적인 대출과
전략이 중요

Q 자영업을 하는 50대 초반 여성으로 주택을 구입하고 싶습니다. 집을 마련하려면 당연히 대출을 받아야 한다고 생각합니다. 대출 금리는 저렴하지만, 대출이 그리 만만치는 않은 것 같습니다. 내 집 마련을 위한 효과적인 대출 전략을 알고 싶습니다.

A 부동산 투자에서 대출은 지렛대의 기능을 하는 동시에 동전의 양면처럼 위험 요소를 갖고 있습니다. 그래서 투자자들의 현명한 대출 활용 전략이 필요하지요. 정부는 늘어나는 가계 부채에 따른 부담감으로 대출을 규제하는 정책을 펴고 있습니다.

먼저 LTV_{Loan To Value ratio}란 집을 담보로 얼마까지 돈을 빌릴 수 있는가를 말합니다. 가령 3억 원짜리 집에 LTV가 70%라면, 2억1,000원까지 대출이 가능하다는 것입니다. 정부는 LTV, 우리말로 주택담보대출 인정 비율을 조정대상지역, 투기과열지구, 투기지역으로 나눠 부동산 투자가 뜨거운 지역은 LTV를 낮추는 정책을 펴고 있습니다. 다만 대출자가 서민 실수요자라면 자격을 좀 더 완화하고, 주택담보대출(주담대)이 없거나 한 건 이상 있는 수요자 등에 대해서는 차등 정책을 펴서 실수요자 중심의 대출 유도 정책을 펴고 있습니다.

효과적인 레버리지 전략이 필요

DTIDebt To Income ratio는 가령 2,000만 원 연봉 급여자가 DTI 60%라면 연간 원리금 상환금액이 1,200만 원을 넘지 않게 대출을 받으라는 의미이다. DTI도 조정대상지역, 투기과열지구, 투기지역으로 나눠 차등 정책으로 진행된다.

레버리지는 '지렛대'라는 의미로 금융계에서는 차입을 뜻한다. 특히, 레버리지는 경기가 호황일 때 할 수 있는 효과적인 투자법이다. 만일 부동산 시장이 한창 상승 국면이라면 레버리지를 활용해 적극적인 대출 전략을 사용할 수 있으나, 부동산 경기가 안 좋을 때의 대출 전략은 소극적으로 나갈 수밖에 없다. 무조건 대출을 꺼리거나 반대로 극도로 대출을 선호하는 것 모두 바람직한 투자 방식은 아니다. 특히, 과도한 대출은 기대한 부동산의 임대 수익이 잘 풀리지 않았을 때 대출 이자의 부담이 생겨 매우 힘들어질 수 있다.

일본에서는 1990년대, 잃어버린 10년 동안 부동산 가격이 내려가면서 집값은 하락하는데 집을 담보로 대출받은 부채는 줄어들지 않아 자산보다 부채가 많아지는 기이한 현상이 일어났다. 이처럼 이른바 '하우스 푸어'가 되지 않으려면, 대출을 받을 때는 상환 능력을 꼭 고려해야 한다.

레버리지를 적절하게 이용한 E 씨

은행원 E 씨는 20대 시절부터 부동산 투자에 대출을 적절하게 활용했다. 군대를 다녀온 후 대학 졸업을 앞둔 1994년, 그의 아버지는 취업 준비생이던 E 씨를 조용히 불러 마지막 용돈 5,000만 원을 주었다. 아버지는 이후 어떤 용도로도 추가 자금을 지원해 주지 않을 것임을 분명히 말하고 이 돈을 주었다. E 씨는 이 돈을 굴려 더 큰 목돈을 만들어야겠다는 결심을 하고 부동산 투자를 시작했다.

먼저 서울 지역의 아파트 시세를 조사한 후 처음 투자한 것이 잠실주공 1단지 아파트였다. 당시 가격은 9,500만 원이었고, 그는 전세를 끼고 이 아파트를 샀다가 3년간 보유한 후 1억 4,500만 원에 되팔았다. 그 이후에도 주로 아파트를 사고파는 시세 차익을 남겼는데, 이때 적절하게 대출을 활용했다. 일찍부터 부동산 투자를 하다 보니 모자라는 투자금은 대출을 이용했다. 은행원이란 점도 매우 유리하게 작용했다. 일단 금융을 잘 아니 부동산 투자에도 자신감이 생겼던 것이다.

자산을 20억 정도나 모은 E 씨는 현재 서울 강남의 대형 아파트에 살면서 부동산을 모두 정리한 상태이다. 그는 레버리지를 활용한 자신의 부동산 투자가 성공한 요인으로 시대 상황을 들었다. 1990년대나 2000년대 중반까지 부동산 활황으로 아무래도 부동산 경기가 좋다 보니 대출 전략이 주효했다는 것이다. 하지만 그는 지금은 현금을 보유하고 새로운 투자 기회를 엿보는 중이다.

핵심만 짚어 보는
전세자금대출

Q 부산에 사는 사회 초년생입니다. 도시에서 집을 구매하는 것
은 하늘의 별 따기라 엄두가 나지 않습니다. 그래서 차선책으로
전세를 염두에 두고 있습니다. 전세 보증금 마련을 위해 많은 사람이 찾는
전세자금대출의 종류와 조건 등을 알고 싶습니다.

A 전세자금대출은 사회초년생, 새로운 보금자리를 찾는 신
혼부부가 많이 찾습니다. 전세자금대출을 잘만 활용한다면
일반 신용대출(제1금융권 기준)보다 낮은 금리로 돈을 빌릴 수 있어 주
택을 구하는 데 많은 도움을 줍니다. 주택도시보증공사, 한국주택금
융공사, 서울보증보험 등의 보증서를 담보로 전세보증금의 안전성도
장점입니다.

전세자금대출은 크게 국민주택기금 전세자금대출(버팀목 전세자
금대출)과 금융권 전세자금대출로 나뉩니다. 이중 국민주택기금 전
세자금대출은 근로자 및 서민 주거 안정을 위해 마련된 상품으로 연

2.3~2.9%의 저렴한 금리를 제공합니다. 단, 월 소득과 구하려는 집에 따라 여러 조건에 부합해야 하니 자세히 알아보고 활용합니다.

버팀목 전세자금대출 조건 살피기

주택도시기금에 명시된 정보를 보면 버팀목 전세자금대출의 대상은 만 19세 이상 세대주로 무주택자여야 하며, 부부 합산 연 소득이 5,000만 원 이하(신혼가구 및 혁신도시 이주자, 재개발 이주자는 6,000만 원 이하)여야 한다.

대출 대상 주택의 임차보증금이 2억 원 이하(서울·경기·인천은 3억 원 이하), 전용면적 85㎡ 이하(수도권을 제외한 도시 지역이 아닌 읍 또는 면 지역은 100㎡ 이하)에 임대차 계약을 체결하고 임차보증금의 5% 이상을 지급한 사람이라면 신청할 수 있다.

대출 한도는 전세 계약서상 임차보증금의 70% 이내이다. 수도권(서울·경기·인천)은 최대 1억 2,000만 원, 그 외 지역은 최대 8,000만 원이다. 다자녀 및 신혼 가구이면 각각 최대 2,000만 원씩 더 대출받을 수 있다. 대출 기간은 2년으로, 총 4회 연장할 수 있어서 최장 10년 동안 사용할 수 있다.

단, 대출 기한을 연장할 때마다 최초 대출금의 10% 이상을 상환해야 한다. 상환이 어려운 경우, 연 0.1% 금리가 추가로 붙는다는 점을 참고하자.

금리는 보증금 5,000만 원 이하를 기준으로 부부 합산 연 소득이 2,000만 원 이하는 연 1.8%, 2,000만 원 초과에서 4,000만 원 이하는 연 2.0%, 4,000만 원 초과에서 6,000만 원 이하일 경우 연 2.2%를 적용받는다. 다자녀, 다문화 가구라면 우대 금리도 받을 수 있다.

상환 방법에는 대출 기간 동안 이자만 내다가 만기일에 대출 전액을 갚는 '만기일시상환 방식', 대출 기간 동안 원금의 10%를 나눠 갚고 남은 90%를 만기에 일시 상환하는 '혼합상환 방식'이 있다. 혼합상환방식은 이자 및 보증수수료 등을 줄일 수 있다는 장점이 있다. 만약 상환 방법을 변경하고 싶다면 대출 기한 연장 시, 자신의 자산 상태를 적절하게 고려해 만기일시상환 방식이나 혼합상환 방식 중에 선택할 수 있다.

국민주택기금 전세자금대출에 대해 더욱 자세한 사항은 우리은행, KB국민은행, 신한은행, IBK기업은행, KEB하나은행, NH농협은행 등 6개 기금수탁은행 방문 및 주택도시기금 홈페이지를 통해 확인할 수 있다.

 알아두면 좋은 부동산 TIP

2020년 부동산 대책 중 전세자금대출

2020년에 들어 집값 안정을 위해 다양한 고강도의 부동산 규제책이 나왔다. 6·17 대책을 통해 수도권과 대전, 청주 대부분 지역이 조정대상지역과 투기과열지구로 추가 지정됐다. 투기과열지구·조정대상지역 내 주택을 거래한다면, 거래가와 무관하게 자금조달계획서를 제출해야 한다. 주택 구입을 위해 투기지역·투기과열지구·조정대상지역 내에서 주택담보대출을 받는다면, 가격과 관계없이 6개월 내 전입을 해야 한다. 또한, 투기과열 지구 내 3억 원 초과 아파트를 매입하면 전세대출이 제한된다. 너무 규제가 심하다는 여론이 높아지자 정부는 바로 7·10 대책을 통해 보완책을 내놓았다. 그 내용은 규제 지역 지정·변경 전까지 입주자 모집이 공고된 사업장의 무주택자와 가지고 있던 주택은 처분하겠다는 조건으로 1주택자의 잔금 대출에 종전 대출 규제를 적용한다는 것이다. 전세자금대출에 점차 복잡한 규제가 적용되니 먼저 어떤 제한이 있는지 상세한 사항을 살피고 접근하는 것이 좋다.

임대주택으로
내집 마련하기

Q 임대주택의 장점에 대해서 계속 들어왔던 30대 후반 남성입니다. 결혼할 계획도 아직은 없고 모아둔 재산도 별로 없기에 임대주택을 고려하고 있습니다. 임대주택은 누가 들어갈 수 있는지, 어떻게 들어갈 수 있는지 기본적인 정보를 알고 싶습니다.

A 공공임대주택은 국민주택기금이나 국가 또는 지자체의 재정으로 LH나 지방공사가 건설하는 임대주택이고, 민간건설주택은 민간 자금으로 건설하는 임대 주택입니다.

민간임대주택은 5년 또는 10년 민간건설 공공임대, 10년 준공공 매입임대, 5년 민간건설 일반임대, 5년 민간건설 매입임대로 구분되어 있었습니다. 최근에는 일반형 임대(8년 장기임대와 4년 단기임대), 뉴스테이라고 불리는 기업형 임대로 단순화되었습니다.

분양 전환이 되는 공공임대주택은 당첨과 동시에 청약통장 효력이 상실되지만, 분양 전환이 되지 않는 국민임대나 장기전세주택 등은 당첨이 되어도 청약통장은 살아있기 때문에 추후 청약에 활용할 수 있습니다. 임대아파트 관련 정보는 LH청약센터(www.apply.lh.or.kr)에 접속하여 참고하거나 LH공사에서 운영하는 주거복지포털 마이홈(www.myhome.go.kr)에서 확인할 수 있습니다.

무기한 임대하는 영구임대아파트

영구임대아파트는 기초생활보장 수급자 등 취약 계층의 주거 안정을 위해 마련된 제도로 임대 의무 기간은 평생 또는 50년이다. 국가, 지자체, LH, 지방공사 등이 공급 주체이며, 영구 임대는 전용 40㎡ 이하, 50년 기한은 전용 60㎡ 이하로 공급된다. 영구 임대는 소득 1분위 즉, 가장 어려운 계층이 대상인 만큼 보증금과 임대료는 시세의 30% 수준에서 결정된다.

공급 대상은 무주택 세대주로서 기초생활보장 수급자, 유공자, 일군 위안부, 북한 이탈 주민, 장애인등록증이 교부된 자, 65세 이상의 직계 존속을 부양하는 자로 수급자 선정 기준의 소득 인정 이하, 아동복지시설에서 퇴소하는 자로 아동복지시설 장이 추천하는 자, 전년도 도시 근로자가구 월 소득의 50% 이하인 자, 국토부 장관 또는 시도지사가 영구임대주택 입주가 필요하다고 인정하는 자 등이다.

영구임대아파트 입주 자격에 해당하면 영구임대 단지가 속해 있는 지역의 지방자치단체(동사무소나 구청)에 입주 신청을 하면 해당 지방자치단체에서 예비 입주자 명단을 작성하여 LH에 통보하고 영구임대주택 입주자 중 퇴거 세대 발생 시 예비 입주 순서에 따라 관리사무소가 계약 안내를 통보한다.

　신청자(세대원 전원포함)의 소득 및 자산 자료는 사회보장정보시스템의 조사 결과에 의하며 적격으로 판단되면 임대차 계약을 체결한다. 입주 잔금, 관리비 예치금을 납부한 후 입주하고, 주민등록 이전을 하면 비로소 영구임대아파트의 거주자가 될 수 있다.

30년간 임대하는 국민임대아파트

　국민임대아파트는 무주택 저소득층의 주거 안정을 위해 재정, 기금 지원을 받아 임대하는 주택으로 임대 의무 기간은 30년이다.

　국가, 지자체, LH, 지방공사 등이 공급 주체로 공급면적은 전용 60㎡이다. 보증금+임대료는 시중 시세의 60~80% 수준에서 결정된다. 주택 세대로서 소득(전년도 도시 근로자 가구원 수별 가구당 월평균 소득 70% 이하)과 자산 기준(보유 부동산, 자동차 가액이 기준 금액 이하)을 충족하는 자가 공급 대상이다.

20년간 전세 계약, 장기전세주택

　장기전세주택은 전세 계약 방식으로 공급하는 임대주택으로 임대 의무 기간은 20년이다. 국가, 지자체, LH, 지방공사 등이 공급 주체로 공급 면적은 전용 85㎡ 이하이며, 보증금은 시중 시세의 80% 수준에서 결정된다.

　공급 대상은 무주택 세대로서 소득(전년도 도시 근로자 가구원 수별 가구당 월평균 소득 100% 이하)과 자산 기준(보유 부동산, 자동차 가액이 기준 금액 이하)을 충족하는 자이다.

신청 및 대상자 선정은 국민임대아파트와 같이 입주자 모집 건별 공급 여건에 따라 현장과 인터넷으로 신청을 받고, 요건 확인을 한 후 소명을 받아 당첨자를 발표한다.

우선 분양 전환이 되는 공공임대아파트

5년(10년) 공공임대아파트는 임대 기간 종료 후 입주자에게 우선 분양 전환이 되는 임대주택으로 임대 의무 기간은 5년 또는 10년이다. LH, 지방공사, 민간건설업체 등이 공급 주체이며 전용 85㎡ 이하, 시세 90% 수준에서 임대료가 결정된다.

공급 대상은 무주택 세대 구성원으로서 소득(전년도 도시 근로자 가구원 수별 가구당 월평균 소득 100% 이하)과 자산 기준(보유 부동산, 자동차

구분	영구임대	국민임대	장기전세	공공임대	행복주택
임대 기간	영구/50년	30년	20년	5년(10년)	30년
공급 조건	보증금+임대료 시세 30% 수준	보증금+임대료 시세 60~80% 수준	전세금 시세 80% 수준	보증금+임대료 시세 90% 수준	보증금+임대료 시세 60~80% 수준
공급 규모	40㎡ 이하	85㎡ 이하 통상 60㎡ 이하	85㎡ 이하 통상 60㎡ 이하	85㎡ 이하	45㎡ 이하
공급 대상	생계급여 또는 의료급여 등 소득 1분위	무주택세대 소득 2~4분위	무주택세대 소득 3~4분위	무주택세대 소득 3~5분위	무주택세대/ 무주택자 소득 2~5분위

가액이 기준 금액 이하)을 충족하는 자로 해당 주택 건설 지역에 거주하여 자격 요건이 되는 일반공급과 다자녀, 신혼부부, 생애 최초, 노부모 봉양, 국가유공자 등 특별공급으로 공급된다.

 알아두면 좋은 부동산 TIP

임대주택 후 내 집을 가질 방법

임대주택 기간 이후 내 집을 갖는 방법도 있다. 분납임대주택은 임대 의무 기간 동안 주택 대금을 나눠서 내고, 임대 의무 기간이 종료된 후에는 소유권을 취득하는 주택이다. 소유권을 취득한다는 점에서 5년(10년) 공공임대주택과 비슷하지만, 주택 대금을 분할 납부하는 점이 다르다. 분납금과 임대료는 시중 시세 이하로 결정되지만, 간혹 높게 책정된다는 반발이 발생하기도 한다. 계약 시 최초 주택 가격의 30%, 입주일로부터 4년 후 20%, 입주일로부터 8년 후 20%, 최종 분양 전환 시 30% 비율로 분납한다. 임대 자격과 절차는 5년(10년) 공공임대주택과 같다.

청년과 신혼부부를 위한
행복주택

Q   결혼을 앞둔 30대 초반 직장인 여성입니다. 주택을 마련하기
     에는 모아둔 돈이 턱없이 부족하여 결혼 이후 어떻게 주택을 마련해야 할지 고민이 됩니다. 청년과 신혼부부에게는 임대주택을 이용할 수 있는 제도도 있다는데, 행복주택이라 불리는 임대주택에 대해서 자세한 내용이 궁금합니다.

A   행복주택은 청년·신혼부부 등의 주거비 부담 완화를 위
     해 주변 시세의 60~80% 수준으로 저렴하게 공급하는 공공임대주택으로, 대학생·청년·산업단지 근로자는 최대 6년, 신혼부부·한부모 가족은 최대 6~10년, 주거안정지원 계층(취약·노인 계층)은 최대 20년간 거주가 가능합니다. 매년 모집하는데 재건축·재개발 지구 매입형, 신혼 특화 단지, 일자리 연계형 주택, 노후 공공청사 복합 개발 등 다양한 유형의 행복주택으로 수요자 맞춤형 주거 지원입니다.

젊은 층의 주거 안정을 위한 행복주택

행복주택 접수는 온라인(한국토지주택공사, 서울주택도시공사 홈페이지)과 모바일앱(한국토지주택공사 청약센터)으로 가능하며, 입주는 매년 지구별로 차례대로 진행된다. 행복주택의 지구별 모집 호수, 임대료, 입주 자격 등 자세한 정보는 한국토지주택공사LH 청약센터(apply.lh.or.kr) 또는 마이홈 포털(www.myhome.go.kr)을 참고하거나, 마이홈 전화상담실(1600-1004)에 문의하면 된다. 또한, 마이홈 전화 상담실에 접수하면 문자 알림 서비스를 통해 청약 정보를 받을 수 있다.

다양한 유형의 행복주택은 사회 초년생인 청년·신혼부부 등의 주거 불안을 해소한다는 목적으로 만들어졌다. 이 제도를 적극적으로 활용한다면 적은 돈으로 원하는 지역에서 안정적인 생활을 누릴 수 있다. 또한, 보증금 마련에 어려움을 겪고 있다면 최저 1.2~2.9%의 낮은 이율로 자금을 지원받을 수 있는 주택도시기금의 전월세보증금 대출 상품을 활용할 수 있다.

 알아두면 좋은 부동산 TIP ─────────────────

스웨덴의 임대주택 엿보기

'알매니따(allmännytta)' 스웨덴의 주택 정책을 한마디로 표현한 말이다. 우리말로 '공공의 이익'이란 뜻의 이 말은 집이 필요한 모든 사람에게 공평하게 주택을 제공한다는 스웨덴 정부의 기본 처지를 대변한다.

'모범적인 복지국가'로 손꼽히는 스웨덴에서 임대주택의 개념은 다른 나라와도 다소 차이가 난다. 우리나라와 영국을 비롯한 대부분 국가에서는 임대주택을 저소득층의 주거 안정을 위한 수단으로 삼고 있다. 시세보다 저렴한 가격에 다양한 혜택을 제공하지만, 소득과 자산 기준에 맞는 이들만 입주할 수 있는 '공동체 주택(Social Housing)'의 개념이다. 반면, 스웨덴의 임대주택은 모든 이에게 열려 있다. 수입이 많든 적든, 부양가족 수가 얼마든지 간에 누구나 신청만 하면 입주 자격이 주어진다. 일부 취약 계층에 대한 지원이 없는 건 아니지만, 기본 원칙은 알매니따 즉, 누구에게나 열려있는 '퍼블릭 하우징(Public Housing)'을 지향한다.

취득세
길라잡이

Q 내 집 마련을 위해서 열심히 노력하는 결혼 3년 차 부부입니다. 드디어 내 집 마련의 꿈이 눈앞에 다가왔습니다. 그동안의 노력이 이제 결실을 보는 것 같아 아주 기분이 좋습니다. 다만 주택 구입에 따른 취득세가 만만치 않다고 하는데 은근히 걱정됩니다.

A 집 살 때 내는 세금은 취득세와 취득세에 따라붙는 지방교육세·농어촌특별세 등 세 종류입니다. 이들 세금을 합치면 세율이 1.1~3.5% 수준입니다. 주택 거래 가격에 세율을 곱하면 실제 납부 세액을 구할 수 있습니다.

결혼 10년 차인 K 씨는 2019년 서울의 한 아파트를 취득했습니다. 주택담보대출을 받긴 했지만, 생애 처음으로 내 집을 마련했다는 기쁨이 더 컸습니다. 그런데 취득세와 부동산 중개 수수료 등 각종 부대 비용을 합쳐 보니 2,000만 원이 더 필요했습니다. 부대 비용이 예상보다 많이 나오자 K 씨는 추가로 대출을 받느라 애를 먹었습니다.

집을 살 때는 다양한 비용이 발생합니다. 이때 대표적인 세금이 취득세입니다. 이런 취득세는 미리 계산하지 않으면 잔금을 치를 때 낭패를 볼 수도 있습니다.

더 큰 상가의 취득세 요율

취득세는 주택 거래 가격에 따라 1~3%의 세율이 적용되고, 지방교육세는 취득세의 10%를 부과한다. 농어촌특별세는 국민주택규모(85㎡) 이하 주택에는 면제되며, 초과 주택에만 주택 가격의 0.2%를 적용한다.

취득세는 부동산이라도 다른 요율을 나타낸다. 가령 비주택으로 분류할 때는 취득세율도 올라간다. 상가의 취득세 요율은 4.6%에 이르며, 부동산에만 취득세가 붙는 것은 아니다. 차량, 기계 장비, 항공기, 어업권, 골프장 회원권 등도 취득세를 내야 한다.

부동산 취득세에는 매번 다른 세금이 따라다닌다. 농어촌특별세(농특세)와 지방교육세(교육세)이다. 이 두 가지 세금은 항상 같이 붙어 다니기에 실무에서 취득세라고 하면 농특세와 교육세를 포함한다고 생각하면 된다.

또한, 2020년 7·10 대책에서는 3주택 이상 및 조정대상지역 2주택에 대해서는 취득세의 과세표준을 1.2%~6%까지 적용하기로 했다. 다주택 법인도 중과 최고세율인 6%를 적용하기로 했다. 이는 매우 강력한 부동산 규제책으로 다주택자들은 이런 취득세를 잘 따져봐야 한다.

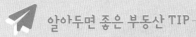

신혼부부를 위한 취득세 감면 제도

신혼부부 취득세 감면 제도는 1년간 한시적으로 운영될 예정이었으나 신혼부부 주거 안정과 경제적 안정을 도모하기 위해 2020년부터 3년간 연장하는 법안이 제출되었다. 이 제도는 부부합산 소득이 7,000만 원(외벌이 5,000만 원) 이하인 신혼부부(5년 이내)가 대상이다. 이들은 생애 최초로 취득가액 3억 원(수도권 4억 원) 이하, 전용면적 60㎡ 이하 주택을 취득하는 경우 취득세의 50%를 감면받을 수 있는 제도로 운영되었다.

잘만 하면 성공하는
부동산 경매

Q   40대 자영업자로 부동산 경매를 조금씩 배우고 있습니다. 지
    인 중에서 경매를 통해서 수익을 내는 사람이 있어서 경매에 대
한 관심이 생겼지요. 경매 투자가 만만치는 않다고 알고 있는데요. 경매에
대한 기본을 알려 주십시오.

A   경매를 시작하기 위해서는 가장 먼저 목표를 설정해야
    합니다. 집을 살 것인지, 상가를 살 것인지, 토지를 살 것인
지를 미리 결정해야 합니다. 실제 경매로 나온 부동산을 이러한 목표
를 갖고 집중적으로 연구해야 나중에 관리하기도 편하고 시세 차익을
누릴 수 있는 부동산을 살 수 있습니다.

 물론 이러한 목표를 정하기 위해서는 자신이 가진 현금 자산을 정
확히 파악해야 합니다. 자신이 가지고 있는 돈을 모르면 자신의 조건
에 맞지 않는 부동산을 찾아다니고, 또 그런 부동산을 연구하느라 시
간과 돈을 낭비하게 됩니다.

현장 조사를 통한 물건 분석이 중요

경매 물건의 권리분석은 아주 중요하다. 경매는 말소기준 권리와 임대차 관계 분석을 정확히 이해해야 한다. 권리분석의 기준이 되는 말소기준등기 이후에 설정된 권리들은 낙찰 후 모두 소멸하는 게 원칙이다. 또 세입자 관계 분석은 대항력 요건과 그 순위를 따져 인수 여부를 파악하기 때문에 기본적인 사실관계를 확인한 후에 입찰 여부를 결정한다. 특수 권리 관계나 법적 해석이 필요한 일부 물건은 입찰에 신중을 기해야 한다. 물론 경험 많은 투자자는 권리 관계가 복잡한 부동산을 선호하는 경향도 있다. 권리관계가 복잡하면 해당 부동산을 아무도 사려고 하지 않아 아주 낮은 가격에 낙찰받을 수 있기 때문이다. 즉 경매는 경험에 따라 수익률이 달라진다.

경매장에서 실제 입찰을 할 때는 법원 경매 현장의 분위기에 휩쓸리지 말아야 한다. 생각보다 경쟁이 심하면 생각했던 액수보다 입찰액을 더 쓸 수는 있지만, 현재 시세보다 비싸게 사는 우를 범해서는 안 된다. 현장에서는 먼저 입찰 게시판을 확인하고, 사건 기록을 열람하면서 입찰표를 작성하면 된다.

초보자는 입찰장 안의 수많은 투자 인파에 질려 즉석에서 낙찰가를 높이거나 지레 포기하기도 한다. 사실 입찰장 인파는 허수도 많다. 경매 물건의 채권자 또는 세입자나 채무자 등 이해관계인과 그 가족도 많이 모인다. 입찰장 분위기에 이끌려 다니기보다는 철저하게 수익률에 따라 입찰가를 산정하는 합리적인 입찰 태도가 필요하다.

법원의 매각 서류나 유료 경매 사이트 기재 내용을 너무 믿어서 낙찰을 받았다가 잔금 납부를 포기하는 사례도 있다. 법원의 현황 조사서와 매각 물건 명세서의 잘못된 내용을 믿고 입찰하여 곤란한 상황에 놓이는 경우도 있다. 임차인의 점유 상황, 임차보증금 신고 내역의 차이 등 체크할 부분을 등한시하면 이런 결과가 초래된다.

보통 경매로 낙찰받은 집에는 세입자나 전 주인이 살고 있다. 만약 그 집에 사는 사람이 경매를 통해 자신의 보증금을 모두 돌려받은 세입자라면 곧바로 찾아가는 것도 괜찮다. 그러나 보증금을 모두 돌려받지 못할 세입자이거나 자신의 집이 경매로 넘어간 사람들은 한판 붙을 자세로 집을 산 사람을 기다리고 있을 것이다. 이럴 때는 서둘러서는 안 된다. 낙찰자라면 경매로 낙찰받은 집을 방문해서 싸우기보다는 인간적으로 이야기하는 것이 좋다. 부드럽게 이야기하고 그래도 안 되는 사람들은 명도 소송을 통해 내보낼 수 있다.

 알아두면 좋은 부동산 TIP

안전한 경매 투자의 요령

경매 투자는 가격 분석을 잘해야 한다. 저렴한 물건을 잡아야 수익을 낸다. 또한, 권리 분석을 잘해야 한다. 소유권에 문제가 없는지, 인허가 분석도 참고하고, 구체적인 자금 계획도 세워야 한다. 명도 및 세입자 합의금 등 예상치 못한 추가 비용이 발생할 수 있음을 예상해야 한다. 이외에도 환금성이 높은 매물을 선택한다. 예를 들어, 지하철역에서 10분 이내에 위치한 역세권을 선택하면 임차인 모집 시 고정적인 임대 수요를 확보할 수 있다.

주의해야 할
분양가 상한제

Q 아파트에 진입하기 위해서 다양한 정보를 취합하고 있습니다.
그런데 새 아파트 분양가가 매우 비싸 많은 부담을 느끼고 있습니다. 분양가 상한제도 적용한다고 들었는데 분양가가 왜 이리도 높은 것인가요?

A 분양가 상한제는 공동주택의 분양 가격을 산정할 때 일정한 건축비에 택지비를 더하여 분양가를 산정하게 하고, 그 가격 이하로 분양하게 하는 분양가 규제 제도를 말합니다. 분양가 상한제는 주택 가격이 급등하면서 주택건설업체들이 과도하게 이익을 남기고 있다는 사회적 비판에 따라 2005년 1월 8일 주택법을 개정하여 3월 9일부터 시행되었습니다. 분양가 상한제 적용 주택을 분양할 때 입주자 모집 승인을 받으면 그 모집 공고에 택지비, 공사비, 간접비, 그 밖의 비용 등 분양 가격을 공시해야 합니다.

무주택 서민의 주택 마련을 위한 제도

2005년 3월 9일 분양가 상한제를 도입한 정부는 무주택 서민들의 주택 마련 어려움과 건설 업체 폭리 등의 문제점을 제기하며, 공공택지에서 건설·공급되는 주거 전용 85㎡ 이하 주택은 택지비와 건축비를 기준으로 분양가 상한을 직접 규제했다. 또한, 판교 신도시와 은평뉴타운의 고분양가에 대한 논란이 이어지며, 민간 아파트에 대한 분양가 공개 요구 목소리가 높아졌다. 2006년 2월부터는 분양가 상한제 주택을 공공택지에서 건설·공급되는 주거 전용면적 85㎡ 이하 주택뿐만 아니라 85㎡를 초과하는 주택에 대해서도 적용하며, 2007년 9월 1일부터는 주택법 제38조 개정(2007년 4월 20일)에 따라 일반에게 건설·공급되는 모든 공동주택에 대하여 분양가 상한제를 적용하게 되었다.

분양가의 역사는 획일적 규제와 자율화가 가져온 부작용을 여실히 보여 준다. 가격 안정을 위해 분양가를 획일적으로 규제하면 공급이 줄어드는 한편 시세 차익을 노린 투기꾼이 몰려들어 가격이 올라갔다. 반면, 공급을 늘리기 위해 분양가를 자율화하면 분양가 급상승, 그리고 전반적인 집값 상승을 가져왔다.

이처럼 분양가 상한제가 적용되면 분양가 상승을 억제하고 주변 시세보다 싸게 분양받을 수 있으므로 주택 가격 상승을 억제하는 효과도 있으나, 앞서 살펴본 바와 같이 채산성 악화로 인해 신규주택 공급을 위축시키고, 시세 차익을 노리는 투기장이 될 수도 있다는 반론도 있다.

특히, 2008년 글로벌 금융 위기 이후 분양 시장 침체가 심화하자 분양가 상한제의 폐지가 제기되어 2015년 분양가 상한제 시행이 중단되었다. 그러나 4년 만인 2019년 11월 8일부터 강남, 마포, 용산, 성동, 영등포구 등 서울 지역에 분양가 상한제가 다시 시행되었다.

 사례로 보는 상식 TIP ─────────────────

화성시 아파트의 분양가 논란

경기도 화성시 동탄 2지구 한 블록의 부영아파트 입주 예정자였던 J 씨는 부영주택이 지은 전국의 다른 임대아파트들의 마감 자재 목록을 받아보고는 깜짝 놀랐다. J 씨는 부영이 임대아파트를 많이 지었다고 해서 설마 하는 마음으로 자료를 받아봤는데, 임대아파트 마감재하고 93%가 동일한 것을 발견했다. 공사비만 두 배 이상 차이가 나는데, 그렇게 보면 이렇게 높은 분양가를 받는다는 건 말이 안 된다는 것이 그의 주장이다.

J 씨 등 입주 예정자들은 해당 자료를 근거로 부영 측에 마감재 및 조경 등에 대한 상향 조정을 요구했다. 입주자들의 요구를 받아들인 부영은 준공을 한 달여 앞둔 지난 1월 주택 건설 사업 계획 변경을 화성시에 요청했다.

변경 내용에는 아파트 주 현관(캐노피 경사 지붕 및 뿜칠 마감→캐노피 평지붕 및 석재 마감)과 도배지 색상과 규격, 전등 설비(일반 등 전구→LED 전구), 경비실 벽(적벽돌→외벽 석재) 등이 포함됐다.

입주민들의 요구가 없었다면, 부영은 다른 임대아파트들과 똑같은 마감재를 사용했을 것이다. 사업 계획 변경 전까지는 설계 도면과 시방서에 임대아파트와 같은 마감재들로 기재되어 있었을 것이기 때문이다.

단독주택의
장단점

Q 아내의 제안으로 단독주택을 알아보고 있는 40대 후반의 공무원입니다. 아직 내 집을 마련하지 못했는데, 아파트보다는 단독주택을 선호합니다. 단독주택이 가진 장단점에 대해 알고 싶습니다.

A 주택이 아파트만 있는 것은 아닙니다. 물론, 20~30년간 우리 주택의 주 시장을 이끌던 아파트의 유효성이 아직 끝난 것은 아닙니다. 하지만 단독주택도 여러 장점이 있습니다.

단독주택의 최대 장점은 바로 완벽한 자신만의 독립된 공간을 가질 수 있는 것입니다. 집 안에서 그 무엇도 거리낄 것 없이 할 수 있습니다. 큰 규모의 정원 있는 단독주택은 물론이고, 33㎡ 이상의 마당이 있는 단독주택이라면 마당 한쪽에 나무와 화단을 만들고, 예쁘게 정원도 꾸며 놓으면 웬만한 카페보다 좋습니다.

자신만의 개성 있는 공간을 창조

단독주택은 건축물 외형부터 자신만의 개성 있는 디자인으로 꾸밀 수 있다. 또한, 향후 언제든 마음대로 리모델링을 할 수도 있다. 때때로 부분적인 페인팅으로 분위기 전환도 하며, DIY에 취미 있는 사람에게는 흥미로운 작업 대상이 된다.

무엇보다 단독주택은 아파트, 빌라 등 공동주택에서 오는 각종 피해가 없다. 층간소음과 층간 흡연은 당연히 없고, 관리비도 없다. 하지만 단독주택은 비싸다는 단점도 있다. 폭등한 부동산 가격을 생각하면 평균적인 서민 생활로는 서울 주거 지역의 단독주택을 쉽게 사기 힘들다. 서울 내에 새롭게 단독주택을 신축하려면 어마어마한 돈이 필요하다. 즉, 서울에 마당 있는 단독주택에 산다는 것은 그 주택이 허름해 보여도 중상층 이상이다. 중산층은 서울을 벗어나거나, 기존 단독주택을 구입 후 리모델링하거나, 40평 미만의 땅에 협소주택을 지어 올릴 수밖에 없다.

또한, 집의 유지, 보수가 까다롭다. 아파트 같은 공동 주거 공간에서야 관리사무소에서 거의 다 해결해 주므로 신경 써야 할 것은 보일러 정도이지만 단독주택은 수도관, 보일러, 정화조, 타일 등 온갖 것들을 거주자 본인이 직접 신경 써야 한다.

이외에도 단독주택은 환금성이 떨어진다. 아파트와 비교해 매매 자체가 잘 이뤄지지 않아 파는 데 4~5년이 걸리기도 한다. 부동산을 투자 대상으로 보는 한국 사회에서는 큰 단점이다. 하지만, 대부분 단독주택 소유자들은 투기 목적보다는 삶의 질을 위한 거주 목적이 큰 편

179

이라 별로 개의치 않는다. 지은 지 15년 이상 지났다면, 땅값만 생각하는 게 편하다. 다만, 서울 같은 대도시는 그 땅값 자체만으로도 금액이 아주 크다. 이러한 점 때문에 투기 목적만으로 단독주택을 구입하는 사람은 드물다.

공공의 관점에서 보자면, 단독주택 문화의 보급은 장기적으로는 주택의 부족 및 이로 인한 부동산 상승을 부를 수 있다. 아파트로 주택이 치우치다 보면 상대적으로 단독주택의 장점이 부각될 것이다. 미래를 위한 투자로도 가능성이 크다는 점을 알아두자.

 알아두면 좋은 부동산 TIP

타운하우스의 발전

2000년대 초 국내에 처음 등장한 타운하우스는 고급형 일색으로 일반인의 접근이 쉽지 않았다. 불필요하게 넓은 면적에 분양가는 수십억 원을 호가했고, 가구 수가 적어 관리비 부담도 만만치 않았다. 대부분 도심에서 멀리 떨어져 있어 교통 여건도 열악했다. 한때 반짝 관심을 모았던 타운하우스는 이러한 이유로 2008년 글로벌 금융 위기를 거치며 시장에서 사라져 갔다.

최근 2017년부터 다시 등장한 타운하우스는 초기 타운하우스의 단점을 해결해 다시금 주목받고 있다. 대형 공급이 주를 이뤘던 2000년대 초와 달리 소비자의 니즈를 반영한 중소형이 주를 이루었다. 몸집을 줄인 만큼 몸값도 낮아졌다. 가구 수를 늘려 관리비 부담도 줄었고, 역세권이나 도심 인근, 산자락, 호수 주변 등으로 입지 조건도 좋아졌다. 대형 아파트 단지 못지않은 커뮤니티 시설을 갖춘 타운하우스도 등장했다. 어린이 놀이터를 비롯해 체육관, 야외 수영장, 피트니스 센터 등 주민 편의시설을 갖췄다. 집마다 테라스와 다락방, 텃밭 등을 더해 매력을 높인 점도 눈여겨볼 요소이다. 여가가 늘고 웰빙 등 친환경을 추구하는 생활 스타일도 타운하우스 인기에 불을 지피고 있다.

수익률이 높지만
위험 부담이 있는 입주권 투자

Q 동생네가 사는 지역이 재개발된다고 합니다. 동생은 제게 입
주권을 확보해 보라고 이야기합니다. 여건이 된다면 투자하고
싶은데, 입주권 투자는 어떻게 하는 것인지 궁금합니다.

A 입주권은 재개발이나 재건축 지역에서 관리 처분 이후
부여받는 아파트 입주 권리를 말합니다. 입주권이 있으면
조합원의 자격으로 시공사를 선정하는 등 공급자적 입장에서 주도권
을 갖고 아파트 분양까지 관여합니다.

분양권은 소비자의 입장에서 사는 것이며, 수익성이란 잣대에서는
입주권이 분양권보다 투자 가치가 있습니다. 그래서 입주권은 수익
률이 높지만, 투자 기간 및 금액 등이 확실하지 않다는 점에서 위험할
수 있습니다.

전체 진행을 관장하는 조합원의 지위

재개발이나 재건축 지역의 조합원은 조합이라는 법인체를 설립하여 시공사 선정부터 일반 분양가 책정 및 개발 진행 전체를 직접 관할한다. 옷 장사를 예로 들어보자. 옷 장사를 한다는 것은 옷을 만드는 과정과 만든 제품에 가격을 정하는 것과 이를 파는 것까지를 총괄한다는 것이다. 이러한 공급자적 입장에 서면 최종 소비자보다 가격을 저렴하게 구입할 수 있다.

장사하면서 밑지면서 파는 사람은 없다. 이윤이 생겨야 판매하는 것인데, 조합원도 같은 맥락이다. 시장에서 일반 분양가 산정 시 분양 가능한 최대의 가격으로 책정하게 되므로, 일반 분양자는 상대적으로 비싼 가격에 구입하게 되고 반대로 조합원은 최대의 이익을 얻는 구조이다. 최근 '2030서울플랜' 등에 따라 서울 도심의 재개발, 재건축은 더욱 탄력을 받으며 가격 상승이 기대되기에 좋은 매물을 선별하는 능력만 있다면, 높은 수익을 기대할 수 있는 투자처가 될 수 있다.

입주권에 투자할 때, 사업성 프리미엄과 입주 후 프리미엄으로 구분하여 수익을 볼 수 있는데, 사업성 프리미엄은 말 그대로 추진위원회 설립부터 관리 처분, 인가까지 여러 단계를 거치며 사업성에 대한 대가로 가격이 상승하는 것을 말한다. 입주 후 프리미엄은 말 그대로 아파트로 개발이 완료된 후 수요가 몰려 가격이 상승하는 현상을 말한다.

J 씨의 입주권 성공과 실패 사례

J 씨는 몇 년 전 부동산 업계에서 일하는 친구의 조언에 따라 한 재개발 지역의 입주권을 샀다. 최근 시세를 알아보니 3억 8,000만 원이나 됐다. 4년 전 1억 원도 안 되는 돈을 주고 산 걸 고려할 때 J 씨로서는 상당한 이득을 봤다. 이와 같은 성공 경험이 방심의 원인이었다. 재개발 입주권을 권했던 그 친구로부터 2019년 가을 수도권에 있는 재개발 지역의 또 다른 입주권을 소개받았다. 그는 전과 달리 부동산 경기에 대한 전망이 불안정해 망설였지만, 친구의 강력한 권유가 있었던 데다 현금을 거의 들이지 않고 매입하는 거라 덜컥 계약해 버렸다. 하지만 분양 대금 납입과 부동산 시장의 불투명이 지속되면서 대출이자 갚기에 어려움을 겪고 있다. 입주권 투자에서 한 번은 이익을, 또 한 번은 손해를 본 것이다. 입주권 투자가 늘 성공하는 것만은 아니다.

아파트에서
'베이'란 무엇일까?

Q 아파트 분양 대행사를 방문하니 베이란 단어를 많이 사용합니다. 4베이라서 좋은 구조라고 말하는데, '베이'라는 개념에 대해 좀 더 알아야 앞으로 분양받는 데도 도움이 될 것 같습니다. 베이에 대한 자세한 설명을 부탁드립니다.

A 베이(BAY)는 전면 발코니를 기준으로 내벽(기둥)과 내벽(기둥) 사이의 한 구획을 뜻하는 건축 관련 용어입니다. 일반적으로는 햇빛이 들어오는 공간이나 채광 면적을 뜻합니다. 건축물이 지어지는 방향에 따라 햇빛이 내부에 얼마나 들어오는지를 기준으로 2베이, 3베이, 4베이라고 부르며, 최근에는 와이드 베이 형태인 5베이로 더 넓은 공간감과 조망이 가능한 새로운 형태의 건축물도 많이 등장하고 있습니다.

특히, 주상복합 아파트들도 기존 구조에서 벗어나 아파트와 같은 판상형 4베이 구조로 특화 설계를 하고 있습니다. 베이가 많을수록 서비스 면적인 발코니 공간이 늘어나고, 채광이나 통풍, 전망이 우수하다고 볼 수 있습니다.

주택시장에서는 남향집을 선호

국내 주택시장에서는 남향집에 대한 선호도가 유난히 높다. 그래서 모든 방을 최대한 남향으로 배치해 채광을 극대화한 평면 설계가 중요하다. 일반적으로 남향으로 배치하는 거실 양옆에 방이 몇 개가 있는지에 따라 아파트 베이를 확인할 수 있다.

2베이는 보통 타워형 주상복합 아파트에 설계되는 구조이다. 보통 전면부에 거실과 안방을 배치한다. 2베이는 현관에서 거실이 한눈에 들어오도록 설계한다. 개방감이 좋고, 안방이 넓다는 장점이 있다. 또 가구를 주로 남쪽에 배치할 수 있는 이점도 있다.

다만, 작은방 두 곳의 창이 주로 북쪽을 향해 있다 보니 안방을 제외한 다른 방들은 어두운 편이다. 또 거실과 주방 공간의 경계가 불분명해 공간 활용도가 다소 떨어진다.

3베이는 2000년대부터 최근까지 가장 많이 지어진 구조이다. 아파트 하면 바로 떠오르고, 자주 접했던 구조이다. 3베이는 거실과 안방, 작은방 등 세 개의 공간이 전면부에 배치된다. 무엇보다 채광과 통풍이 우수하다. 특히, 거실과 주방이 일직선으로 배치되는 경우가 많아 공간 활용도가 뛰어나다. 일반적으로 익숙한 구조이다 보니 안정감을 느낄 수 있다.

하지만 2베이와 비교해 거실과 방이 좁은 편이다. 거실을 확장하지 않았을 때 다소 좁아 보인다는 단점도 있다. 또 방이 현관을 가리고 있다 보니 현관이 어둡다. 주방 구조가 좌우로 길어 조리대나 개수대, 식탁 간의 거리도 멀다.

4베이는 거실과 안방, 작은방 2개를 일렬로 배치하는 구조이다. 2010년부터 새로 분양되는 아파트들은 대부분 4베이 구조로 설계하고 있다. 과거에는 대형 평수에만 적용됐지만, 최근에는 중소형 아파트에도 적용된다.

이 구조의 장점은 거실과 세 개의 방 모두가 채광이 뛰어나다는 점이다. 볕이 잘 드니 난방비를 절감할 수 있다. 판상형 구조의 4베이라면 통풍이 우수해 여름에도 시원하다. 또 거실을 비롯한 모든 방에서 바깥 경치를 감상할 수 있다. 공간 활용도도 뛰어나 거실과 주방 간의 공간이 넓어 가구 배치가 수월하다. 하지만 거실과 방이 한쪽으로 몰려 있어 같은 면적 대비 방의 크기가 대체로 작은 편이다. 집이 가로로 긴 복도 형태의 구조이다 보니 개방감이 부족하다는 단점도 있다.

최근에는 보통 주방 옆에 수납공간으로 사용되던 알파룸이 발코니 전면부에 배치되는 4.5베이나 5베이 구조도 나오고 있다. 베이가 늘어날수록 집의 구조가 직사각형에 가깝게 바뀐다. 또 베란다나 발코니 등 서비스 면적이 늘어나 확장에도 유리하고, 공간 활용도도 높아진다.

판상형과 타워형의 차이

아파트 판상형은 일자형으로 배치된 형식의 아파트 구조이다. 이 건물을 눕히면 마치 널빤지 같다 하여 판상형 구조라고 불린다. 모든 세대가 한 방향을 바라보고 있으며, 보통은 채광이 좋고 일조량이 풍부해 겨울에는 따뜻하고 여름에는 시원해 냉·난방비를 아낄 수 있다. 단 동과 동 사이가 좁은 경우에는 사생활 침해 및 조망권 확보가 힘들 수 있다.

타워형은 다른 말로 탑상형 구조라고 한다. 마치 탑을 쌓듯이 위로 쭉 뻗은 구조를 말하는데 주로 초고층 주상복합아파트에 많이 사용되며 세련된 외관으로 동네의 랜드 마크로 등극하기도 한다. 동호수가 서로 다른 방향을 향하니 사생활 보호가 잘 되며, 조망권과 일조권도 나쁘지 않다.

단, 베란다와 발코니 같은 서비스 면적이 부족할 수 있고, 일반적으로 판상형보다 건축비가 비싸서 분양가가 좀 더 높은 편이다.

4장

세금과 투자 공부가 필요한

유주택자를 위한
부동산 상식

우리나라에서 치솟는 집값 속에 집을 임대해서 살고 있다면 상대적인 박탈감이 클 수밖에 없습니다. 하지만 세상에 공짜는 없습니다. 주택이 있다면 그때부터 각종 부동산 투자 관련 규제를 받아 머리가 아프기 시작합니다.

2019년 12월 16일 정부는 유주택자에 대한 대출부터 보유세 강화까지 종합선물세트 규제를 내놓았습니다. 또한, 2020년 7월 10일 부동산 대책을 내놓으며 다주택자와 법인주택의 취득세율을 증가하는 등 각종 규제책을 더욱 강화했습니다. 또한, 주택임대차 3법 역시 통과되어 임대인들은 더욱 신중해야 합니다. 정부의 정책적인 신호는 분명합니다. 집을 한 채 가진 사람은 더 이상의 집을 사지 말라는 것입니다. 하지만 이미 주택이 두 채 이상인 사람이나 다주택을 가진 사람은 생각보다 많습니다.

이번 장에서는 집이 있는 사람을 위한 내용을 담았습니다. 집이 있는 유주택자라도 이른바 갈아타기를 통해서 더 좋은 조건의 주택으로 이전하는 경우가 있습니다. 반듯한 자신의 주택을 가질 자유는 누구에게나 있습니다. 또한, 주택을 투자의 관점에서 생각해 볼 수도 있습니다. 그러한 사람들을 위한 정보와 관점을 담았습니다.

다주택자
보유세에 유의하기

Q 주택을 두 채 가지고 있는 이른바 다주택자입니다. 요즘 다주
택자 규제 정책이 자꾸 나와서 몹시 신경이 쓰입니다. 다주택자
규제 정책에 대한 내용을 자세히 알고 싶습니다. 또한, 다주택자 입장에서
어떤 자세를 취해야 효과적인 대처가 될지 고견을 듣고 싶습니다.

A 주택을 가진 사람들, 이른바 다주택자에 대한 규제 정책
이 활발하게 진행되고 있습니다. 2019년 12·16 대책은 다
주택자를 겨냥한 강력한 규제 정책이지요. 주택을 가진 사람은 자신
의 주택 중 하나를 팔면 보유세가 얼마나 줄어들 것인지에 대해 많이
궁금해합니다. 아무리 자산가라 해도 수천만 원에 달하는 보유세를
매년 감당하는 데는 한계가 있습니다. 특히, 은퇴자들은 노후 설계를
어떻게 해야 할지 몰라 걱정이 많습니다.

이번 2020년 7·10 대책에서도 종합부동산세(종부세) 세율이 확대
됐습니다. 개인이 3주택 이상 및 조정대상지역 내에 2주택자일 경우

종부세율이 1.2~6%까지 확대됩니다. 다주택을 보유한 법인에 대해서도 최고 6%까지 적용받으며, 기본공제 6억 원과 세 부담 상한선을 적용하지 않습니다.

2020년 보유세 충격 본격화

다주택자는 먼저 보유세를 살펴봐야 한다. 2019년 12·16 대책은 보유세 현실화와 강화를 내놓았다. 서울 지역 강남권에 아파트 두 채를 보유하고 있는 F 씨의 사례를 통해 알아보자. 12년 전 취득한 한 아파트는 현재 시세가 29억 원, 13년 전 매입한 다른 지역 아파트는 현 시세가 22억 원이다.

만약에 F 씨가 두 아파트를 팔지 않고 계속 보유할 경우 12·16 대책의 종합부동산세율과 세부담 상한 인상, 공시 가격 인상 등으로 2020년 3,425만 원이던 보유세가 2021년에는 6,385만 원으로 86% 늘어날 전망이다. 직장 은퇴 후 근로소득이 없는 F 씨가 연간 6,000만 원이 넘는 보유세를 부담하기는 사실상 불가능한 상황이다. 2020년 7·10 대책에서는 다주택자의 종부세율이 더욱 올라 논란이 되고 있다.

실제로 2020년 상반기 부동산 시장에서는 보유세 충격으로 인해, 서울 강남에서 고점 대비 7억 원가량 가격을 낮춘 급매물이 매매되기도 했다. 2020년 6월 1일을 기준으로 그 이전에 명의 이전을 마쳐야만 수천만 원 급등한 세금을 피할 수 있으니, 다주택자가 매물을 내놓는 것이다. 이처럼 시세보다 한참 낮은 가격에 매매가 이뤄지는 것은 보유세의 영향이 크다. 종합부동산세와 재산세 등 보유세는 매년 6월 1일을 기준으로 납세 의무가 성립된다. 매도인 입장에서 5월 31일까지 잔금을 받거나 소유권 이전 등기가 신청되면 매수인에게 보유세 부담 의무를 넘길 수 있다. 이처럼 다주택자는 자신의 부동산 포트폴리오를 더욱 잘 정비해야 할 필요성이 있다. 그러기에 다주택자는 부동산 투자에 더욱 세심해야 한다.

 사례로 보는 상식 TIP

들썩이는 강남 부동산 시장

2020년 4월 반포동 일대 중개업소들에 따르면 '아크로리버파크' 전용면적 84㎡가 26억 8,000만 원에 팔렸다. 같은 면적대가 2019년 잇따라 34억 원에 거래된 것과 비교하면 7억 2,000만 원 낮은 가격이다. 한 중개업자는 5월까지 잔금을 치르고 집도 보여 주지 않는 조건이라면서 급매로 나온 지 반나절 만에 계약이 성사됐다고 이야기한다.

강남 부동산을 가지고 있는 사람들은 2020년에 납부할 보유세가 두 배는 더 늘어날 것으로 파악하고, 임대사업자였지만 중도 매각에 대한 과태료를 감수하고 처분을 결정했다고도 한다. 아직 매수인을 구하지 못한 곳에서는 호가의 하향 조정이 이뤄지는 중이다. 과세 기준일 전에 처분을 원하는 역삼동 '역삼 래미안' 전용면적 59㎡의 호가는 16억 원 중반에서 14억 원 후반까지 떨어졌다. 이처럼 다주택자의 보유세는 꼼꼼히 계산해 봐야 할 내용이다.

정부의 부동산 대책
들여다보기

Q 최근 부동산 투자에 관심이 커졌습니다. 현재 집이 한 채 있는데, 또 다른 한 채를 구입하고 싶습니다. 아쉬운 것은 부동산 대책이 발표되면서 투자에 망설여집니다. 앞으로 부동산 투자는 어떤 방식으로 이루어져야 할까요?

A 문재인 정부는 국민에게 부동산을 한 채만 가지라는 신호를 보내고 있습니다. 취임 이후 그런 방법으로 부동산 대책을 꾸준히 발표하고 있으며, 2020년 6·17 대책과 7·10 대책을 발표하고는 강력한 규제책을 펴고 있습니다. 6·17 대책은 대출에 대한 방점이 있고, 7·19 대책은 세제 개편안을 중심으로 발표되었습니다.

6·17 대책의 핵심 내용

기존 조정대상지역 및 투기과열지구를 확대했다. 특히, 경기와 인천, 지방은 대전 일부 지역 등을 지정해 투기 과열을 방지했다. 서울 잠실 MICE 개발 사업, 영동대로 복합개발사업으로 영향을 받는 서울 송파구 잠실동, 강남구 대치동, 삼성동, 청담동을 1년간 토지거래허가구역으로 지정해 부동산 투자 과열을 방비하는 정책을 내놓았다.

또한, 기존 갭 투자 방지책도 나왔다. 규제 지역 내 주택담보대출 취급 시 전입, 처분 요건을 강화했다. 가령 무주택자가 규제 지역 내 주택을 사려고 주택담보대출을 받으면 6개월 이내에 집에 들어가 살아야 한다. 자금조달계획서도 조정대상지역 내에서 거래 금액과 무관하게 내야 한다. 이외에도 법인 보유 주택에 대해 3~4%의 단일 세율이 적용된다. 법인 보유 주택에 대해서 종합부동산세 공제(6억 원)가 폐지되며, 법인의 조정대상지역 내 신규 임대주택에 대해서 종합부동산세를 물린다. 이제 부동산을 법인으로 사는 것에 대한 특별한 메리트가 사라지는 것이다.

7·10 대책의 핵심 내용

정부는 다주택자 및 투기성 단기 주택 매매에 대한 과세를 강화했다. 종합부동산세는 3주택 이상 및 조정대상지역 2주택 보유자에 대해 과세표준 구간별로 1.2~6.0%의 세율을 적용하기로 했다. 현행 최고 세율(주택 시가 합산액이 123.5억 원을 초과)이 3.2%라는 것을 고려하면 세율이 두 배 가까이 높아지는 셈이다.

다만 2019년 기준 종합부동산세 납세자는 59만 5,000여 명으로 전체 인구의 1.0%이며, 종합부동산세 중과세율 적용 대상은 0.4%에

불과하다.(기획재정부 자료 기준)

단기 주택 매매에 대한 양도소득세도 강화된다. 1년 미만 단기 보유한 주택을 매매할 경우 양도소득세가 40%에서 70%로, 2년 미만은 60%로 양도세율이 상향된다. 규제 지역 다주택자에 대한 양도세 중과세율도 기존 대비 10% 인상했다. 이에 따라 주택 매매 시 2주택 보유자는 20%, 3주택 이상은 30%의 중과세율을 추가로 부담해야 한다. 다만 다주택자가 집을 매물로 내놓도록 유도하기 위해 종합부동산세 부과일은 2021년 6월 1일까지 유예하기로 했다.

 알아두면 좋은 부동산 TIP

서민과 실수요자의 부담은 완화

7·10 대책은 무주택 실수요자를 위한 지원 내용이 포함됐다. 생애최초 특별공급 적용 대상 주택을 국민주택뿐만 아니라 민영주택까지 확대했다. 공급 비율 또한 국민주택은 기존 20%에서 25%로 확대하고, 85㎡ 이하 민영주택 중 공공택지는 분양 물량의 15%, 민간택지는 7%를 배정한다. 신혼부부 특별공급 소득 기준도 완화되었다. 기존에는 분양가와 상관없이 도시근로자 월평균 소득의 120%(맞벌이 130%)가 기준이었지만, 앞으로는 분양가가 6억 원 이상일 때 도시근로자 월평균 소득의 130%(맞벌이 140%)까지 완화된다.

주택임대차보호법
3법에 주의

Q 2개의 주택을 소유한 임대인입니다. 한 채는 제가 살고, 또 한 채는 임차인을 두고 있습니다. 세입자가 만기가 다가오는데, 이번에 개정된 임대차 3법으로 인해 어떤 영향을 받을지 궁금합니다.

A 2020년 7월 31일부터 임대차 3법이 시행됩니다. 갑작스러운 시행으로 부동산 시장이 다소 혼란스러워졌습니다. 주요 내용을 살펴보면, 전월세 상한제는 계약 갱신 시 임대료를 5% 이상은 올릴 수 없습니다. 또한, 지자체에서 5%보다 더 강한 그 이내의 상한선도 결정할 수 있으니 지자체 내용도 살펴봐야 합니다. 계약갱신청구권제는 2년에 2년을 더해 최고 4년까지 계약을 보장합니다. 이때 계약갱신청구권의 거부는 집주인과 직계존비속이 주택에 실거주 시에만 가능합니다.

부동산 가격 불안정으로 전격 시행

주택임대차와 관련한 계약갱신 청구권·전월세 상한제·전월세 신고제를 묶어 '임대차 3법'으로 불린다.

- 계약갱신 청구권: 임차인의 계약 갱신 요구권을 보장함으로써 '주택임대차보호법'에서 규정하고 있는 2년의 임대차 계약 기간을 추가로 갱신할 수 있게 하는 규정
- 전월세 상한제: 계약갱신 청구권으로 인해 갱신되는 경우 전월세의 인상 폭을 제한하는 규정
- 전월세 신고제: 전월세 거래 내용을 의무적으로 신고하도록 하는 규정

이들 규정은 전셋값 급등에 따른 주택임대차 시장의 불안을 해소하기 위한 대안으로 추진되어 왔으나 임대인과 임차인의 첨예한 입장 차이로 논란이 되어 왔다. 최근 부동산 가격의 급등과 함께 전세 시장 또한 지속해서 불안한 모습을 보여 서둘러 개정이 추진됐다.

집주인의 입장에서 본인이나 직계 존·비속이 세를 준 집에 실제 들어간다면 세입자의 계약 갱신을 거절할 수 있다. 다만, 실제로 그 집에 들어가 최소 2년은 살아야 하고 기간을 채우기 전에 새로운 세입자를 들인다면 손해배상 청구 대상이 된다.

또 세입자가 두 달 이상 월세를 연체하거나 재건축 등의 이유로 집이 없어질 명백한 사유가 생기면 계약 갱신을 거부할 수 있다. 기본적

으로 상한이 5%로 정해졌기 때문에 예를 들어, 전세금이 3억 원이라면 1,500만 원 이상 올릴 수 없게 됐다. 다만 자치단체장이 5% 안쪽에서 상한을 다시 정할 수 있어 강남처럼 전셋값이 급등하는 지역에서는 더 낮은 기준이 적용될 수 있다. 하지만 기존 계약 연장이 아니라 새로 전세 계약을 할 때는 이 5% 규정이 적용되지 않는다. 그때는 집주인이 자유롭게 가격을 올릴 수 있어 신규 세입자에게 큰 부담이 될 수 있다.

임대차 3법의 기본 원칙은 기존 계약 세입자라면 한 번 더 계약을 연장할 수 있다는 것이 장점이다. 가령 지금까지 4년을 살아온 세입자라도 2년 더 연장할 수 있다는 뜻이다. 다만 집주인이 계약 해지를 통보한 뒤 이미 다른 세입자와 계약을 맺었다면, 이 세입자를 보호하기 위해 기존 계약은 연장되지 않는다.

 알아두면 좋은 부동산 TIP

부동산 시장의 과열로 주택임대차 3법 중 계약갱신청구권제와 전월세상한제는 7월 31일부터 시행됐다. 시행이 빠르다 보니 시장에서 혼란도 감지된다. 이사를 하려던 세입자들이 '계약갱신을 청구한다'면서 마음을 바꾸거나 집주인이 새 임차인과 계약서를 쓰는 경우도 생긴다.

세입자들은 대체로 환영하는 입장이다. 4년의 임차 기간과 전세금의 5% 상한이 정해졌기 때문이다. 한편에서는 전세금 5% 상한 제한은 사유재산 침해라는 의견도 있다.

다주택자
양도소득세 중과 피하기

Q 아파트 두 채와 단독주택을 가지고 있는 다주택자입니다. 정
부의 강한 부동산 대책으로 인해 가지고 있는 주택을 처분해야
하나 고민 중입니다. 가장 걸리는 것은 양도소득세입니다. 이 세금을 줄일
수 있는 최선의 방법을 찾고 있습니다.

A 다주택자의 규제 정책이 강해지면서 양도소득세 중과에
대한 걱정도 커지고 있습니다. 양도소득세 중과를 잘 이해
하기 위해서는 자신이 보유한 주택이 중과 주택인지를 파악하는 것이
우선입니다.

먼저 중과 규정을 받는 지역으로 전국에 42개 지역이 지정되어 있
습니다. 서울과 경기, 부산, 세종에서 집값 상승 폭이 큰 지역을 다시
세분화해 조정대상지역으로 지정한 것입니다.

배우자 증여를 통해 취득가액을 높이기

다주택자의 양도소득세 중과를 피할 방법으로 먼저 증여를 통해 세금을 줄이는 방안을 생각해 볼 수 있다. 배우자 증여는 10년 동안 6억 원까지 증여 공제를 받을 수 있으므로 4%의 취득세만 부담하면 주택을 배우자에게 증여할 수 있다.

예를 들어, 2억 원에 취득한 아파트가 현 시세(매매 사례가) 6억 원인 경우 배우자에게 증여하면 배우자의 취득가액이 6억 원이 되고, 5년이 지난 후에 7억 원에 매도했다면, 1억 원의 양도 차익에 대해서만 양도소득세를 부담하면 된다.

물론 다주택자는 세대별로 판단하므로 다주택자의 중과세 등을 피할 수는 없다. 하지만 양도 차익이 현저히 줄어들기 때문에 절세 효과를 볼 수 있다. 배우자 외에 자녀에게 증여하는 방법도 있다. 자녀에게 증여하면 취득가액을 높일 수 있을 뿐만 아니라 자녀가 별도 세대를 구성하고 있다면 다주택자에서도 배제된다. 하지만 자녀에게는 증여 공제 한도가 10년 동안 성년 자녀는 5,000만 원까지만 가능하므로 증여세가 부담될 수 있다.

이렇게 증여를 통해 취득가액을 높여 양도 차익을 줄이는 방법을 택할 때 주의해야 할 점이 있다. 꼭 증여 후 5년간은 보유하다가 매도해야 증여가액을 취득가액으로 인정받을 수 있다. 만약 5년 이내 매도한다면 증여자의 매수가액을 기준으로 양도소득세를 매기니 주의하자.

매도 순서에 따라 세금이 달라지는 것은 조정대상지역 내 주택을 양도할 때만 해당되는 것은 아니다. 다주택자가 매도하는 주택은 과세되지만, 다주택자가 마지막에 양도하는 주택은 1가구 1주택 비과세(양도가액 9억 원 초과분은 과세)되기 때문이다. 다주택자가 가지고 있는 주택을 모두 처분하면 양도 차익이 적은 주택을 먼저 양도하고 양도 차익이 큰 주택을 마지막에 양도하여 1가구 1주택 비과세 규정을 적용받는 것이 유리하다.

다만 주택 중 조정대상지역 내 주택과 조정대상지역 외 주택이 섞여 있다면 단순히 양도 차익으로 판단할 일은 아니다. 장기보유특별공제 배제와 중과세 규정 때문이다. 이때는 미리 양도소득세를 계산해보고 유리한 순서로 처분하는 신중함을 가져야 한다.

세법에서 규정한 다주택자의 중과 제외 주택의 범위는 꽤 내용이 많다. 그래서 본인이 조정대상지역 내 주택을 가지고 있더라도 중과세 등에 해당하지 않을 수 있다. 수도권·광역시·특별자치시(세종시) 외의 지역에 양도 당시 기준시가 3억 원 이하의 주택은 보유 주택 수 계산에서 제외되고, 상속받은 주택을 5년 이후에 양도할 때와 장기임대주택을 양도할 때도 중과에 해당하지 않는다. 또한, 이러한 주택을 제외하고 조정대상지역 내에 1주택만 소유하는 경우에도 중과세에 해당하지 않는다.

장기임대주택은 10년, 증여 후 양도는 5년이라는 시간이 필요하다. 다주택자라면 지금은 매도할 생각이 없더라도 향후 매도해야 할 상황을 미리 대비해야 양도소득세의 부담을 줄일 수 있다.

알아두면 좋은 부동산 TIP

2020년 7·10 대책의 양도소득세

7·10 대책에서는 양도소득세율도 높아졌다. 1년 미만 보유 주택을 팔 경우 70%의 양도소득세율이 적용되고, 2년 미만은 60%의 세율이 적용된다. 2019년 12·16 대책 발표 때 1년 미만 보유 주택은 50%, 1년 이상 2년 미만 보유 주택은 40%의 양도세율을 적용하겠다고 밝혔으나, 추가로 세율을 20% 더 높였다. 앞으로 단기간에 빈번한 주택 거래 행위는 실거주 목적의 매매와 무관한 '투기성 거래'라고 보는 것이다.

또한, 다주택자가 조정대상지역 내 주택을 양도할 경우에 2주택자는 20%, 3주택 이상인 자는 30%의 양도세를 중과하기로 했다. 현재 2주택자는 10%, 3주택자는 20%의 양도세를 중과하는데 이를 10%씩 더 올린 것이다.

도시철도 노선에 따른
부동산 가치

Q   40대 중반의 직장맘입니다. 아이를 키우면서 맞벌이를 하고
    있어 직장과 주택의 거리가 매우 중요한 편인데 현재 직장이 멀
어 새로운 주택을 알아보고 있습니다. 최근 한 곳을 물색했는데, 역세권에
서 좀 거리가 있어서 고민이 됩니다. 교통과 부동산의 관계가 무척이나 궁
금합니다.

A   지금도 그렇지만 앞으로의 부동산은 교통과 떼려야 뗄
    수 없는 요소라고 봅니다. 도시철도 계획은 도시기본 계획
안에 포함됩니다. 도시기본계획은 국토의 한정된 자원을 효율적이고
합리적으로 활용하여 주민의 삶의 질을 향상하기 위해 진행됩니다.
또한, 도시의 환경을 건전하게 발전시키는 정책 방향을 제시하여 장
기적으로 발전해야 할 구조적 틀을 제시하는 종합계획입니다.
   도시기본 계획안에는 도시의 장기 발전 계획과 청사진 등이 구체적
으로 나와 있는데, 투자자 입장에서는 이러한 도시기본 계획을 파악

하면 리스크를 줄여 과감한 투자를 할 수 있습니다.

역세권이 부가가치가 높아지는 것은 땅의 용도가 주거 지역에서 상업 지역으로 바뀌기 때문에 토지의 이용도가 높아져 땅값이 올라가기 때문입니다. 땅의 용도는 국토의 계획 및 이용에 관한 법률에 규정되어 있습니다. 국토는 토지의 이용 실태 및 특성, 장래의 토지 이용 방향 등을 고려해 도시지역, 관리지역, 농림지역, 자연환경보전지역 등 크게 네 가지 용도로 구분합니다. 투자자는 이러한 지역의 성격을 잘 파악해 투자를 진행해야 합니다.

도시철도 구축 시 생기는 세 번의 투자 기회

최근 착공이 시작된 경기도권과 서울시를 관통하는 GTX는 부동산 투자 측면에서 매우 호재이다. 이전부터 전철·국철의 신설이나 확장, 연장 등은 부동산 시장에서 뜨거운 감자로 통했다. 이들은 출퇴근 여건을 대폭 개선해 지역 발전의 토대가 된다. 그리고 낙후되었거나 주목받지 못했던 부동산에 생기를 불어넣는 촉매제 역할을 하므로 부동산의 가치를 높여 준다.

특히, 전철이나 국철은 시간 내에 목적지까지 닿는 정확성 때문에 도로 개통보다 더 큰 호재로 받아들여진다. 일반적으로 길이 뚫리고 전철역이 들어설 때는 땅값이 세 번 오른다. 계획 발표 때 한 번 오르고, 공사를 시작하면 다시 오르고, 개통되면 또 오르는 것이 통례이다. 하지만 계획 단계에서는 정부 예산과 정치 상황에 따라 개통 시기가 지연될 수도 있다. 그러다가 개통이 임박하면 주택·토지 값이 많이 오른다는 점에 유의해야 한다.

그러므로 투자 시에는 반드시 해당 정부 부처나 지자체를 통해 개발 계획을 알아본 후 투자하는 것이 안전하다. 토지에 투자할 때는 거래·건축 규제를 잘 살펴봐야 하며, 여유 자금으로 장기 투자를 해야 한다. 본격적인 지역개발까지는 시간이 오래 걸리기 때문이다. 그러니 도로 확충 계획과 전철 개통 예정 지역, 주변 개발 계획을 눈여겨 보면 오를 만한 땅을 찾을 수 있다.

 알아두면 좋은 부동산 TIP

모든 역세권이 황금알은 아니다

철도 관련 교통 호재가 그 주변의 모든 부동산에 통용되는 것은 아니다. 노선이 지나는 지역에 따라 가격 상승 등이 천차만별이다. 그러니 반드시 입지 분석이 선행되어야 한다. 즉 새로 생기는 지하철, 경전철, GTX 등의 노선이 어느 지역을 지나는지를 잘 알아봐야 한다. 이왕이면 도심이나 핵심 주거 단지를 지나는 것이 유리하다.

또한, 정부 정책 방향, 경제 상황 등과 맞아떨어져야 그 프리미엄을 제대로 누릴 수 있다. 역세권이 정부의 정책 방향, 경제 상황, 부동산 시황 등에 영향을 받는 정도가 비역세권에 비해 덜한 측면은 있지만, 그렇다고 그 영향에서 완전히 비켜나는 것은 아니므로 이런 외부 요인도 잘 살펴야 한다.

부동산 투자와
학세권

Q　초등학교 6학년 자녀를 둔 주부입니다. 아이가 중학교 입학을
앞두고 학군에 대한 고민이 있어 이른바 명문 학군이 있는 곳으
로 이사를 고려하고 있습니다. 학군이 좋은 곳이 부동산 투자 가치가 높다
는 이야기를 듣고 있는데요. 학세권이 정말 있나요?

A　학세권의 시초는 '강남 학군'이라고 볼 수 있습니다.
1970년대 당시 정부의 강남 개발은 서울 시민을 한강 이남
으로 이동시키기 위한 정책이었습니다. 하지만 서울 인구가 강남으로
이전하지 않자 강북에 있던 강북 명문 고교들을 강남으로 이전했습니
다. 결국, 종로구에 있던 경기고의 강남구 이전을 시작으로 서울 도심
에서 이전한 학교 20곳 가운데 15곳이 강남·송파 등 이른바 강남권으
로 이전했습니다. 이후 더 좋은 교육을 받으려는 부모들의 의지로 강
남 주거 이전이 촉진되어 지금의 강남 8학군이 탄생한 것입니다.

학세권 아파트는 스테디셀러

학세권은 최근 신규 분양 시장에서 더욱 중요해졌다. 기본적으로 가정 당 자녀 수가 적은데다 자녀 교육에 대한 의욕이 높기 때문이다. 이에 학세권에 자리하는 아파트는 스테디셀러로 꼽힌다. 일반적으로 수요가 충분하고 거래가 활발해 환금성도 뛰어나다. 도보 통학이 가능해 자녀의 안전도 확보된다는 점과 유해 시설이 없는 만큼 주거 환경이 쾌적한 점도 학세권이 수요층의 인기를 끄는 요인이다.

아파트 구입 시 고려하는 여러 요소 가운데 자녀를 둔 부모라면 무엇보다 '아이'가 우선순위가 된다. 특히, 맞벌이 부부에 외동 자녀만 둔 소가족이 늘면서 최근 부동산 스테디셀러는 대부분 아이 키우기 좋은 환경을 가진 아파트이다.

중학교부터는 본격적으로 면학 분위기가 중요하다. 초등학교는 덜 하지만, 자녀가 중학교에 진학하게 되면 부모들은 본격적인 대입을 생각하게 된다. 이때 중학교, 고등학교는 무조건 가까운 거리보다는 면학 분위기와 특목고, 자사고, 명문대 진학률을 따지는 경우가 많다. 특히, 요즘은 특목고, 자사고의 명문대 진학률이 높아지면서 오히려 중학교 학군이 더 중요해지는 경향도 있다.

또한, 일반 고등학교 학군 중요도가 예전보다는 많이 약해지긴 했지만, 그래도 전통적인 명문 고등학교의 선호도는 높은 편이다. 좋은 고등학교 진학률이 높은 중학교, 명문대 진학률이 높은 고등학교 주변 아파트를 찾는 수요는 여전히 많아서 자연히 시세 또한 높게 형성되어 있다.

자녀 교육의 최종 목표인 좋은 대학 보내기는 5, 6년 전부터 준비해야 한다. 아이가 중학교 들어갈 때 대입 전략을 미리 확인하고 그에 맞는 부동산 계획을 세워야 한다. 이러한 프레임을 짠다면 학세권 주택 전략이 필요하다.

 알아두면 좋은 부동산 TIP

학원도 학세권에 포함된다

요즘은 학원도 중요하다. 70~80년대 최고 인기 지역이었던 여의도 아파트 가격이 2000년대 들어 목동에 뒤처진 이유는 바로 학원가 때문이다. 여의도는 초, 중, 고등학교만 있고 학원가가 형성되어 있지 않지만, 목동은 강남과 더불어 우수한 학원가가 있어 인근 지역에서 수요가 꾸준히 유입되면서 여의도를 넘어섰다.

단지 학원이 많다고 해서 학원가가 잘 형성되었다고 보는 것은 아니다. 학원 중에서도 유명한 대형 학원이 밀집된 학원가가 형성되어 있느냐가 교육환경에서 학군 못지않게 중요한 요소가 되고 있다. 유명 학원가와의 접근성이 아파트 가치에 영향을 주고, 전셋값 또한 강세를 보인다. 학원가가 형성되어 있는 강남 대치동은 방학이 되면 학원 방학 특강 때문에 학원가 주변 단기 월세가 동이 나기도 한다.

부동산 투자의
핵심은 상권

Q 부동산 투자에 눈을 떠가고 있는 50대 주부입니다. 저는 상가 등의 상권에 주목하고 있는데, 상권이 발달한 지역 내 투자를 생각하고 있습니다. 상권에 대한 이해를 도울 수 있는 조언을 부탁드립니다.

A 서울시에는 '서울시 생활권 계획'이 있습니다. 생활권 계획에는 총 75개 중심지별 발전 방향과 관리 방안에 대한 가이드라인이 담겨 있습니다. 향후 공공·민간에서 중심지에 대한 지구단위계획이나 개발 계획을 수립할 때 이번 계획안을 바탕으로 하겠다는 방침이고 이미 진행 중입니다.

특히, 2030년까지 중심지 내에 상업 지역 총 192만㎡를 새롭게 지정해 지역 불균형 해소와 지역 활력의 촉매제로 삼는다는 계획입니다. 시는 지역별 인구, 일자리, 상업지역 비율 등을 고려해 배분 물량(134㎡, 유보 물량 제외)의 70% 이상을 그동안 상대적으로 낙후·소외됐던 동북권(59만㎡)과 서남권(40만㎡)에 배분했습니다. 이처럼 새롭게 상업 지역이 생기는 곳을 중심으로 상권 전략을 잘 활용한다면, 향후 투자 가치가 많은 상권의 수혜를 볼 수 있습니다.

기존 상권의 몰락을 살펴보자

불황 무풍지대로 대표되는 대학가 상권도 옛말이 되고 있다. 학령 인구 감소로 입학 정원이 줄면서 통폐합하거나 폐교하는 대학이 속속 생겨나고 있다. 특히, 지역 경제와 상생하는 구조인 지방 대학은 상권 붕괴와 공동화 현상 등도 나타난다.

수만 명의 청년이 공무원의 꿈을 안고 불을 밝히며 형성된 일명 '고시촌 상권'도 위태롭다. 학원 수강료 등 비용 부담을 느낀 고시생들이 무제한 수강 등 프로모션을 내건 인터넷 강의(인강)로 몰리고 있기 때문이다. 40여 년의 역사를 지닌 노량진 학원가는 연간 5조 원이 움직이는 큰 상권이었지만, 공시생들이 하나둘 떠나면서 기반이 무너지고 있다. 이와는 대조적으로 국내 인터넷 강의 규모는 최근 몇 년 새 급성장하고 있다.

반면, '의세권'이라고도 불리는 메디컬 상권은 삶의 무게 중심이 '질의 향상'으로 이동하는 변화와 맞물려 가치가 더욱 높아지고 있다. 중요한 것은 임대료 변화이다. 메디컬 상권 임대료는 꾸준하고 안정적이다. 서울시 상권 정보에 따르면 강남 세브란스 병원 인근의 분당선 한티역 일대 상권 임대료는 몇 년 동안 평균 49.95%가 상승했다.

100세 시대를 맞아 양질의 의료 서비스를 이용하려는 장·노년층 수요의 증가가 메디컬 상권의 가치를 드높이는 데 한몫하고 있다. 수요는 급증하는데 수도권에는 대학병원이 들어설 곳이 마땅치가 않다. 덕분에 메디컬 상권은 그 희소가치와 맞물려 프리미엄도 상당하다. 또한, 메디컬 상권은 대체로 대형 프렌차이즈가 직영으로 운영하려는 곳이 많아 일반인이 선점하기에는 한계가 있다.

내리막을 걷고 있는 대학가와 오름세의 메디컬 상권을 소개한 이유는 상권이란 것이 이처럼 부침이 심하다고 이야기하기 위함이다. 상권은 항상 변한다. 그러니 움직이는 상권에 주목하자.

 사례로 보는 상식 TIP

서울시 생활권 계획의 상권 지역 주목

서울 서대문구 홍제동 골목은 의료특화거리로 재탄생했다. 의료특화 목적의 도시 재생이 시도되는 것은 홍제동이 처음이다. 서대문구는 홍제역 일대를 재생하기 위한 '홍제권 도시 활력 증진사업 기본계획 수립'을 세웠다. 대상 구역은 홍제역 인근 20만㎡로 이곳을 의료산업특화지역으로 재생해 지역 경제를 활성화하는 것이 목표이다. 이처럼 서울시 생활권계획에서 새로 부각되는 상권 지역을 조망해 내는 관점이 필요하다.

숲세권이
대세다

Q 초등 자녀를 둔 부모입니다. 이사 갈 곳으로 두 군데를 염두에
두고 있습니다. 한 곳은 도심이고, 다른 한 곳은 숲이 가까운 주
거지입니다. 남편과 저만 생각하면 도심을 선택하고 싶지만, 아이들 때문
에 숲과 가까운 곳으로 마음이 기울어집니다. 어떤 선택을 해야 할까요?

A 다가올 미래에는 이른바 '숲세권'이라 불리는 숲과 인접
한 주거지역이 인기가 높을 것입니다. 또한, 친환경 설비와
주거문화의 확산으로 환경친화적인 아파트 및 주택이 주목받을 전망
입니다. 무엇보다도 숲을 비롯한 자연은 인간에게 건강을 가져다주고
생명의 소중함을 알게 해 줍니다. 특히, 아이를 키우는 부모에게는 숲
이 가져다주는 장점이 더욱 크게 느껴집니다.

수도권 외곽에 보금자리를 갖은 친구 Z가 있습니다. Z 부부는 아이
들을 위해 도심에 인접한 숲이 있는 곳에 아파트를 얻었습니다. 주말
만 되면 그들 부부는 자녀를 데리고 인근 숲에 가서 아이를 놀게 합니

다. 숲에 가면 깨끗한 공기를 마시고, 맑은 바람을 쐴 수 있고, 세상에 단 하나뿐인 자연물을 만지며 놀 수 있다는 것이 그 부부가 숲세권을 선택한 이유입니다.

에너지의 자급자족을 가져올 그린 아파트

친환경·저에너지를 추구하는 '그린Green'은 다양한 미래 주거의 복잡한 추세 속에서 일관되게 핵심 가치가 될 것이다. 아파트 역시 친환경 테마가 뒷받침될 것으로 보인다.

그린 아파트는 바람과 태양열, 태양광, 지열 등을 이용한 에너지 소비 제로 아파트에 그치지 않는다. 대규모 발전소에서 전력을 끌어다 사용하는 것이 아니라 역으로 주거지에서 자연을 이용한 에너지를 생산, 에너지를 자급자족하게 될 것이라는 관측이다.

단지 내 놀이터에서는 어린이들이 놀이기구를 이용할 때마다 신나는 동요가 스피커를 통해 나오지만, 전기요금 걱정은 없다. 단지 내 태양광 발전을 통해 생산된 전력을 사용하기 때문이다. 실내 내부 온도를 낮추거나 높이는데 필요한 에어컨 작동과 보일러 가동도 필요 없는 설비이다. 지하 깊숙한 공간에 설치한 지열 냉난방 설비로 연중 내내 무료로 찬 바람과 더운 바람을 집안으로 끌어들여 사용하기 때문이다.

그린 아파트가 아파트 내 환경을 말한다면, 숲세권은 밖의 환경을 말한다. 숲세권은 주거지역과 산이 가까운 쾌적한 주거환경을 누리면서 산책과 운동 등 다양한 여가 활동을 즐길 수 있다. 아파트 고

214

층에서는 산을 바라보는 자연 조망도 가능해 프리미엄이 형성되기도 한다.

숲세권 아파트의 인기에 주변 산과 단지를 연계해 녹지 축을 조성하는 단지가 증가하고 있다. 산책로를 조성해 입주민들이 편리하게 산으로 이동할 수 있게 하거나 테마별 조경 시설 등을 설치해 입주민들의 주거 만족도를 높이고 있다.

 알아두면 좋은 부동산 TIP

친환경으로 신종 감염병을 잡아라

코로나19의 충격과 공포는 아직도 진행 중이며, 앞으로도 절대 잊을 수 없을 것이다. 이러한 신종 감염병이 자주 발생하는 원인 중 하나가 바로 환경오염이라는 지적이 있다. 이러한 환경오염이 미래에는 더욱 심할 것으로 예측되는 요즘, 환경의 중요성이 대두되면서 친환경 주거 문화에 대한 관심이 높아졌다.

세계보건기구(WHO)에 따르면 미세먼지로 인한 전 세계 조기 사망자 수는 약 700만 명으로 추산되며, 이는 담배로 인한 조기 사망자 수보다 많다고 한다. 그래서 전문가들은 숲세권, 공세권 등 녹지 인근 아파트의 인기는 더욱 높아지리라 예측한다.

효과적인
증여세 전략 세우기

Q 세 채의 아파트를 가지고 있는 70대 초반으로 3명의 자녀를 두었습니다. 다주택자 규제가 심해지면서 아파트를 팔려고도 해 보았는데, 양도소득세가 커서 고민 중입니다. 증여를 통해 아파트를 처리 하는 사례가 있다고 들었습니다. 현실적인 증여 전략을 알고 싶습니다.

A 최근 생전에 자녀에게 재산을 물려주는 증여가 대세로 자리 잡고 있습니다. 증여 신고 세액은 2조 원을 뚫은 지 오 래입니다. 금융업계는 정부 통계에 잡히지 않는 사례까지 포함하면, 연간 15만 명 이상이 증여하는 것으로 보고 있습니다.

저금리 기조로 수익 내기가 어려워지면서 절세를 중시하는 재테크 흐름이 확산한 것이 증여가 크게 증가한 이유로 꼽힙니다. 한국이 부 모와 자식이 함께 늙어가는 고령화 사회로 진입하는 것도 영향을 미 치고 있습니다. 기대 수명이 100세까지 늘어 상속 시점이 점점 늦어 지다 보니 자녀가 젊을 때 재산을 물려주는 증여를 택하는 것입니다.

특히, 자산가들이 선호하는 증여 수단은 부동산입니다. 부동산을 가족들과 공동명의로 보유하는 방식입니다. 명의를 통한 증여는 절세 효과도 있고, 증여자가 사망할 때까지 발언권도 유지할 수 있습니다. 아파트 같은 거주용 부동산보다는 상가나 빌딩 등 수익형 부동산의 절세 효과가 더 큽니다.

증여는 빨리할수록 유리

장기적인 관점에서 증여는 빨리할수록 유리하다. 배우자나 자녀에게 증여하고 10년이 지난 후 다시 증여하면, 5,000만 원까지는 증여세가 면제된다. 가령 자녀에게 20세 이전에 2,000만 원을 고금리 저축상품이나 저축보험으로 증여하고, 10년 후에 5,000만 원을 증여하면 증여세를 하나도 내지 않아도 이자 차익까지 약 7,000만 원을 지원해 줄 수 있다.

증여 사실을 인정받으려면 사전에 증여세를 신고하고 반드시 증빙을 남겨야 한다. 그리고 증여 자산의 취득일로부터 3개월 이내에 증여를 받은 사람의 주소지 관할 세무서에 신고하면, 납부해야 할 세금의 10%를 공제해 준다.

반면에 같은 기한 내에 신고하지 않으면, 신고불성실가산세 20%, 납부불성실가산세 10~20%(최고)를 추가로 부담한다. 즉 신고납부를 하지 않으면 신고한 사람에 비해 자진 신고자의 세액공제율을 포함해 최고 50%까지 세금을 더 부담해야 한다.

아파트 증여가 점차 증가한다

2019년 아파트를 증여하는 사례가 크게 늘었다. 2017년 서울 아파트 증여 건수는 7,408건으로 2006년 한국감정원이 집계를 시작한 후 가장 많았는데, 이 추세는 점점 더 늘어나고 있다.

이는 종합부동산세 등 보유세 개편이 이뤄지면서 다주택자들이 아파트를 팔기보다는 자녀 또는 손자에게 증여하는 것이 중요한 원인으로 꼽힌다. 그런데 아파트를 증여하면 보유세는 피할 수 있어도 증여세를 피할 수는 없다. 이런 경우는 우선 부동산 담보 대출이 있는 부동산은 아파트를 증여하면서 관련 부채를 자녀에게 같이 넘기면 증여세가 줄어든다. 흔히 '부담부 증여'라고 하는데 채무가 있는 부동산을 대출과 함께 한꺼번에 넘기면 증여세를 산정할 때 부채는 공제되고, 채무에 해당하는 부분에 대해서는 부모가 양도소득세를 부담하게 된다. 이렇게 하면 전체 가액의 일부분이 양도세로 분리되면서 증여세의 누진세를 피할 수 있다. 전세보증금도 부채이므로 똑같은 기준이 적용된다. 예를 들어, 현재 아파트 가격이 15억 원이고 전세보증금이 10억 원이라고 가정하면 전세보증금 10억 원에 대해서는 부모가 양도세를 내고, 자녀는 5억 원에 해당하는 금액에서 5,000만 원을 공제한 (성년 자녀 인적 공제인 5,000만 원을 제외) 4억 5,000만 원에 대해 증여세를 내게 돼 누진세율은 30%가 아닌 20%가 적용된다. 다만 이럴 때는 부모에게 양도세가 부과되므로 양도세를 계산할 때 장기보유특별공제를 받을 수 있는지 살펴봐야 하고, 2주택자는 10%포인트, 3주택자는 20%포인트의 세율이 높아지는 중과세가 적용되는지도 고려해야 한다.

상속세도
전략이 필요하다

Q 6남매를 두고 있는 70대 후반입니다. 50년 동안 부동산으로 제법 자산을 모았습니다. 조금씩 상속에 대한 걱정이 들기 시작합니다. 어디서부터 시작해야 할지, 상속에 대해서 어떻게 접근해야 할지 모르겠습니다.

A 2000년대 초반만 해도 상속세를 낸다면 '부자'란 이야기가 나왔습니다. 그도 그럴 것이 당시만 해도 강남의 99㎡ 아파트 가격이 3억 원대였습니다. 상속 재산이 최소 10억 원은 넘어야 상속세가 부과되므로 '상속세 납부자=부자' 공식이 성립했습니다.

하지만 이후 부동산 등 자산 가격이 급등했지요. 반면 최소 공제액은 여전히 10억 원에 머물러 있습니다. 상속세를 염려해야 하는 중산층이 은근히 늘고 있습니다. 만약 20억 원의 재산을 자녀에게 상속할 때 내야 할 상속세가 최대 4억 원입니다.

이처럼 상속·증여에 따른 세금 폭탄을 피하려면 현명한 절세 방안이 필요합니다. 한국의 상속·증여세는 5단계 누진세율이 적용되기 때문입니다. 1억 원 이하의 상속세에는 과세표준의 10%를 징수하지만, 30억 원을 초과하면 세율이 50%에 달합니다.

인구 고령화, 저금리, 저성장 같은 시대적 변화가 상속·증여 전략을 바꾸고 있습니다. 초고령 사회로 진입한 일본에서 80대 노인이 60세 자식에게 재산을 물려주는 것이 유행이라고 합니다. 한국에서는 할아버지가 나이 든 자녀를 건너뛰고 한창 돈이 필요한 손자에게 재산을 물려주는 '세대 생략 증여'가 인기입니다. 또 시세 차익보다 매달 안정적으로 임대수익을 내는 부동산을 먼저 증여하고 있다는 점이 과거와 달라진 모습입니다.

상속세 평가, 신고에 주의하자

가족 중 누군가가 유명을 달리하면 슬픔을 뒤로하고 걱정해야 하는 것이 바로 상속세이다. 남기고 간 재산이 없다면 상속세 걱정에서 자유롭겠지만, 남기고 간 재산이 있다면 얼마의 상속세를 내야 할지 따져봐야 한다.

유명을 달리한 피상속인을 기준으로 배우자가 있으면 최소 10억 원까지 상속세가 없고, 배우자가 없으면 최소 5억 원까지 상속세가 없다는 것은 누구나 알고 있는 상속세에 관한 대표적인 상식이다. 하지만 상속 재산을 어떻게 평가해 신고하는지도 공제되는 금액만큼이나 중요하다.

상속 재산의 평가는 상속 개시일 현재의 시가로 하고, 시가를 산정하기 어려울 때는 한해 보충적 평가 방법을 적용한다. '시가'는 상속 개시일 전후 6개월간의 거래가액, 감정가액, 보상, 경매, 공매가액, 그리고 유사 매매사례가액 등을 말한다. 보충적 평가 방법으로는 부동산의 경우 기준시가를 말한다. 가령 피상속인이 남기고 간 재산이 아파트라면 전후 6개월 이내에 해당 재산의 거래가액으로, 거래가액이 없다고 하더라도 전후 6개월간 같은 아파트 동일 평형의 매매사례가액을 시가로 보아 평가한다.

하지만 단독주택이나 임야라면 동일 조건의 매매사례가액을 찾을 수 없다고 여겨 보충적 평가 방법인 개별주택가격이나 개별공시지가를 적용한다. 즉, 부동산의 종류에 따라 시가와 근접하게 평가될 수도 있고, 시가보다 낮은 기준시가로 평가될 수도 있다.

그러면 동일한 시세의 부동산이라도 시가로 평가하는 아파트를 상속받는 것보다 기준시가로 평가하는 단독주택이나 임야를 상속받으면 상속세를 절세할 수 있으니 무조건 좋을까?

상속세를 적게 낼 수는 있겠으나 양도 시점에서 양도소득세까지 고려한다면 상황은 달라질 수 있다. 상속받은 부동산이 보충적 평가 방법에 따라 기준시가로 평가되는 경우 상속세와 양도소득세는 마치 시소의 양 끝과 같다. 상속받은 부동산을 양도할 때 취득가액은 상속 당시의 평가액으로 한다. 그래서 상속세를 기준시가로 평가하여 신고한 부동산은 양도 시점에 시가와 기준시가의 차이만큼 양도 차익이 발생하여 양도소득세를 부담하게 된다. 반면, 상속세를 시가 혹은 매매 사례 가액으로 평가하여 신고한 부동산의 양도 차익은 없거나 매우 적은 금액이 될 것이다.

상속세 신고 요령

상속세 신고는 상속 개시일이 속하는 달의 말일부터 6개월 이내에 하게 되어 있다. 이 6개월은 상속인들이 슬픔을 이겨내고 피상속인이 남기고 간 재산을 단순히 분할하는 데 허비해서는 안 된다. 보충적 평가 방법이 적용되는 부동산에 대해서는 상속세와 양도세를 비교해 보고 상속세 신고 전략을 짜야 한다. 상속 개시일을 기준으로 6개월 이내에 양도하고 시가로 상속세를 신고하면서 상속세를 더 부담하고 양도소득세를 피하는 것이 유리한지, 아니면 6개월 이후에 양도하여 상속세를 절감하고 대신 양도소득세를 부담하는 것이 유리한지 따져볼 필요가 있다.

만약 상속세를 더 부담하고 양도소득세를 피하는 것이 유리한데 당장 양도하지 못하는 상황이라면, 감정평가를 받아 감정가액으로 상속세를 신고하는 것도 하나의 방법이다. 지금 당장 상속세를 적게 내는 것이 능사는 아니다. 이처럼 상속세 신고에도 전략이 필요하다.

시세 차익을
노리는 갭투자

Q 부동산에 관심을 두고 있는 40대 여성입니다. 지인들이 갭투
자로 수익을 내는 것을 보니 관심이 생겼습니다. 갭투자의 기본
개념과 방법 그리고 이런 투자 방법이 괜찮은지 궁금합니다.

A 갭투자는 전세를 안고 건물을 매입하는 것입니다. 매매
가격과 전셋값의 차이만큼의 돈으로 부동산을 매수하는 투
자를 말합니다. 갭투자의 장점은 첫째, 집값 전체를 주고 사지 않고
소액투자로 구입할 수 있다는 것입니다. 둘째, 전세를 안고 사는 것이
므로 금융 비용이 필요 없습니다. 셋째, 다른 부동산 투자 방법보다
수익률이 높습니다.

가령 집값이 5억 원이고 전세 보증금이 4억 원이라면, 1억 원만 준
비하면 한 채를 살 수 있습니다. 그 집값이 2년 사이에 6억 원이 되었
다면, 1억 원의 수입을 본 셈입니다.

부동산 시세가 낮아지면 위험

갭투자는 부동산 수익률이 높은 투자 방법이기는 하지만 부동산이 상승할 것을 전제로 하는 투자이기 때문에 부동산 시세가 하락할 경우에 문제가 커지기도 한다.

부동산 가격이 하락하면 2008년 금융위기 때 등장했던 '하우스 푸어'가 되고 집을 팔아도 남는 것이 없는 '깡통주택'이 되기도 한다. 그래서 갭투자로 돈을 벌기 위해서는 예비지식이 필요하다. 첫째, 부동산 가격이 올라갈 곳을 잘 선정해 투자해야 한다. 둘째, 부동산 가격이 계속 올라가는 물건을 선택해 투자해야 한다. 셋째, 매매 가격과 전셋값의 차이가 낮은 반전세보다는 올 전세 아파트가 좋다.

갭투자는 부동산 규제가 많은 2020년 하반기부터 위험한 투자가 될 수도 있다. 만약 한 지역에 전세 물량이 일시적으로 많아졌을 때는 생각했던 전셋값보다 많이 낮춰서 세를 놓아야 할 수도 있다. 또한, 전세가 만기 되어 전셋값이 낮게 형성되면 전세 보증금의 일부를 반환해야 하는 상황이 발생할 수도 있다. 물론 전셋값이 오르면 그만큼의 자금을 회수할 수도 있다. 전셋값이 오를 때 전체 투자금을 회수하는 걸 '무피 투자'라고도 부른다.

무조건 갭이 적은 주택만 선택하는 것은 위험하다. 모든 지역이 그렇지는 않지만 수도권 내에서도 급격하게 수요 변동이 있는 지역들은 특히 조심해야 한다. 또한, 부동산은 투자할 때 취득세, 법무사 비용, 중개 수수료 등 소소한 비용이 많이 든다. 여러 채를 보유할 때 세금 문제가 대두되고, 종합부동산세의 대상이 될 수가 있다. 투자란 항상 위험이 따른다는 것을 명심하고 자신이 감당할 수 있는 범위에서 해야 한다.

 사례로 보는 상식 TIP

P 씨의 갭투자 성공 사례

P 씨가 낙찰받은 물건은 부천시 중동에 위치한 한 아파트이다. 부천 시청 근처에 위치한 그 아파트는 부천시청역까지 도보로 5분 거리인 초역세권이었으며, 도보 5분 거리에는 각종 생활편의시설이 잘 갖추어져 있었다. 당시 감정가는 4억 3,000만 원이었고, 실거래가 시세는 4억 1,000만 원이었다. 그 입찰 물건은 감정가 대비 시세가 약한 편이었지만, 시세가 감정가까지 회복할 수 있는 충분한 이유와 메리트가 있었다. 바로 그 단지 내에서도 가장 선호하는 '동'과 '호'였으며, 전망이 다른 라인에 비해 월등히 좋았다. P 씨는 3억 6,700만 원에 낙찰을 받았고, 이는 실거래가 시세보다 4,300만 원 정도 싼 금액이었다. 그는 은행 대출을 받아 소유권을 이전한 후 새로운 전세 세입자에게 3억 5,000만 원에 임차를 주었고, 실투자 비용 1,700만 원을 들여 아파트를 샀다. 현재 그 아파트의 시세는 4억 원이 넘어갔고, 발품을 판 그의 노력이 결국 결실을 보았다. P 씨는 갭투자를 단순하게 생각하면 결코 수익을 볼 수 없음을 강조하며, 발품과 노력이 중요하다고 이야기한다.

리모델링으로
주택 부가가치 높이기

Q 단독주택을 소유한 60대입니다. 신축 아파트를 보면 노후 된 단독주택을 팔고 아파트를 구하고자 하는 마음이 생깁니다. 그런데 이런 단독주택도 리모델링해서 쾌적한 공간으로 바꾸면 어떨까 하는 생각을 하게 되었습니다. 단독주택을 리모델링하면 주택의 부가가치가 높아질까요?

A 자동차는 시기에 따른 적절한 관리가 무엇보다 중요합니다. 세차부터 시작해 엔진오일이나 브레이크 라이닝 등 소모품은 차계부를 써서 적절할 때 갈아주어야 합니다. 그러면 수명도 길어지고, 차의 외관만 잘 관리하면 오랫동안 새 차처럼 타고 다닐 수 있습니다.

부동산도 마찬가지이지요. 몇십 년 쓰고도 여전히 새집 같은 집이 있고, 지어진 지 10년도 안 되었는데 아주 낡아 보이는 집이 있습니다. 부동산도 사람이 관리하기 나름입니다. 주택의 곳곳이 낡아서 보기가 흉하거나 설비가 오래되어 불편하거나, 외관의 스타일이 촌스러워 바꾸고 싶거나, 공간이 좁아서 넓히고 싶을 때 주택을 전혀 새로운 스타일로 고치는 것을 한마디로 리모델링이라고 합니다.

미래를 내다보는 리모델링이 필요

리모델링을 할 때는 명심해야 할 부분이 있다. 당장 현재에 필요한 부분만 생각지 말고, 미래를 생각하라는 것이다. 사실 주택은 자주 리모델링하기 쉽지 않다. 부동산 리모델링은 적지 않은 비용과 시간, 정성을 들여야 한다. 그러니 적어도 5년, 10년 혹은 그 이상까지 내다보고 계획을 세우자. 주택 리모델링은 일단 주택을 사용하는 사람의 입장에서 불편한 점을 해소하려는 시도에서 출발한다.

리모델링은 손상된 부분만 수선하는 방법, 건축물의 내·외부를 고치는 방법, 증·개축을 통해 건물을 전반적으로 고치는 방법 등이 있다. 리모델링할 때 건축법은 건물이 지어진 당시의 기준이 적용된다. 그러니 신축하는 것보다 리모델링하는 것이 효율적이고 자유로운 공간 구성을 할 수 있다. 단, 건물의 면적을 늘리는 증축을 하면 증가한 면적에 대해서는 현행 건축법을 따라야 한다.

리모델링을 시작한다면, 먼저 건물의 안전에 무리가 없는지를 체크해야 한다. 안전진단을 받는다면 더욱 확실한 방법이다. 본격적인 리모델링 계획에 들어서면, 우선 보수해야 할 부분이 어딘지, 어떤 부분을 어떻게 고치고 싶은지를 항목별로 정리한다. 필요하다면 전문가를 찾아 상담을 받아야 한다. 또한, 리모델링 실행에 앞서 건물의 신축 당시의 도면을 찾아봐야 하는데 없다면 실측을 통해 다시 그려야 한다.

공사에 들어가기 전에 주의해야 할 것이 있다. 아무리 사소한 공사라도 소음, 먼지가 일어나고 차량의 출입이 늘어 이웃에 폐를 끼치기 마련이다. 사전에 인사차 이웃집들을 방문해 양해를 얻어 두자. 약간은 귀찮은 것 같지만 작은 것에서 이웃과의 우호가 유지되는 법이다.

요즘 생활 패턴을 보면 과거와 매우 다르다. 방의 쓰임새도 마찬가지이다. 맞벌이 가구가 늘면서 안방은 주로 침실의 기능을 한다. 반면, 식탁에서 밥을 먹는 입식 생활이 보편화되었고, 잠자리도 이불보다는 침대를 선호한다. 작은 방은 옷 방으로 만들어 옷을 수납해 장롱이 점점 줄어들고 있다. 안방 역시 활동량이 많은 아이에게 내주는 경우도 많다.

리모델링할 때 집의 기본적인 색채도 중요하다. 벽지, 바닥, 가구, 문, 조명에 이르기까지 전체적인 색채의 조화에 무리가 없어야 공간이 편안하다. 특히, 좁은 집이라면 이것저것 여러 색채로 꾸미는 것은 좋지 않다. 가장 좋아하는 한 가지 톤을 선택해 단순하게 꾸미는 것이 좋다. 유행에 따르더라도 집안의 한두 곳 정도는 자신의 취미나 관심거리를 염두에 둔 공간으로 꾸민다면 더욱 만족스러운 리모델링이 될 것이다.

20년 된 단독주택을 리모델링한 F 씨

경기 구리시에 위치한 F 씨의 집은 지은 지 20년이 더 된 집이었다. 오래된 집들이 의례 그렇듯, F 씨의 집도 설비가 노후 되고 공간도 불편해 대대적인 손질이 필요했다. 그런데 F 씨는 '집은 비만 안 새면 된다'라는 지론을 갖고 있어 자식들이 리모델링을 권유해도 듣지 않고 고집을 이어갔다.

그런데 어느 해 폭우가 쏟아져 집 안방에 비가 새서 큰 고생을 했다. 그 후 F 씨의 마음이 변했다. 일단 지붕부터 개조하면서 기본적인 비와 바람의 피해를 없애는 기초 공사를 시작했다. 또한, 기존의 거실은 천장, 벽면이 모두 짙은 색상의 나무로 꾸며져 분위기가 칙칙했는데, 이 나무를 모두 떼어내고 아이보리색 실크 벽지로 마무리해서 은은한 분위기로 바꾸었다. 창문은 넓게 내주면서 틀을 격자로 처리해 신선하게 느껴지도록 했다.

오래된 단독주택들이 그러하듯 F 씨의 집도 단열 상태가 좋지 않았다. 이를 난방과 배관 설비를 교체하고, 단열재와 이중창을 설치하는 등 단열 보강으로 말끔하게 해결했다.

F 씨가 고집을 꺾고 리모델링한 이후 집이 쾌적해지자, 손자들이 더 좋아하며 자연스레 아들과 딸의 집 방문도 늘어 F 씨는 여러모로 만족도가 높다. 물론, 부동산 가치는 당연히 높아졌다.

자신의 집을
짓는다는 것

Q 아파트에 사는 40대입니다. 그런데 도심의 아파트가 가끔 답답하게 느껴지곤 합니다. 좀 더 여유로운 공간의 개성 있는 주택에서 살고 싶은 생각이 들 때가 있는데요. 집을 직접 건축한다는 것이 어떤 의미인지, 어떤 방법이 있는지 궁금합니다.

A 유럽 여행을 하다 보면 건축의 묘미를 느낄 때가 있습니다. 이탈리아의 로마나 피렌체를 갔을 때 건축 양식을 보며 감탄한 적이 있습니다. 그런 주택을 한번 건축해 보는 것도 의미가 있다고 생각합니다. 다만 직접 건축주가 된다는 일이 그리 녹록하지는 않습니다. 건축의 개념부터 잡아나가야 합니다.

원하는 주택 방향 제시

집을 짓기 위해서는 집을 지을 부지가 중요하지만, 많은 사람이 무엇을 어떻게 지을지 정한 바도 없이 땅부터 매입하는 경우가 있다. 땅을 매입한 후에는 자신이 원하는 주택을 짓는 일이 일부 지역에서는 절대로 불가능한 곳도 있다. 집을 짓고 싶다면 돈이 있다고 땅을 우선하여 찾아다닐 게 아니라 건축 전문가에게 도움을 구해야 한다. 땅의 속성뿐만 아니라 사전에 건물까지 이해하고 있는 건축사의 도움을 받을 수 있다면, 더 큰 힘이 될 것이다.

땅을 사고자 하는 것에 목적이 있다면 목적을 이룰 수 있는 땅을 사야 한다. 지금은 위치와 면적만 있으면 그곳에 자신이 짓고 싶은 건물을 지을 수 있는 시대가 아니다. 아무리 자신이 보기에 적당한 면적에 적당한 위치인 땅이더라도 건물의 용도와 면적이 제한되어 있으므로 기본적인 사항이 표시된 토지이용계획 확인원을 반드시 확인하고 전문가를 통해 원하는 건물 건축이 가능한지 검토해야 한다. 최소한 부동산 거래 시 중개사무소나 해당 매도인에게 확답을 받는 것도 하나의 방법이다.

한편, 무리한 자금 계획은 비정상적인 시공자를 선정하거나 과도한 공사비 조정을 하게 돼 건축물에 하자나 분쟁을 일으키는 중요한 요인이다. 예상했던 비용보다 지출이 많아지거나 준비된 비용으로는 원하는 것을 만들 수 없는 상황이 되면 조금씩 무리수를 쓰게 된다. 말로는 '시공사가 다 알아서 하겠지요.'라고 하면서 시공사의 비용 중에 과도한 내용에 대해 공사가 진행되는 중에 시시비비를 가리고자 한다면, 건축주 스스로 돈으로 인해 자기가 무너진 꼴이 된다.

반대로 무리하게 적은 금액으로 시공사와 계약하는 경우가 있다. 시공사 중에 초기에는 적은 비용으로 전체 공사를 계약하고, 공사가 진행되면서 품질의 정도와 설계 변경으로 공사비 증액을 요구한다. 설계도면과 계약서가 시공사를 제어하지 못할 때 비전문가인 건축주를 궁지로 몰아서 공사비 증액을 유도하고 그로 인해 건축주는 자금난에 허덕이게 된다.

흔히 좋은 설계는 건축사와 만나는 시간에 비례한다는 이야기가 있다. 건축사와의 한두 번의 만남으로 자신의 생각이 다 전달될 수 없으니 여러 번의 미팅으로 평면과 형태와 색상 등 다양한 자기 이미지를 드러내고 선택의 과정을 충분히 거쳐야 한다.

시공의 기준은 설계 도면이다. 그래서 시공사가 현장에서 선택 사항이 많을 때는 가능한 한 도면에 자세한 내용이 들어가야 한다. 때에 따라서는 그려진 도면도 무리수를 둬서 변경하기도 하는데, 요구사항이 단순한 도면에서는 시공사의 이익이 어느 정도인지 알기 힘들다. 그러나 시공 기준을 설계도면으로 삼으면 도면에서 지시된 대로 건물을 짓게 된다. 그래서 설계도면에 공을 들여야 한다.

 알아두면 좋은 부동산 TIP

총액 공사비에 주의하자

건축주와 시공자가 확인 가능한 근거가 되는 명세서로 공사비의 기준을 세워야 한다. 공사비는 '3.3㎡ 공사비'라는 표현으로 일반화되어 있지만, 늘 총액 공사비로 공사비의 많고 적음을 비교해야 한다.

가령 330㎡ 대지에 660㎡ 다세대 주택을 신축하고자 할 때, 시공자가 제시하는 저렴한 평당가를 접할 때를 가정해 보자. 건축 허가를 준비하다

보면, 건축물대장에 표기되는 면적인 전체 연면적 660㎡이라는 숫자와 서비스면적인 발코니, 필로티 그리고 다락을 포함한 942㎡이라는 숫자와 마주하게 될 수 있다. 공사비를 측정할 때 기준이 되는 면적을 보통은 660㎡라고 생각한다. 하지만 공사비 계산은 실재를 원칙으로 하니 942㎡ 정도를 개발 면적이라 본다. 3.3㎡ 330만 원으로 소개받았다고 하더라도 전체 공사비는 기본 면적으로 계산한 6.6억 원이 아닌, 다락을 포함한 9.4억 원으로 봐야 한다. 660㎡ 계산대로라면 다락 공사를 포함해서 3.3㎡당 470만 원에 공사하는 것이다. 이처럼 공사면적을 정확히 알지 못하면, 처음 예상한 공사비보다 훨씬 많은 공사비가 나온 견적서를 받게 된다.

세입자와 집주인의
집수리 책임

Q 수도권에 있는 아파트에 살다가 지방으로 발령이 나서 살던
집을 5,000만 원 보증금에 월 60만 원의 월세로 전환했습니다.
1년 정도는 괜찮았는데, 세입자가 사사건건 수리를 요구해 고민에 빠졌습
니다. 월세 세입자의 요구는 무조건 다 들어줘야 하나요?

A 살다 보면 반드시 마주하게 되는 게 '집수리'입니다. 보일
러가 고장 날 때는 누가 고쳐야 할까요? 만약 샤워기가 제
대로 안 나올 때는 누가 수리해야 할까요? 전세는 세입자가 하고, 월
세는 집주인이 수리해 준다는 이야기는 과연 맞는 말일까요?

결론부터 말하자면 '그때그때' 다릅니다. 주요 설비에 대한 노후나
불량으로 인한 수선과 기본적인 설비 교체, 천장 누수, 보일러 하자,
수도관 누수, 계량기 고장, 창문 파손, 전기시설 하자 등은 월세와 전
세 상관없이 모두 '집주인'에게 수리 의무가 있습니다. 그러나 세입자
의 고의나 과실로 인한 파손과 간단한 수선, 소모품 교체, 사는 데 지

장 없는 수리 등은 세입자(월세·전세)가 부담해야 합니다.

민법 623조 '임대인의 의무' 조항

민법 623조 '임대인의 의무'에 따르면 임대인은 목적물을 임차인에게 인도하고 계약 존속 중 그 이용, 수익에 필요한 상태를 유지할 의무를 부담한다. 세입자도 민법 374조에 따라 임차한 물건을 선량한 관리자의 주의로 보존해야 하며, 민법 615조에 따라 원상회복해야 할 의무가 있기 때문이다.

그런데 세입자의 모든 요구를 들어줘야 할까? 만약 거실의 형광등이 나갔다면 누가 고쳐 주어야 할까? 형광등과 같은 일상적인 소모품 고장은 중대한 결함이라 보지 않기 때문에 세입자가 직접 고친다. 마찬가지로 수도꼭지, 화장실 변기 등도 세입자가 알아서 고쳐야 한다. 집주인과 세입자의 비용 부담에 대한 기준을 논한 대법원 판례를 보면 알 수 있다.

"임대인의 수선 의무를 발생시키는 사용·수익의 방해에 해당하는지 여부는 구체적인 사안에 따라 목적물의 종류 및 용도, 파손 또는 장해의 규모와 부위, 이로 인하여 목적물의 사용·수익에 미치는 영향의 정도, 그 수선이 용이한지 여부와 이에 드는 비용, 임대차 계약 당시 목적물의 상태와 차임의 액수 등 제반 사정을 참작하여 사회 통념에 의하여 판단하여야 할 것"(대법원 2011다107405 판결)

결론적으로, 구조적인 결함이나 큰 수리는 집주인이, 형광등 같은 소모품 등은 그때그때 세입자가 교체하는 것이 맞다.

 사례로 보는 상식 TIP

세입자가 수리를 거부한 사연

K 씨는 1년 전부터 전세로 사는 아파트 천장에서 물이 새고 있다. 원인은 윗집의 누수 때문이다. 윗집도 세를 얻어 살고 있어 주인과 연락했다. 주인은 수리 비용에 대해 자기가 부담하겠다며 수리한 후 청구하라고 했다.

그런데 세입자는 바쁘다며 수리를 거부하고 있다. 이때부터 K 씨의 고민이 시작됐다. 그는 원칙적으로 집주인이 수선 의무를 부담해야 한다고 본다. 그러니 집주인이 윗집 주인과 해결을 해야 할 문제이다. 하지만 현실적으로는 세입자들 간에 해결할 수밖에 없는 문제가 되었다. 결국, K 씨는 윗집 세입자에게 세입자 및 집주인에게 수선을 촉구하는 내용증명을 발송했다. 그러자 윗집 집주인이 나서서 결국 문제가 해결됐다.

5장

안정적으로 수익을 높이는

비주택 부동산
투자를 위한 상식

부동산은 주택만 있는 것이 아닙니다. 비주택 부동산도 다양하게 존재합니다. 비주택은 세금과 수익성 등에서 주택과 차이가 납니다. 비주택인 수익형 부동산의 상가나 오피스텔 등에서 주택과는 다른 접근법이 필요하지요.

이번 장에서는 오피스텔, 지식산업센터, 게스트하우스, 펜션 사업, 레지던스 투자, 토지 투자, 부동산 리츠 등 다양한 비주택 부동산에 관해서 다루었습니다.

수익형 부동산의 꽃인
상가를 노려라

Q   은퇴를 앞두고 상가 구입을 고민하고 있습니다. 요즘 은행 금리도 낮아 안정적인 수입을 상가로 대체하려고 하는데 상가 수익률에 대한 다양한 의견이 있어서 결정하기가 힘드네요. 상가에 관해 궁금한 점이 많습니다.

A   은퇴 설계를 앞둔 사람들에게 '수익형 부동산'은 매우 중요한 부분입니다. 이 영역에서 빼놓을 수 없는 것이 상가입니다. 은퇴 설계에서 상가 투자만 한 대안은 없다고 봅니다. 그런데 '수익형 부동산'의 꽃이라 할 수 있는 상가는 그리 만만한 부동산 투자 분야가 아닙니다. 초기 투자 비용도 많고 위험 부담도 큽니다.

기존 상가와 분양 상가로 나뉘는 상가

상가는 먼저 기존 상가와 분양 상가로 구분한다. 기존 상가는 권리금이 따라온다. A라는 하나의 상가에서 1년 수익이 모든 비용을 제하고 2,000만 원이 나온다고 가정해 보자. 그렇다면 A 상가의 권리금은 약 2,000만 원이 된다. 만약 권리금이 형성되지 않는 상가라면 그 상가의 가치는 떨어진다고 본다. 권리금도 세분화하면 크게 세 가지로 구분된다.

만일 위치가 좋아 온종일 지나다니는 사람이 많고 독점적으로 장사할 수 있는 곳에는 바닥 권리금을 줘야 한다. 또 장사가 잘되어 매월 일정한 수입이 들어오는 업종을 그대로 인수하여 장사하려는 사람은 영업 권리금을 줘야 한다. 이외에도 현재 하는 업종과 동일한 장사를 하는 경우 세입자가 사용하던 시설을 그대로 인수하여 사용하는 경우가 있는데, 이를 시설 권리금이라 한다. 권리금은 임차인과 새로 들어올 임차인과의 관계에서 발생한다.

신도시에 새로운 아파트가 들어서면 그 주위로 학원, 약국, 병원, 편의점 등 기본적인 실생활과 밀접한 상가가 들어서기 마련이다. 분양 상가는 권리금이 없지만, 그만큼 아직 검증되지 않은 상가라는 사실을 명심해야 한다.

상가는 상권이란 숲을 살펴야 하고, 개개의 상가라는 나무의 영역을 들여다볼 필요가 있다. 그만큼 상권商圈이 중요하다. 상권은 '상업상의 세력이 미치는 범위'를 말한다. '상권이 잘 형성되어 있다'고 하면 사람이 많이 몰리는 지역이어서 상가가 많이 들어와 있고 장사도 잘되는 것을 뜻한다. 서울 7대 상권은 명동, 홍대, 강남역, 대학로, 신림, 건대입구, 신촌·이대 등으로 주말은 물론 주중에도 사람들로 북적인다.

상권은 변화무쌍하기 때문에 늘 변수가 생기게 마련이다. 서울 신촌에는 차 없는 거리가 생겼다. 이는 신촌 지역 내 개별 상가에 큰 영향을 미친다. 30억 원 나가는 상가가 20억 원으로 떨어질 수도 있고, 반대로 10억 원 나가던 건물이 훨씬 높은 부동산 가격을 형성할 수도 있다.

KTX가 신설되면서 상권에도 많은 변화가 생겼다. 이제는 KTX를 타고 부산에 사는 젊은 여성이 서울 강남에 와서 치과 치료를 받고 다시 부산에 내려가는 풍경도 낯설지 않다. 상권은 교통, 학교 등 다양한 변수를 품고 있기 때문에 상가 투자는 항상 어려운 분야이다.

상권도 중요하지만, 개개의 상가가 튼실해야 임대 수익이 확실히 보장된다. 더욱이 저금리의 영향으로 상가가 과잉 공급 논란이 될 정도로 많아졌기 때문에 옥석을 가려야 한다. 투자의 최우선 순위는 평지의 1층 상가라고 본다. 상가 시장에서는 1층과 나머지 층과의 임대료 차이가 갈수록 벌어지고 있다. 최근 불황이 심해지면서 근린상가 2~4층은 세입자를 구하지 못하여 임대인이 관리비까지 무는 경우가 많다. 반면, 1층은 세입자를 구하기가 그다지 어렵지 않다. 만약 점포가 안 나가면 조금 싸게 내놓으면 된다.

 알아두면 좋은 부동산 TIP ──────

테마 상가와 전용률이 낮은 상가는 피하자

테마 상가는 보통 과잉 공급이다. 일부 테마 쇼핑몰은 공사가 완공되었지만, 세입자를 찾지 못해 텅텅 비어 있는 곳이 많다. 테마 쇼핑몰은 이미 구조 조정이 한참 지났다. 쇼핑몰 내 천막 상가 등도 임차인의 기본 매출이 매우 떨어지는 편이다.

현실이 이런 데도 시내 거리를 다니다 보면 '3,000만 원 투자에 월 100만 원 임대 수익 보장', '수익률 12% 보장' 등의 현수막을 걸어 놓고 투자자를 모집하는 경우가 있다. 이런 것은 허위와 과대광고일 가능성이 크다. 일정 기간 수익률을 확정, 보장하는 상품들도 그 기간이 끝나면 각종 지출 비용(재산세, 대출이자, 중개 수수료)을 제외하면 남는 돈이 없거나 오히려 손해를 보는 이른바 '깡통 상가'도 속출하는 경우가 있으니 조심해야 한다.

전용률도 상가 투자 시 고려 대상이다. 상가 건축을 살펴보면 상가를 이용하는 사람들이 적은 상가인데도 불필요하게 상가 내부에 규모가 큰 에스컬레이터를 설치해 전용면적만 작게 만들고 상가 활성화에 오히려 방해되는 경우가 있다. 이렇듯 분양 상가는 공유면적이 크고 전용률이 낮은 상가도 많기 때문에 반드시 매입 전에 전용률을 확인해야 한다.

별도의 프리미엄
상가 권리금

Q 상가를 운영하는 임차인입니다. 분양했을 때부터 있었는데, 주인이 상가를 매매해 새 주인이 오자 상가 임대료 문제로 약간 대립하고 있습니다. 상가 권리금을 주장할 수는 없는지 궁금합니다.

A 상가에 있어 권리금이란 상가를 매입하거나 임대할 때 보증금과 임대료 이외에 따로 붙는 웃돈, 즉 프리미엄을 말합니다. 이러한 권리금은 기존 상가가 보유하고 있는 영업 시설이나 비품 등의 유형자산과 인지도, 단골, 영업노하우, 상권, 입지 등의 무형 자산들을 합쳐서 산정합니다.

상가 권리금의 세 가지 종류

상가 권리금은 크게 바닥 권리금과 시설 권리금, 영업 권리금 등 총 3가지로 구분된다. 바닥 권리금은 상가의 입지와 상권 등 장소적 이

점을 보상해 주는 돈이다. 보통 유동 인구가 많은 대학가나 역세권에 위치한 가게일수록 목 좋은 상권을 갖추고 있기 때문에 바닥 권리금이 높게 형성된다.

시설 권리금은 영업 시설이나 비품, 내부 인테리어 등 유형 자산에 지불하는 대가를 말한다. 기존 상가를 사용하고 있는 업자가 쓰던 시설이나 비품, 간판, 내부 인테리어 등을 그대로 양도받을 때 감가상각 (보통 1년 단위로 20~30% 수준으로 감가)을 고려해 협의한 금액을 지불하면 된다.

영업 권리금은 해당 상가에서 사업을 하면서 쌓은 인지도나 단골손님, 영업 노하우, 신용 등 사업이나 장사가 잘되는 것에 대한 가치를 금액으로 환산한 돈을 말한다. 보통 매장의 1년간 평균 매출 순수익을 기준으로 한다. 예를 들어, 한 달 평균 순수익이 300만 원이라면 영업 권리금은 300만 원×12개월=3,600만 원이 된다. 그러나 매출 장부를 속이는 일도 더러 있기 때문에 인수하기 전 실제 이 정도의 순수익이 벌리고 있는지 소비자 동향을 꼭 확인하는 것이 중요하다.

보통 권리금 회수는 기존 세입자가 권리금을 받기로 한 신규 세입자를 건물주에게 소개하는 방식으로 진행이 되는데, 건물주가 소개한 신규 세입자와 계약을 하지 않겠다고 거절하거나 계약 조건 등을 제대로 알려 주지 않고 명도만을 요구하는 경우 분쟁이 발생할 수 있다. 또한, 건물주가 권리금을 직접 요구하는 경우에도 마찬가지이다.

과거에는 임차인의 권리금을 법적으로 보호받지 못했다. 하지만 2015년 관련 법을 개정하는 등 임차인의 권리금 보호가 점차 강화되기 시작했다. 당시 신설된 '임대인의 권리금 회수 방해 금지 의무'에 관한 조항들이 그것이다.

임대인이 신규 임차인에게 권리금을 요구하거나 현 임차인이 주선한 신규 임차인이 현 임차인에게 권리금을 지급하지 못 하게 하는 행위, 또한 현 임차인이 주선한 신규 임차인에게 높은 보증금과 월세를 요구해 임대차 계약이 성사되지 않게 하는 행위 등에 대해 임차인은 임대인에게 손해 배상을 청구할 수 있게 됐다. 하지만 시장에서는 여전히 권리금 보호를 제대로 받지 못 하는 일들이 발생하고 있다.

이에 상가 임차인의 영업권 보장을 대폭 강화한 상가건물 임대차보호법 개정안이 드디어 국회 본회의를 통과했다. 개정안에 따르면 임차인이 임대료 과다 인상, 계약 일방 해지 등 위험에서 벗어날 수 있도록 계약갱신청구권 행사 기간이 5년에서 10년으로 연장됐다.

이는 임대인이 10년간 정당한 이유 없이 임차인의 재계약 요구를 거절할 수 없다는 것이다.

또한, 임차인의 권리금 회수 보호기간도 계약 종료 3개월에서 6개월로 확대됐다. 세입자들이 권리금을 회수할 수 있는 시간을 좀 더 벌게 된 것이다. 대신 임대인에게도 5년 이상 장기 임차하는 임대사업자에게 소득세 및 법인세 5%를 깎아 주는 '조세특례제한법'도 함께 처리됐다. 상가 건물의 안정적인 임대 조성에 기여한 임대인에게 세제 혜택을 준다는 것이다. 받는 사람 입장에서는 더 받고 싶고, 주는 사람 입장에서는 적게 주고 싶은 게 권리금이다.

통상 권리금이 높은 곳은 그만큼 운영이 잘 되는 곳으로 볼 수 있지만, 이런저런 이유로 권리금을 과도하게 요구하는 이들도 많다. 그러니 권리금이 많다고 해서 무조건 좋은 상가로 보는 것도 무리가 있다.

<권리금 성격에 따른 분류>

 바닥 권리금 - 점포의 위치 자체의 이점으로 발생하는 권리금으로 유동 인구의 밀집, 역세권 등 영업에 유리한 상권의 형성으로 인해 발생하는 권리금이다.

 영업 권리금 - 기존의 거래처, 고객의 인수, 영업 노하우의 이전, 기존 영업의 신용 등으로 발생하는 권리금이다.

 시설 권리금 - 기존 상가 점포에 설치되어 있는 인테리어나 비품을 인수하면서 발생하는 권리금이다.

권리금이 없어 저렴하다고 해서 덜컥 계약하면 영업이 잘 안 되어 폐업하는 경우도 많다. 매출 동향, 소비자 동향 등 현장, 주변 상권 등을 여러 차례 다녀보며 직접 파악해야 한다. 또한, 상가 주인으로서 상가를 임대할 경우 임차인의 영업 권리, 권리금에 대한 권리를 인정해 주는 것도 필요하다.

 사례로 보는 상식 TIP ——————————

아직 틈새가 많은 상가 권리금

서울 마포구 연남동에서 카페를 운영하는 K 씨는 3년 전 보증금 3,000만 원에 월세 100만 원짜리 상가를 얻어 지금의 카페를 열었다. 기존 임차인에게 4,000만 원의 권리금까지 줬다. 권리금을 거뜬히 부담하면서도 이 가게를 얻었던 데는 이유가 있다. 당시 임대차 계약을 맺었던 건물주가 맘씨 좋은 할머니이기 때문이다. 할머니는 '향후 10년 정도는 건물을 재건축할 생각도, 임대료를 마구 올릴 생각도 없다.'라고 했다. 할머니의 인상도 푸근했고, 주변의 평판도 좋았다.

문제는 2년 후 할머니가 교통사고로 갑자기 사망하면서 발생했다. 그 자녀들은 건물을 다른 사람에게 팔아 버렸고, 새 건물주가 나타났다. 그는 K 씨에게 '건물을 재건축할 테니 법이 허용하는 5년 이후에는 가게를 비워 달라.'라고 통보했다. 자, 이럴 때 법으로만 보면 K 씨는 가게를 다른 임차인에게 넘겨 권리금을 회수할 수 있다. 하지만 현실적으로 보면 권리금을 회수하기는 힘들다. K 씨는 새 임차인이 될 사람에게 재건축 계획을 말할 수밖에 없기 때문이다. 이처럼 아직 법의 테두리 안에서 권리금 영역이 모두 보장받을 수 있다고 보기는 힘들다.

부동산 투자 초보자에게
적합한 오피스텔 임대

Q 처형이 인천 청라 지역에 있는 오피스텔에 투자하려고 합니다. 임대 수요가 있고, 지역에 호재가 많다고 하는데, 아무래도 오피스텔 투자는 좀 아닌 것 같습니다. 오피스텔 투자에 대해 좀 더 자세히 알고 싶습니다.

A 오피스텔은 행복한 노후 생활에서 빼놓을 수 없는 부동산 투자 방법입니다. 특히, 수익형 부동산 투자를 막 시작하는 부동산 초보자에게 오피스텔은 초기 투자 규모가 그리 크지 않은 편이라 부담이 적습니다. 또한, 오피스텔 세입자는 전문직 종사자나 고소득자가 많아서 월세를 밀리는 경우가 다른 수익형 부동산보다 드물지요. 가격과 관리 면에서 오피스텔은 수익형 부동산으로 적합하다고 볼 수 있습니다.

오피스텔은 시장 여건과 정부의 부동산 정책에 따라 수급과 가격이 민감하게 변화해 왔습니다. 1980년대 후반에 신종 부동산 투자 상품으로 인기가 높았지만, 1990년대에는 신도시의 주택 공급 확대와 부동산 시장 불황으로 침체기도 겪었습니다. 오피스텔은 오랜 기간, 현재에도 여전히 한국인들에게 인기 높은 수익형 부동산 투자 부분입니다.

가격이 싼 오피스텔을 구하자

오피스텔은 값이 잘 오르지 않는 경향을 보이기 때문에 매물을 잘 골라야 한다. 오피스텔은 미분양 땡처리나 법원 경매, 교환 시장을 이용하면 시세의 절반 가격으로 매입할 수 있다. 오피스텔은 아파트나 주택과 비교해 비교적 인기가 낮아 입찰 참가자들의 경쟁률이 낮다. 조급하게 서두르지 않는다면 주변 시세보다 30~50% 싸게 매입할 수 있다. 오피스텔 경매는 보통 권리관계가 그리 복잡하지 않다.

오피스텔을 분양받거나 매입할 때는 세금을 잘 파악해야 한다. 오피스텔은 업무용과 주거용으로 임대할 수 있는데, 주거용 오피스텔은 1가구 2주택에 해당한다. 이런 조건이라면 취득세부터 종합부동산세까지 다양한 세금이 부과된다. 이때 세금을 막는 방법은 오피스텔을 업무용으로 등록하는 것이다. 상업 지구에 있는 오피스텔은 업무용으로 임대하면 1가구 2주택에 해당하지 않는다. 주거용 오피스텔은 주택임대사업자로 등록하면 세금을 내지 않거나 내더라도 할인을 받을 수 있다.

기본적으로 오피스텔은 건축법상 업무 시설에 해당한다. 그런데 최근 주거용으로도 사용할 수 있도록 설계되면서 양도세 규정이 제법 복잡해졌다. 오피스텔을 분양받으면 상가처럼 부가세를 부담해야 한다. 그런데 분양받은 사람이 일반 과세자로 등록하고 부가세 환급 신고를 하면 납부한 부가세를 돌려받을 수 있다. 반면, 임대사업자등록을 하지 않거나 간이과세자로 사업자등록을 하면 환급받지 못한다.

오피스텔을 사무실용으로 임대하면 세금계산서를 발부하고 6개월 단위로 부가세를, 1년 단위로 종합소득세를 신고해야 한다. 그런데 임대 오피스텔을 거주용으로 사용하면 부가세가 면세된다. 주택임대사업자로 등록하면 주거용 오피스텔은 큰 수혜를 볼 수 있다. 소득세, 법인세 혜택을 주기로 했기 때문인데, 이는 자금 조달 면에서 큰 장점이다.

다른 부동산 상품도 그렇지만 오피스텔 역시 입지가 매우 중요하다. 도심 및 역세권과 업무 지구 주변, 대학가 등 배후 수요가 탄탄한 곳은 안정적인 월세 수입과 함께 공실의 위험이 없다.

이를 위해 반드시 현장에 나가 월세 수준을 확인하고 투자 수익률을 분석해 보는 것이 좋다. 수익률을 따질 때도 초기 매입 자금뿐만 아니라 관리 비용, 세금 부담, 감가상각 등 추가로 소요될 제반 비용도 꼼꼼하게 짚어봐야 한다. 주변 오피스텔과 비교해 관리비가 비싸지 않은 곳이 향후 임대 관리 시에도 유리하다.

오피스텔은 일반적으로 전용률이 50%가 약간 넘는 수준인데, 최근 공급되는 몇몇 오피스텔은 전용률이 40% 안팎인 경우도 있다. 오피스텔은 전용률이 55% 이상이면 괜찮다고 볼 수 있다.

무엇보다도 최근 오피스텔이 대량 공급된 지역은 피해야 한다. 일시적인 공급 증가로 인해 임차인 확보가 힘들어질 수 있고, 임대료 또한 단기간 떨어질 가능성이 크기 때문이다.

 사례로 보는 상식 TIP ─────────────────

오피스텔 투자법

오피스텔은 입지, 면적이 분양가에 대비해 적정한 것을 찾아야 한다. 위치는 1차 역세권에서 도보 5분 거리, 독립 세대는 전용 19~23㎡가 좋다. 시장의 임대 수요가 인위적이지 않은 것을 찾아야 한다. 대학교, 대기업, 중소기업 등이 골고루 산재되어 있는 곳은 자연발생적인 곳이다. 만족할 만한 수익률과 매매 시 차익 실현이 가능한 매물을 찾아야 한다. 또한, 가격이 저렴할수록 수익률이 높아지고, 매매 차익이 가능하다.

안정적인 수익을 내는
지식산업센터

Q 친척이 과거 아파트형 공장이라고 불렸던 지식산업센터를 분양받았는데, 최근 만나 보니 본인의 사무실로 쓰면서 부동산 가격도 올랐다는 이야기를 들었습니다. 왠지 관심이 가더군요. 지식산업센터를 장만해 보려 하는데, 수익형 부동산으로 어느 정도 가치가 있는지 궁금합니다.

A 지식산업센터가 꾸준하게 인기를 끌면서 사업장으로 선택하는 중·소기업들이 크게 늘고 있습니다. 1990년대 초반에는 아파트형 공장이란 이름으로 구로·가산, 영등포, 강서, 성수동 등에 지어졌는데, 최근에는 공장이라는 인식이 사라지고 몇 년 새 주변 개발에 교통이 개선되면서 의왕, 안양, 군포 등 수도권 서남권에서 수도권 전반으로 공급이 확대되고 있습니다.

수익형 부동산 중 저렴한 편인 지식산업센터

지식산업센터는 법인들이 장기 임차를 선호하는 만큼 수익형 부동산에 비해 안정적인 임대 수입을 올릴 수 있다. 오피스텔이나 상가는 임차인이 개인일 경우가 많다. 만일 골치 아픈 임차인을 만나면, 임대료 수익 면에서 걱정스러운 면이 있다. 하지만 지식산업센터는 기업을 임차인으로 두고 있어서 보다 안정적인 임대료를 확보할 수 있다.

지식산업센터는 관리 면에서도 장점이 있다. 화장실은 공용으로 사용하고, 산업용 전기, 수도 등 모든 임차인의 사용 구역이 대규모라서 일일이 관리할 필요가 없다.

분양가 역시 다른 수익형 부동산보다 싸다. 수도권 지역의 지식산업센터는 1㎡당 400~500만 원 정도면 분양을 받을 수 있어서 적은 투자금액으로 접근해 볼 수 있다. 대출 역시 다른 부동산보다 많이 받을 수 있다는 점도 소액 투자자에게 장점이다.

지식산업센터는 입주하고 있는 기업 등이 분양을 받으면 세금 면에서 유리하다. 지식산업센터는 분양권 전매 규제, 청약통장에서 자유롭고, 입지 등에 따라 수익률이 높아 투자자들의 관심이 높다. 게다가 지식산업센터 분양자에게는 각종 금융·세제 혜택을 준다. 취득세 50% 감면, 재산세와 종합토지세는 5년간 37.5% 감면을 받을 수 있다. 또 분양 금액의 70%까지 융자지원 및 3년 거치 5년 상환의 금융 혜택도 주어진다. 건설사들도 계약 조건으로 계약금 5~10%에 중도금 무이자, 잔금 60% 등 아파트나 오피스텔에 비해 완화된 조건을 내세우고 있다.

지식산업센터에 투자할 때는 우선 입지 여건을 살피는 것이 무엇보다 중요하다. 대부분 지식산업센터는 교통이 좋아야 하고, 자가 운전으로 접근하기 쉽고, 입주 직원뿐만 아니라 방문객도 쉽게 찾아올 수 있는 곳이면 좋다. 임대 사업의 안정성도 고려해야 하는데, 지식산업센터는 장기 계약이 가능하다는 장점이 있으나 한 번 공실이 생기면 면적이 넓어 손실이 크다. 이에 따라 공실 위험을 낮출 수 있는 전략으로 신생 업체보다는 지난 3~5년간 매출을 꾸준히 낸 업체에 임대하는 것도 한 가지 방법이다.

여하튼 상품 특성상 다량 공급이 어렵고 환금성이 높지 않아 수익형 부동산의 주류로 간주하기 어려운 점은 명심하자.

알아두면 좋은 부동산 TIP

수익형 부동산은 투자뿐만 아니라 관리도 중요

성장하는 상권을 선택해야 한다. 지식산업센터는 얼마든지 임대료를 올릴 수 있다는 장점이 있다. 장사가 잘되고, 임차인이 상가를 서로 달라고 하니 당연히 매매 가격과 임대료가 올라간다. 또한, 구입 능력과 함께 관리 능력도 있어야 한다. 수익형 부동산을 관리하지 못하면, 고생형 부동산으로 바뀔 수 있다. 어느 빌딩 주인은 '임대료 못 내는 임차인이 가장 무섭다'라고 얘기한다. 이외에도 수익형 부동산의 건물 가격은 수익률에 따라 달라진다. 수익률을 계산할 때는 10개월을 순수 수익률로 계산하여 매물을 선택해야 한다.

세금에서 예외 없는
비주택 영역

Q 은퇴 이후 임대 수익을 위해 주택 외의 부동산을 소유해 보고
싶습니다. 관건은 세금인 것 같은데, 비주택 영역의 세금에 대해
서 깊이 있게 알고 싶습니다.

A 부동산 투자에서 상가는 임대 수익 면에서 그 가치가 높
습니다. 오피스텔 역시 역세권에 포진하면서 1인 가구와 신
혼부부를 겨냥한 편리한 시설을 자랑하며, 비주택 부동산으로 주목을
받고 있습니다. 지식산업센터는 개인사업자나 소규모 작업장이 필요
한 중소 단위 회사, 개인 투자자에게 주목받는 비주택 부동산입니다.
다만, 이러한 비주택 부동산 역시 세금 문제에 대한 각별한 이해가 수
반돼야 합니다.

비주택 세금의 변수, 부가가치세

비주택 부동산에서 일단 부가가치세를 주목해야 한다. 부가가치세는 상가나 오피스텔, 아파텔 등과 같이 사업용 부동산을 사고팔 때 내는 세금이다. 부가가치세는 상가나 오피스텔을 판 사람이 낸다. 하지만 자신의 돈으로 내는 것이 아니라 산 사람에게 돈을 달라고 해서 그 돈으로 낸다.

상가나 오피스텔을 사고팔 때 내는 부가가치세는 매매 가격에서 차지하는 건물 가격의 10%라고 생각하면 된다. 가령 상가 건물이 깔고 앉은 토지와 건물을 합한 실제 매매 가격이 9억 원이고, 그중 건물 가격이 4억 원이라면, 납부해야 하는 부가가치세는 건물 가격의 10%인 4,000만 원이 된다.

실제로 상가나 오피스텔이 거래되면, 사는 사람이나 파는 사람 그리고 중간의 중개업자 모두 이 부가가치세를 간과하고 거래하다가 나중에 뒷말이 생기는 경우가 많다. 취득한 상가의 부가가치세를 환급받기 위해서는 분양계약일로부터 20일 이내에 일반과세자로 사업자 등록 신청을 해야 건물분에 대한 부가가치세 환급을 받을 수 있다.

보통 1가구 1주택의 경우는 비과세를 적용받는다. 그런데 지하 1층과 지상 1층은 상가, 지상 2·3층은 주택인 상가주택을 양도한다면 어떻게 될까?

1가구 1주택자가 주택을 양도할 때는 양도세 비과세 혜택을 받을 수 있지만, 하나의 건물에 주택과 상가가 함께 있는 상가 겸용 주택은 자칫하면 양도세를 낼 수 있으니 꼼꼼히 알아봐야 한다.

본래 상가주택을 양도하면 주택 부분은 주택대로 (1가구 1주택이면 비과세), 상가 부분은 상가대로 양도세가 매겨진다고 보는 것이 상식이다. 그러나 세법에서는 이러한 상가주택에 대해 가급적 비과세 혜택을 더 많이 주기 위해 일정한 장치를 마련해 두고 있다.

세법상 건물의 용도별 면적이 어디가 더 넓은지를 기준으로 비과세 여부를 판단한다. 만일 건물의 주택 면적이 상가 면적보다 크다면 건물 전체를 주택으로 보아 양도세를 계산한다. 가령 주택 면적이 100㎡이고 상가 면적이 90㎡라면 주택 면적이 더 넓으므로 총 건물 면적 190㎡를 모두 주택으로 보아 비과세되는 것이다.

 알아두면 좋은 부동산 TIP ─────────────

포괄양수도 계약의 유용성

부가가치세를 환급받는 절차를 생략하려면, 포괄양수도 계약을 맺으면 된다. 이는 부가가치세가 부과되는 눈에 보이는 상가나 오피스텔만 사고파는 계약이 아니라, 건물은 물론이고 눈에 보이지 않는 임대사업까지 통째로 상대방에게 넘겨주는 계약을 말한다. 다시 말해, 매수인 입장에서는 눈에 보이는 부동산뿐만 아니라 눈에 보이지 않는 임대사업까지 넘겨받는 것이므로 부가가치세를 환급받을 수 있다.

포괄양수도 계약을 위해서는 상가나 오피스텔을 사는 사람과 파는 사람이 모두 임대사업자로 등록되어 있어야 한다. 부동산 중개업소에 '포괄양수도 계약서'가 마련되어 있으니 그것으로 상가나 오피스텔 계약을 하면 된다. 그리고 상가나 오피스텔을 산 매수인은 임대사업자 등록을 할 때 이 계약서를 세무서에 제출하면 된다.

단, 포괄양수도 계약서는 세무서에 신고하기 위해서 작성하는 것이므로, 포괄양수도 계약서와 별도로 상가나 오피스텔 매매 계약서도 반드시 작성해야 한다.

상가 세금의
핵심 파악하기

Q 상가 하나를 장만했습니다. 상가를 통한 임대사업을 처음 시작했는데, 상가를 운영하면 들어가는 세금 내용을 제대로 파악하기가 힘이 듭니다.

A 우선 상가를 매입할 때 내야 하는 취득세는 잘 알아야 합니다. 일반 상가는 취득세를 4.6%로 계산하지만, 유흥업소 등 위락시설은 최고 13.4%까지 중과세됩니다. 경매로 나왔던 상가를 재매입할 때도 취득세를 잘 따져봐야 합니다. 낙찰자는 낙찰가를 기준으로 취득세를 내지만, 이를 다시 넘겨받는 매수인은 거래가액이 시가표준액보다 낮을 경우 시가표준액으로 취득세를 계산합니다.

또한, 상가를 취득할 때는 부가가치세를 부담합니다. 상가를 보유하며 상가임대업을 하는 사업자는 해당 상가를 양도할 경우 전체 양도 금액 중 건물에 해당하는 부분에 대해서는 부가가치세를 매기고 세금계산서를 발급해야 합니다. 참고로 토지는 부가가치세 면세 대상입니다.

반면, 상가 양수자는 부가가치세법상 일반과세자 사업자등록을 한 후, 부가가치세 신고를 통해서 상가를 취득할 때 양도자에게 준 1,000만 원의 부가가치세를 과세 관청으로부터 환급받습니다.

하지만 상가 양수자가 부가가치세 신고를 하고 환급받는 시점까지는 꽤 긴 시간이 소요됩니다. 부가가치세법에는 조기환급 제도가 있어 만약 1월 중에 취득했다면, 양수인이 2월 25일까지 부가가치세 신고를 하면 신고일로부터 15일 내에 부가가치세 1,000만 원을 환급받을 수 있습니다.

조기환급 제도를 이용해도 최대한 빨리 환급을 받는 경우는 양도일로부터 40일(월말에 매입한 경우)에서 70일(월초에 매입한 경우)이라는 시간이 걸립니다. 이러한 문제를 해결하기 위해 사업포괄양수도를 활용해 부가가치세를 매기지 않는 제도가 있습니다.

상가 보유 시 알아야 할 세금

부동산 취득에 소요된 자금에 대한 출처 조사가 있다. 연령, 직업, 소득 및 재산 상태 등으로 미루어 보았을 때 해당 부동산을 자력으로 취득했다고 볼 수 없는 경우 과세 관청은 부동산 취득에 들어간 자금 출처를 조사하고, 출처를 소명하지 못한 경우 증여세를 물어야 한다.

상가 보유 시에 내야 하는 세금이 있는데, 바로 재산세와 종합부동산세이다. 재산세는 상가의 토지와 건물 부분에 부과되며, 종합부동산세는 상가 빌딩의 부속 토지에 대해서만 부과된다. 가장 대표적인 세금은 종합소득세인데, 상가 임대로 인한 부동산 임대 소득 외에 근로 소득이나 사업 소득이 있다면 다른 소득 금액을 합산한 뒤 계산된 과세표준에 따라 6~38%의 누진세율을 적용한 종합소득세를 내야 한다. 종합소득세 신고는 매년 5월 1일부터 5월 31일까지 주소지 관할 세무서에 신고, 납부해야 한다.

임대소득 금액은 월세 합계와 간주임대료를 더한 뒤 임대 관련 각종 경비를 차감한 금액이다. 상가 임대와 관련된 경비로는 세입자를 구하기 위한 중개 수수료, 상가 유지·보수 비용, 건강보험료 등이 있다.

여기서 중요한 점은 부동산 임대 소득 금액은 다른 소득이 있다면 다른 소득과 합산해 종합소득세를 신고·납부해야 한다는 것이다.

 알아두면 좋은 부동산 TIP

세금 신고하면 유리한 권리금

상가 관련 권리금은 늘 문제이다. 만일 경기가 좋지 않으면 권리금이 떨어져서 문제이고, 권리금이 많으면 세금이 많을까 걱정이다. 특히, 개인 자영업자는 지금까지 권리금을 신고하지 않는 것이 관행이었다. 그러나 임대차 분쟁으로 권리금을 보호받지 못하는 세입자들이 있으니 점차 권리금을 신고하는 것이 유리해지고 있다.

상가건물 임대차보호법에는 '권리금이란 임대차 목적물인 상가 건물에서 영업하는 자 또는 영업을 하려는 자가 영업 시설·비품, 거래처, 신용, 영업상의 노하우, 상가 건물의 위치에 따른 영업상의 이점 등 유형·무형의 재산적 가치의 양도 또는 이용 대가로서 임대인, 임차인에게 보증금과 차임

이외에 지급하는 금전 등의 대가를 말한다.'라고 정의한다.

　이러한 권리금을 신고하면 장점이 있다. 먼저 임대차보호법상 권리금 회수를 보호받을 수 있다. 권리금을 제대로 신고해 놓으면 5년이 지나도 인정을 받을 수 있다. 권리금에 대한 법원의 판례에 의하면 "5년을 초과해 계약 갱신 요구 청구권이 인정되지 않는다고 하더라도 권리금 회수 기회의 보호 규정이 적용되지 않는다고 볼 수는 없다."라고 하여 5년 이상 영업을 했더라도 권리금 회수의 기회에 관한 규정이 적용된다. 그래서 새로운 사업을 시작할 때 권리금 신고는 하는 것이 유리하다. 또한, 권리금은 계속 반복적으로 이뤄지는 소득이 아니라 수년에 한 번 있을 수 있는 일시적인 소득이므로 기본적으로 기타 소득에 해당한다. 권리금과 같은 기타 소득은 사업 소득과 비교하면 비용을 일부 인정해 주는 것이 특징이다. 2019년 1월 1일 이후에는 권리금으로 받은 소득의 60% 금액을 필요 경비로 인정해 준다. 이처럼 상가 권리금은 받는 사람도 주는 사람도 신고하는 것이 유리하다.

상가 리모델링을 통한
수익성 높이기

Q 오래된 상가를 하나 갖고 있습니다. 상가가 낡아서 임대료 역
시 별로 높지 않고 제자리걸음입니다. 앞으로도 별로 가능성이
없어 보여 상가를 리모델링하면 어떨까 싶습니다. 어떻게 하면 좋은 결과
를 낼 수 있을까요?

A 노후한 기존 상가를 리모델링하여 개선하면 임대 수익
면에서 큰 효과를 볼 수 있습니다. 기왕이면 설비도 좋고 건
물도 깨끗한 새 건물에 입주하고 싶은 게 임차인의 마음입니다. 실제
로 상가 임대의 적인 공실은 오래되고 깨끗하지 못한 시설이 원인일
경우가 많습니다.

상가의 노후화를 대비한 리모델링도 필요하지만, 주변 환경의 변화
에도 주의를 기울여야 합니다. 주변 지역에 대규모 아파트촌이 들어
서 상권이 확대되어 간다든가, 일부 주택가가 상업 지역으로 더욱 변
화한다든가 하면 리모델링은 더욱 필요합니다.

상권 분석에 따라 리모델링 방향 정하기

리모델링을 통한 수익성을 높이려면 건물의 효용 가치를 제대로 따져야 한다. 그래서 건물이 위치한 주변 입지의 상권 분석을 통해 리모델링 방향을 먼저 결정해야 한다. 업종 분포, 수요자 동선, 수요자층 등의 사전 조사가 필수이다.

가령 서울 삼청동에 있는 K 카페는 여러 가지로 반짝이는 아이디어가 돋보인다. 먼저 주된 자재들은 한옥에서 나온 헌 문짝이나 공사 현장에서 나온 폐자재, 자동차 부품 등 폐품이나 재활용품을 이용했다. 현관은 철공소에서 남은 자투리 철 조각으로 만들었다. 버려진 욕조나 과일상자는 화단으로 이용했다. K 카페의 자재 하나하나가 재미난 구경거리라 단골손님도 꽤 생겼다. 이처럼 상가 리모델링은 반짝이는 아이디어를 갖고 임한다면 상업 공간인 만큼 수요층에게 크게 어필할 수 있다.

건축주의 필요에 따라 건물의 용도를 변경하는 절차는 비교적 쉽다. 건축물의 분류는 시설군, 용도군, 세부 용도군으로 나누어지며, 시설군은 9개 군, 용도군은 21개 군으로 분류되고, 건물이 실제로 이용되는 세부용도군은 현재 1,000여 종에 이른다.

각 시설군 사이를 뛰어넘어 용도 변경을 하는 경우에는 신고만으로 가능하며, 건축물대장에 기재하는 경우는 용도군만 적으면 된다. 가령 '편의점', '콜라텍' 같이 세부 용도를 일일이 기재하는 것이 아니라 '근린생활시설'이라고만 적으면 되는 것으로, 같은 용도군 내에서 건물 용도를 바꾼다면 별도로 건축물대장을 고치지 않고도 쉽게 용도 변경을 할 수 있다.

만일 해당 관청의 신고나 허가를 받지 않고 건축물을 용도 변경하여 사용하다가 해당 관청에서 알게 되면 공사 중지 명령이 나온다. 이를 무시하고 강행하면 과태료를 물어야 하니 주의하자.

또한, 공사가 완료되어도 건축물 관리대장 및 등기부등본에 증·개축한 부분을 올릴 수 없다. 특히, 법적 위반사항이 중대한 경우, 3년 이하의 징역이나 5,000만 원 이하의 벌금을 물 수 있으니 유의해야 한다.

 사례로 보는 상식 TIP

상가를 리모델링하여 수익률 높이기

돌아가신 아버지에게 왕십리 소재의 상가를 물려받은 J 씨는 3년 전 상가 리모델링을 통해서 임대 수익과 시세 차익 두 마리 토끼를 모두 잡았다. 그가 리모델링을 고민하기 시작한 것은 주변에 새롭게 신축한 상가들이 들어서면서 자신의 단층 상가가 신축 상가에 비해 초라해 보이고 그에 따라 임대 수익 감소와 임차인 구하기가 점점 어려워졌기 때문이다. 이때 J 씨가 선택한 방법이 바로 상가 리모델링이었다.

그런데 막상 리모델링의 필요성은 절감했지만, 구체적인 실행으로 옮기기는 힘들었다. 과연 자신의 상가를 리모델링한다고 해서 투자 비용을 넘어서는 임대 수익이 나올 것이라는 자신이 없었다. 그때 우연히 동네 수영장을 함께 다닌 이웃이 J 씨의 고민을 듣고 건축 디자이너 K 씨를 소개해 주었다. 상가를 직접 본 K 씨는 충분히 가능할 것 같다는 긍정적인 답을 주었고,

J 씨는 그제야 마음이 놓였다.

J 씨의 단층 상가 리모델링은 일사천리로 이뤄졌다. 각 구분 상가마다 특성에 맞춰 독특한 외관을 만들었고, 건축 디자이너의 조언에 따라 고급스러운 실내 조명을 사용해서 포인트를 주었다.

그 결과 리모델링이 끝나자 임대를 문의하는 사람들이 늘어나기 시작했고, 그 거리에서 J 씨의 상가에 대한 입소문이 돌기 시작했다. 임대도 순조로워 기존에 매월 200만 원씩 받던 월세 수익이 350만 원으로 증가했다. J 씨가 리모델링에 든 총비용은 3,700만 원이다. 적은 금액은 아니지만 리모델링 효과로 매월 150만 원의 추가 수익이 생겨 J 씨는 무척 행복하다. 임대 수익이 오르니 시세도 올라 꿩 먹고 알 먹은 상가 리모델링이었다.

여유를 즐기는 사람이
성공하는 펜션 사업

Q 농촌 출신의 40대 후반입니다. 저는 청소년 시절부터 목공이
나 무엇을 만드는 데 관심이 많았습니다. 지금은 도시에서 장사
를 하고 있는데 불황이라 잘 되지 않네요. 귀농해서 펜션 사업으로 새로운
사업을 모색하려는데요. 펜션 사업에 대한 가능성을 조언해 주세요.

A 펜션의 사전적 의미는 '연금', '은금'이라는 뜻으로, 유럽
의 노인들이 연금과 민박 경영으로 여생을 보내는 것에서
유래했습니다. 현재는 호텔 정도의 시설을 갖추고 가족적인 분위기를
살린 소규모 숙박 시설을 말합니다. 사실 펜션 사업은 과포화 상태입
니다. 많은 사람이 펜션 사업에 뛰어들었다가 실패하고 업종을 전환
하고 있는 것이 현실입니다. 그래서 더욱 치밀한 시장조사와 여건을
고려한 펜션 사업 계획이 필요합니다.

끊임없이 발품을 팔아 펜션 입지 고르기

부동산의 가치는 '목'이 결정한다. '목'으로 인해 수십만 원에서 수천만 원까지 가격 차이가 난다. 이러한 '목'을 쉽게 풀어서 얘기하면 '사람이 많이 모이는 곳'이다. 사람을 대상으로 하는 영업에서 이것만큼 중요한 것도 없다. 펜션 역시 사람이 많이 모이는 곳으로 따라가야 한다. 즉, 펜션은 입지 조건이 매우 중요하다.

1박 2일의 단기 일정으로 떠나는 사람들은 시간과 거리가 중요하다. 3시간 이상 걸린다면 가기 전부터 부담이 된다. 빨리 갈 수 있고 조용히 쉴 수 있으며, 덤으로 볼거리도 많은 곳이 펜션 입지로 안성맞춤이다. 고속도로 IC 주변이나 왕복 4차선 국도에서 10~15km, 시간으로 보면 10분에서 15분 정도 떨어진 곳이 좋다.

산과 계곡이 있으면 휴양지로 매우 적합하다. 특히, 맑은 물이 풍부하게 흐르는 곳은 우리나라에 그리 많지 않다. 주변에 둘러볼 것이 없다면 고정적인 수요를 만들기가 쉽지 않다. 명승지, 스키장, 문화유적 등 볼거리가 많아야 입지 면에서는 유리하다.

펜션은 특색을 가질수록 고객들의 환영을 받는다. 가령 외국 관광객을 겨냥한 펜션이나 중장년이나 노년 고객을 유치할 수 있는 찜질방 등으로 특화하는 것도 좋은 아이디어이다. 주 고객층을 연인과 가족 단위의 손님으로 선정하였지만, 실제 운영을 하다 보면 세분화하여 다양한 고객을 유치할 수 있다. 펜션 관리를 위해 어느 정도의 노동은 각오해야 한다. 부지 선정이나 임대 여부, 인·허가, 건축, 인테리어 등을 자신이 모두 책임져야 하기 때문이다.

펜션 사업으로 은퇴 설계를 준비

오래전부터 W 씨는 도심 생활에 회의를 느껴, 한적한 곳에서 조금 더 여유로운 삶을 살고 싶어 했다. 그는 퇴직 후에 꼭 펜션을 운영하겠다고 마음먹었다. 그래서 W 씨는 은퇴 이후의 삶을 준비할 겸 펜션 사업을 구상했다. 일단 지역을 선정했는데, 휴가 때 많이 놀러 갔던 강원도 쪽으로 고려했다. 서울에서 너무 멀지 않아야 한다고 판단하되 너무 가까우면 여행의 의미가 퇴색될 것도 같아 적절한 위치를 찾게 되었는데 '홍천'이 눈에 띄었다.

일단 그는 펜션 자리로서 주변 환경이 좋은지, 즉 계곡이 있는지, 마트는 가까운지, 주변 볼거리는 있는지 등을 확인했다. 하지만 혼자 동떨어져 있는 펜션은 피했는데, 아무래도 큰 규모의 펜션 단지가 아니면 사람들이 쉽게 오지 않을 것으로 생각했기 때문이다. 발품을 팔아 좋은 입지를 찾으면 찾을수록 가격은 더 비쌌지만, 조금 더 주더라도 사업의 안정성을 위해 비용을 기꺼이 지불했다.

1년이라는 시간을 쏟아부어 펜션 사업에 대한 기초 이론 지식과 지역 선정과 펜션 매물 계약 및 운영 방법 등을 모두 숙지한 그는 드디어 펜션 사업을 시작했다. 은퇴한 후 한동안은 직원 한 명을 두고 운영하다가 나중에는 부부가 함께 운영했다.

W 씨의 펜션은 총 8실이 있는데, 여름 성수기에는 거의 공실 없이 찼다. 한 달 30일 중 공실을 감안하여 7실×25일=175 입실이고 가격은 16만 원으로, 7월 중순~8월 중순까지의 매출액이 2,800만 원 수준이었다. 이때는 청소 및 잡무를 처리하는 직원을 두었는데, 이러한 인건비와 각종 관리비용

을 빼고 나면 휴가 기간 한 달 수익이 1,800만 원이 된다. 물론 1년 중 가장 피크일 때의 수입이라고 한다. 나머지 기간은 평균 월 수익 300만 원 수준이라고 귀띔했다.

토지 투자 성공의
기본 요건

Q 도시에 살고 있습니다. 앞으로 수도권 인근에 땅을 사서 노후를 그곳에서 보내고 싶습니다. 적당한 땅을 골라야 하는데 땅에 대해서 아는 것이 전혀 없습니다. 토지 투자를 할 때 알아야 할 기본적인 사항을 알고 싶습니다.

A 토지 투자는 제일 먼저 자연적인 조건을 잘 알고 살펴야 합니다. 먼저 지형과 방향을 확인해야 합니다. 산악지형이 많고, 겨울이 긴 지역일수록 햇볕이 많은 향을 고릅니다. 그 밖에도 다양한 조건을 살펴야 하는데, 경사도가 심한 지역과 나무의 수령이 최소한 30년 이상 된 임야는 피하는 게 좋습니다.

또한, 토질이나 토사, 자갈, 암반 지역인지 확인합니다. 토질은 부드럽고 황토색을 띠어야 하며, 토사가 20~30% 정도 섞여 있으면 좋은 땅으로 여깁니다. 하지만 자갈이나 암반이 있는 곳은 피해야 합니다. 강이나 저수지, 하천과는 거리를 두어야 하는데 천재지변이나 자연재해로부터 피하기 위해서입니다.

행정적인 조건도 고려

먼저 '토지이용계획확인원'을 참고하여 공법상의 제한사항을 살펴봐야 한다. 예를 들어, 군사시설보호구역, 개발제한구역 등 땅을 이용하는데 제한 사항이 있는지를 확인해야 한다. 도로의 접근성도 따져봐야 할 대목이다. 아무리 좋은 입지를 지녔다 하더라도 도로가 없는 땅(맹지)이라면, 다른 사람 소유의 땅을 이용해야 하는 불편함이 있다. 또, 도로에 접해 있다 해도 사도인지 국도인지 확인해야 한다. 만약 도로의 접근성이 떨어진다면 투자가치도 그만큼 떨어지기 때문이다. 또한, 주변 지역의 개발 계획을 확인하는 것도 중요하다. 만약 주변 지역에 개발 계획이 있다면 인근 땅도 투자가치가 상승한다.

법률적인 권리관계는 등기부를 기준으로 한다. 등기부에 나타나는 권리라면 위험을 피하여 투자하면 된다. 그러나 등기부에 나타나지 않는 권리가 문제이다. 특히, 땅에는 등기부에 나타나지 않는 유치권, 관습법상 법정지상권, 법정지상권, 특수지역권, 분묘기지권 등의 권리가 있다. 이러한 관습법상 권리가 존재하는지 현장을 방문하고 지역 주민들에게 물어봐서 확인해야 한다.

직접 투자하려는 마음이 든다면, 기본적인 서류부터 반드시 확인해야 한다. 기본 서류에는 등기부등본, 토지대장, 토지이용계획확인원, 지적도가 있다. '등기부등본'은 권리에 대한 사항을 나타내는 장부이다. 근저당권을 비롯하여 가압류, 처분금지가처분 등 각종 물권과 채권에 대한 사항이 나타나 있으므로 권리관계를 정확히 정리하여 거래해야 한다.

 알아두면 좋은 부동산 TIP

토지 투자 성공 5가지의 기본 법칙

첫째, 교통망을 따라 투자하라.

교통망이 뛰어난 곳에 유동 인구가 많아지고, 정부가 계획하는 신도시가 건설된다. 고속도로 철도 등 도시 인프라가 갖춰져야 도시가 들어설 수 있기 때문이다. 대표적으로는 고속도로와 신설국도 연계가 쉬운 곳이다.

둘째, 신도시 개발이 가능한 곳에 투자하라.

대지보다는 전과 답이 많은 지역이 신도시가 될 가능성이 높다. 바로 보상비 때문인데, 대지보다 전과 답이 보상비가 적게 발생하기 때문이다. 그러나 수용을 피하기 위해서 기존 마을이 형성된 곳의 1km 이내 토지를 공략하는 것도 투자 방법이 될 수 있다.

셋째, 개발 전략이 토지 투자의 수익을 부른다.

남 보기에 좋은 토지는 이미 비싸다. 남들이 주목하지 않는 토지를 개발하여 토지 투자의 보람을 느끼자. 임야를 과수원 땅으로, 전답을 창고 부지로 하는 등의 활용법이 토지 투자의 수익이 될 수 있다.

넷째, 토지 투자 시 개발계획에는 쉽게 현혹되지 말자.

생각보다 개발계획이라는 것은 추진이 느리다. 현실적으로 가능한지, 진행 상황은 어떤지 지자체와 국토부 등에 열심히 문의하자. 토지 투자는 열심히 뛰는 사람에게 더 많은 수익을 준다.

다섯째, 토지 투자 시 매수와 매도 타이밍을 계획하라.

토지 투자는 무릎에 사서 어깨에 팔라는 말이 있다. 다시 말해, 신도시 등의 개발 호재 지역의 토지 투자를 할 때는 토지 보상 전 6개월을 투자 시점으로 잡고, 신도시 개발이 이루어진 후, 보상금이 풀린 후, 원주민들을 대상으로 다시 토지를 팔 수 있다. 혹은 개발이 완료되기 임박했을 때 매도하는 방법이 토지 투자의 매도 타이밍이 된다.

건물 관리도
매니지먼트이다

Q 최근 상가를 구입한 후 임차인을 구했는데, 자주 연락하며 제게 무엇을 계속 요구합니다. 한두 번 잘 응해 주었는데, 자꾸 연락이 와서 정도가 높게 요구하니 조금 힘이 듭니다. 건물 관리의 노하우가 따로 있나요?

A 공실이 화두인 세상에는 임차인에 대한 새로운 관점이 절실합니다. 필자가 젊은 시절 한 건물에 임차한 적이 있습니다. 임대인은 명절이 되면 가끔 선물을 주시곤 했습니다. 당시에는 잘 이해가 되지 않았습니다. 임차인이 임대인을 더 챙겨야 하는 것이라고 했는데, 지금 생각해보면 당시 임대인은 인간적인 정이 깊고, 임차인을 세심하게 관리하는 차원이 아니었을까 추측해 봅니다.

고교 야구단도 변화시키는 관리 노하우

영어로 매니지먼트는 관리의 의미가 있지만, 부동산 임대에서 매니지먼트라고 하면 경영의 의미가 강하다. 임대차 관리 시에 임대료가 하락하고 공실 기간이 장기화한다면 임대인의 이익은 감소한다. 이때 그 원인이 무엇이고 어떻게 대책을 마련해야 하는지를 연구하는 것이 임대 매니지먼트이다.

일본에서 출간된《만약 고교야구의 여자 매니저가 드러커의 '매니지먼트'를 읽는다면》이라는 다소 긴 제목의 소설이 있다. 주인공인 공립고교 야구부 매니저 미나미가 우연히 피터 드러커Peter Ferdinand Drucker의 경영서 '매니지먼트'를 만나 그의 경영학으로 야구부를 단련시킨다. 미나미와 야구단은 일본 고시엔을 목표로 다양한 매니지먼트를 통해 발전을 이룬다는 내용인데, 누적 판매 부수 280만 부를 기록했다고 한다. 고교 야구단도 변화시키는 것이 매니지먼트의 힘이다. 임대 관리에서도 이러한 매니지먼트가 필요한 이유이다.

부동산 매니지먼트는 부동산 자산을 금융자산처럼 적극적으로 관리(운용)하여 투자 수익률을 유지 또는 향상하는 활동이다. 과거의 부동산 관리는 부동산을 고정자산으로 인식하고 단순히 유지·보수하는 데에 포커스를 맞춘 소극적인 관리였다. 반면, 현재의 부동산 관리, 즉 자산 관리는 부동산을 투자 자산으로 인식하고서 보유 기간에 해당 부동산으로부터 최대의 운영 수익을 창출하는 데 초점을 맞춘 적극적인 관리라고 할 수 있다. 임대 관리에서 매니지먼트가 중요한 이유이다.

부동산 매니지먼트는 기존의 부동산 투자에 가치를 더하여 가는 과정으로 표현할 수 있다. 더 이상 부동산의 물리적인 측면에만 관심을 두지 말고 건물 내부에서 활동하는 임차인을 적극적으로 유치하고 관리하여 이익을 얻어야 한다.

 알아두면 좋은 부동산 TIP ────────────

관리 주체에 따라 나뉘는 부동산 관리

일반적인 부동산 관리는 관리 주체가 누구냐에 따라 크게 세 가지 방식으로 나눌 수 있다.

자가 관리 : 소유자 자신이 소유하고 있는 건물을 직접 관리하는 방식으로 단독주택, 소규모 공동주택, 소형 빌딩에 많이 적용되며 소유주가 직접 관리함으로써 관리비가 절약되고 의사결정이 빠르다는 장점이 있다.

위탁 관리 : 소유주가 전문자산관리회사에 부동산 관리를 위탁하는 방식이다. 주로 기관투자자가 소유하고 있는 대형 빌딩, 대기업 사옥, 대형 상가에 많이 적용되고 있다. 위탁 관리의 장점은 소유자는 본업에 전념할 수 있고, 빌딩 관리의 전문성으로 자산가치가 향상되며 관리 업무가 효율적으로 이루어진다.

혼합 관리 : 자가 관리와 위탁 관리를 혼용하는 방식으로 소유주가 임대차 업무와 영역 계약 등 중요 부분을 직접 관리하고 시설, 청소, 경비, 주차관리 등 기술적인 업무를 위탁하는 방식이다. 이 방식은 자가 관리에서 위탁 관리로 이행하는 과도기에서 채택할 수 있으며, 필요한 부분만 위탁하므로 소유자에게 유리한 부분이 많다.

건물의 가치를 높이는
환경 관리

Q 다가구를 소유한 50대입니다. 세대가 9세대나 되다 보니, 별
의별 사람들이 다 있습니다. 사실 재테크 차원에서 다가구를 선
택한 것이지, 앞으로 임대 사업을 계속할 생각이 없습니다. 게다가 운영하
다 보니 만만치 않은 에너지가 소진됩니다. 더욱이 다가구 주변 환경도 신
경 쓰이는 편입니다. 이에 대한 조언을 듣고 싶어요.

A 임대 관리 현장에서는 주변 환경이 매우 중요합니다. 일
상적인 현장 관리 측면에서 가장 소중한 것은 항상 '신경 쓴
다는 것'이지요. '마음'을 쓰고 있는 물건에는 '마음'이 좋은 임차인이
들어간다는 것이 임대 현장에서 얻은 필자의 깨달음입니다.
　　건물은 항상 깨끗하게 유지해야 합니다. 그 상징적인 것으로, 쓰레
기장이 있습니다. 쓰레기장에 대형 쓰레기가 방치되고 있거나 음식물
쓰레기가 나뒹굴고 더러워져 있으면 까마귀나 고양이가 몰려듭니다.
건물 주위의 작은 쓰레기장이 나중에는 건물 전체를 삼켜 버립니다.

만약 임차인 모집의 노력이 결실을 보아 입주 희망자가 건물을 보러 왔을 때를 생각해 봅시다. 우편함에 전단이 흩날리고 있거나 실내가 더러워져 있다면 그 노력은 물거품이 될 수 있습니다. 공실인 상태에서도 꾸준히 청소하여 '깔끔한 건물'의 인상을 주는 것도 잊어서는 안 됩니다. 문손잡이, 변기, 욕조의 뚜껑, 샤워 커튼, 욕실의 호스 등 별도로 비용이 안 드는 것을 새것으로 바꾸어 놓는 것도 첫인상을 좋게 만드는 요령입니다.

잔디를 심는 것도 차별화

건물을 깨끗하게 유지하기 위한 구체적인 작업으로 정기 순찰, 정기 청소가 필요하다. 임대주택은 관리인이 매일 혹은 주중에 근무하고 있는 경우도 있지만, 비용이 많이 들기 때문에 현실적으로 어렵다. 비용을 들이고 싶지 않으면, 임대인 자신이 부지런히 움직이며 직접 깨끗하게 관리해야 한다. 복도가 더러워지지 않았는지, 담배꽁초가 떨어지지 않았는지, 잡초가 눈에 띄지 않았는지 세심한 주변 환경관리 역시 필수이다.

건물 관리 중 환경 관리는 건물의 이미지에 큰 영향을 끼치는 가장 기본적이고 중요한 영역이다. 가령 공용 부분에 잔디가 있으면 작은 부분이라도 차별화할 수 있고, 각종 꽃을 심는 것도 건물 가치에 긍정적인 이미지로 작용한다. 그러니 임대인이 신경을 많이 써야 하고, 청소대행업체를 비롯한 전문적인 임대 관리 업체를 선정해 체계적인 건물의 환경 관리에 힘써야 한다.

노상 방뇨하는 사람을 잡은 사연

빌라를 관리하다 보면 별의별 황당한 사례에 직면하게 된다. 임대 주택의 입구에서 악취가 난다며 호출이 와서 현장에 나갔다. 동물의 오줌 냄새로 추측되는 그곳에서 홀로 청소하고 있는데, 임차인으로 보이는 한 여성이 항의했다. 그녀는 매일 오줌 냄새가 진동해 친구나 친지조차 부르지 못하고 있다며, 아마도 위층에 사는 어떤 사람이 노상 방뇨하는 것으로 보였다. 동물이 아닌 사람이 매번 이곳에 오줌을 싸고 있다는 황당한 이야기였다.

그날 이후, 건물에서 대기하면서 범인을 추적했고, 마침내 범인을 잡았다. 4층에 거주하는 한 남성은 본인의 집, 화장실이 더러워서 이러한 행위를 했다고 털어놓았다. 건물 주인은 그날 청소를 그 남성에게 시켰고, 다음부터 이러한 행위를 하지 않겠다는 각서를 받고 사건을 일단락지었다. 이처럼 임대를 시작한다면, 생각지도 못한 일들로 에너지를 써야 한다. 세상에 공짜는 없다.

청약통장이 필요 없는
아파텔

Q 최근 결혼 날짜를 잡은 예비 신랑입니다. 저의 가장 큰 고민은 결혼 후 살아갈 주택 문제입니다. 저와 제 여자 친구는 청약통장도 없어서 새 아파트를 구하기도 힘든 상황입니다. 그런데 제가 거주하는 경기도 일산의 지하철 광고에서 우연히 삼송지구의 아파텔 광고를 보았습니다. 아파트와는 다른 개념인 것 같은데 아파텔이란 무엇인가요?

A '아파텔'은 말 그대로 아파트와 닮은 오피스텔이란 의미로 만들어진 신조어입니다. 엄밀히 말해 건축법상 아파텔이란 용어는 없으며, 아파트와 비슷한 구조와 기능을 갖춘 '주거용 오피스텔'에 아파텔이라는 마케팅용 '애칭'을 붙인 것으로 이해하면 됩니다.

아파텔이 일반 주거용 오피스텔과 다른 점은 무엇일까요? 시중에서 말하는 아파텔은 보통 전용면적 59㎡, 84㎡로 일반적으로 오피스텔과 비슷한 원룸형이나 투룸형으로 이루어집니다.

일단 아파텔은 아파트보다 가격 부담이 덜합니다. 평형 자체가 작기 때문에 분양가 총액은 중대형 아파트보다 저렴해 투자 장벽이 낮습니다. 지역마다 다르긴 하지만 일반적으로 아파트 전세가에도 미치지 못하는 금액으로 분양받거나 매수가 가능합니다.

아파트와 달리 아파텔은 오피스텔이기 때문에 청약통장이 필요 없다는 점도 진입 장벽을 낮추는 요인입니다. 쉽게 말해 아파텔은 청약 신청금만 내면 누구나 바로 청약할 수 있습니다. 또한, 강화된 부동산 규제의 영향을 받지 않아 이미 주택을 보유한 사람도 청약을 할 수 있어 실수요자뿐만 아니라 임대 수익을 노리는 투자자에게도 인기가 높습니다. 실제 아파텔의 인기는 청약 경쟁률로 증명되기도 했습니다.

주택 면적의 협소함, 높은 관리비는 단점

오피스텔은 일반적으로 같은 면적의 아파트에 비해 주택 면적이 30~40㎡ 정도 적다고 봐야 한다. 오피스텔은 아파트와 달리 발코니가 없기 때문에 확장이 불가능하기 때문이다. 오피스텔은 발코니가 없어 빨래를 건조할 공간도 따로 마련하기 힘들다. 전용면적이 같은데도 아파트가 오피스텔보다 분양가가 높은 이유는 여기에 있다. 이 외에도 일반적으로 아파트 단지에 비해 주차 공간이 부족하며 녹지나 놀이터, 조경 시설도 열악한 경우가 많다.

일반적으로 오피스텔의 전용률은 아파트보다 크게 낮다. 아파트 분양가는 공급면적(주거 전용+주거 공용)을 기준으로, 오피스텔은 계약면적(주거 전용+주거 공용+기타 공용)을 기준으로 분양가를 책정한다.

주차장과 관리실 등 기타 공용면적을 분양가에 포함시키면, 전용률(공급면적 대비 전용면적 비율)이 낮아진다. 통상 아파트 전용률은 70~80%이지만 오피스텔인 아파텔은 50~60%에 머무른다. 가령 전용률이 80%인 아파트의 전용면적 84㎡ 형은 공급면적이 105㎡, 전용률이 50%인 오피스텔 전용 84㎡ 형은 공급면적이 168㎡이다. 실제 공급면적 대비 전용면적이 매우 작다는 의미이다.

문제는 관리비인데, 관리비는 통상 전용면적이 아닌 공급면적을 기준으로 책정된다. 전용면적이 84㎡인 아파트와 오피스텔이 각각 기본 관리비가 ㎡당 월 1,200원 수준이라고 가정해 보자. 공급면적을 곱하면 아파트 기본 관리비는 월 12만 6,000원, 오피스텔 기본 관리비는 월 20만 1,600원이 된다. 전용률의 차이만큼 오피스텔 관리비가 비싼 셈이다.

아파텔은 아파트에 비해 시세 차익에 대한 기대는 낮다. 오피스텔은 매매 시 세금 부담률이 아파트보다 높기 때문에 한 번 거래할 때마다 구매자의 세금 부담만큼 기대 차익이 감소한다.

하지만 아파텔은 좋은 입지와 편의성 등을 고려할 때 아파트 가격이 부담스러운 신혼부부들이 비교적 뛰어난 가성비에 내 집 마련을 할 수 있는 유용한 방법이다. 최근 아파텔은 대단지로 지어지는 경우가 많기 때문에 단점으로 지적받던 관리비도 차츰 낮아지고 있으며, 아파트 못지않은 커뮤니티 시설과 훌륭한 빌트인 옵션을 제공하는 경우도 많아 실거주 만족도가 점차 높아지고 있다.

단지 아파트와 달리 많은 세금이 붙기 때문에 큰 시세 차익을 기대하거나 빠른 현금화가 어렵다는 점, 상업 지구에 위치하기 때문에 유해시설이 인근에 들어설 수 있다는 점 등은 충분히 고려해야 한다.

투자 목적이라면, 임대사업자 등록을 통해 세제 혜택을 받으면서 초역세권 등 직장인 부부 수요가 많은 입지의 아파텔을 선택해 월세 수입을 올리는 것도 추천할 만하다. 단 최근 신도시 위주로 오피스텔 공급이 포화 상태에 이르렀다는 지적도 있기 때문에 교통과 주변 일자리 수요 등을 신중히 고려해 투자처를 선정해야 한다.

 알아두면 좋은 부동산 TIP

아파텔의 세금

아파텔의 취득세는 4%로, 지방교육세, 농어촌특별세 등을 포함하면 4.6%이다. 반면, 아파트의 취득세는 조건에 따라 다르지만 대략 1~3%이다. 아파텔 취득세가 아파트의 4배가량인 셈이다.

예외로 임대주택사업자로 등록한 투자자가 전용면적 60㎡ 이하 오피스텔을 분양받을 때는 취득세를 면제받을 수 있다. 재산세도 60㎡ 이하라면 50% 감면을 받는다. 임대사업자로 등록하면 종합부동산세도 합산에서 배제된다. 또, 업무용 오피스텔이냐, 주거용 오피스텔이냐에 따라 부동산 중개 수수료, 월세 세액 공제 가능 여부도 달라진다.

경매보다 수익성 높은
NPL로 은퇴 설계

Q 부동산 투자에 관심이 높습니다. 그런데 양도세와 취득세, 보유세 등 각종 세금과 다양한 규제 정책으로 인해 부동산 투자에 대해서 부정적인 생각이 드는 것도 사실입니다. 다른 방법으로 부동산 투자를 할 수 있는 NPL 등이 있다고 들었는데, NPL의 장점이 무엇인가요?

A 최근 가계 부채의 증가 속에서 부실채권이 증가하고 있습니다. 이른바 NPL_{Non Performing Loan}이라 불리는 부실채권은 '대출금을 회수할 수 없는 채권'이라는 뜻입니다. NPL은 채권에 관한 가치를 잘 판단하고 부동산 물건을 잘 분석하면 고수익을 올릴 수 있습니다.

예를 들어, 어떤 사람이 한 은행에서 대출을 받았는데 처음에는 대출 이자를 잘 갚았지만, 잘 풀리던 사업이 한순간에 흔들리면서 집을 담보로 대출받은 이자를 내지 못하게 되었습니다. 그게 쌓이면 결국 은행에 담보로 잡힌 집이 넘어갑니다.

반면, 은행의 입장에서는 대출금 관리가 아주 중요한 업무입니다. 은행은 부실을 막기 위하여 보유 자산 등의 건전성을 '정상', '요주의', '고정', '회수 의문', '추정 손실'의 5단계로 분류하고, 적정한 수준의 대손충당금 등을 적립하고 유지하도록 감독하고 있습니다.

특히, 3개월 이상 연체되는 고정 이하 대출 등에 대해서는 자기자본비율(BIS)을 20% 이상 유지하도록 합니다. 그래서 은행 입장에서는 안정성 저해, 유동성 제약, 수익 감소, 관리 비용 증가 등을 피하기 위하여 불량 채권인 NPL을 매각하여 이러한 위험을 회피하고자 합니다. 제3의 투자자 입장에서 그 틈새시장이 바로 이때입니다.

최근 낙찰된 경매 물건 중 NPL을 취급하는 자산유동화 전문회사로 양도된 물건이 점차 많아지고 있습니다. 이는 부동산 경매 시장에서 부실채권을 사려는 수요와 팔려는 공급이 점점 많아지는 것을 의미합니다. 그만큼 NPL은 수익형 부동산의 활화산처럼 퍼져 나가고 있습니다.

취득세와 양도소득세가 없는 NPL

NPL은 부동산의 소유권 취득이 아니라서 취득세, 등록세와 양도소득세의 과세 대상이 아니다. 이러한 '절세 효과'가 NPL의 강점이다. NPL에도 개인 투자자들이 몰리면서 시장에서 좋은 물건을 찾기가 점점 어려워지고 있다. 경매 물건과 마찬가지로 NPL도 명도나 임차인의 권리관계가 풀리지 않는 것 등은 어려움이 많다. 또한, 1순위 근저당 채권자라고 해도 임금 채권과 체납 세금, 소액임대차보증금 등에 대해 순위가 밀리는 영역도 있는 만큼 투자에 유의해야 한다.

이외에도 부동산 경매시장에서 일부 컨설팅 업체가 묻지마 식 낙찰로 수수료 챙기기에 급급해 NPL 시장에 고가 입찰을 만드는 경향을 보인다. NPL은 장기적인 관점에서 경매의 프로세스도 잘 알고 접근해야 할 영역이라는 것을 명심해야 한다.

 사례로 보는 상식 TIP

은행 경력 28년, 은퇴 후 NPL에 집중하는 E 씨

은행 지점장으로 명예퇴직한 E 씨는 NPL 투자로 은퇴 이후에 더 역동적인 삶을 살고 있다. E 씨가 NPL을 알게 된 것은 은행 다닐 때 거래 손님이었던 P 씨를 통해서이다. P 씨는 이미 NPL의 초창기 시절부터 투자해 오던 터라 E 씨는 그 과정을 보고 NPL에 대한 확신이 들었다. 또한, 금융기관에 있다 보니 은행권 저당 채권에 대한 개념이 뚜렷했고, NPL을 거부감 없이 받아들일 수 있었다.

E 씨는 튼튼한 저당권, 해당 부동산 물건의 건실함 외에도 국내 부동산 경기 상황 및 동향 분석, 국내 실물 경기 분석, 세계 경제 상황 분석에 이르기까지 많은 요소를 분석해야 제대로 투자할 수 있다고 믿었다.

실제로 그는 한 저축은행의 부실채권에 투자해 투자 기간 7개월 동안 37%의 수익률을 기록하는 등 NPL을 통해 많은 수익을 올렸다. 물론, 실패 사례도 있다. 2017년에 또 다른 저축은행의 아파트 부실채권에 투자했는데 채권 구입 당시보다 아파트 가격이 하락하는 바람에 2% 정도의 손실도 보았다. 대내외적 변수의 중요성을 일깨워 준 실패 사례였다.

E 씨는 이제 인생 2막의 방향을 확실히 잡았다. 당분간 NPL 투자로 수익을 모아, 월 단위 300~500만 원 정도의 상가 구입이 목표이다. NPL은 그에게 은퇴 이후 더욱 활기찬 삶을 살도록 동기를 부여해 준다.

빌딩 부자 되는
부동산 리츠

Q   지인 한 명이 부동산 리츠로 나쁘지 않은 수익률을 올리고 있다는 이야기를 들었습니다. 현재 은행에 저축해서 수익을 보는데, 2% 내외이다 보니 영 투자의 마음이 생기지를 않습니다. 부동산 리츠는 좀 더 많은 수익이 보장된다고 하는데, 부동산 리츠에 대해서 좀 더 알고 싶습니다.

A   리츠REITs, Real Estate Investment Trusts는 부동산 투자회사가 설립되면서 가지고 있는 실물 자산을 기반으로 증권을 발행하면, 투자자들이 해당 증권을 취득하는 형식을 갖습니다.

만약 A라는 리츠에서 2,000억 원의 부동산 투자회사를 설립하고 주식을 발행했다면, 투자자는 해당 부동산 투자회사가 가진 실물 자산을 분석해 해당 회사가 발행한 증권에 투자할 것인지를 결정합니다.

배당률은 높고, 전문가의 지원이 장점

리츠의 장점은 많다. 먼저 주식과 비교해도 높은 배당률을 받는데, 리츠는 배당 가능 이익의 90% 이상을 배당받을 수 있다. 법인세 역시 감면받을 수 있어서 유리하다. 보통 주식의 배당률이 3%에 못 미친다고 볼 때 리츠의 배당률은 경쟁력이 있다.

리츠의 수익은 부동산 임대 수익을 기초로 한다. 유동성이 낮은 부동산의 특성상 가격 변동이나 임대 수익의 변동성이 주식보다 현저하게 낮아 일정 수준의 수익이 지속해서 유지되는 속성이 있다. 이외에도 리츠는 물가가 상승해 임대료가 오르면 배당 역시 더 많이 받을 수 있는 부가 혜택이 존재한다.

한편, 리츠는 전문가에게 지원받는 효과를 얻을 수 있다. 리츠 투자는 부동산 투자회사를 설립하는 전문 투자 기관이 책임지고 관리하기 때문이다. 이처럼 전문가의 지원을 받으면, 자산을 최대한 효율적으로 관리할 수 있을 뿐만 아니라, 위기 상황에서 안정적으로 수입을 확보할 수 있고, 매각에 따른 번거로움도 해소된다.

리츠의 리스크와 수익은 쉽게 말해 주식과 채권의 중간 정도라고 볼 수 있다. 리츠는 부동산에 투자하는 특성이 있는데, 부동산은 기본적으로 채권과 주식의 속성을 모두 가지고 있다. 임대료는 꾸준한 현금 흐름이라는 점에서 채권의 이자와 비슷하다고 보고, 부동산 가격의 변동성은 주식과 유사한 자본 손익 구조를 가졌다고 본다.

이러한 속성을 지닌 리츠에 투자할 때, 특히 은퇴설계자들은 자신의 투자 방식에서 소액으로 포트폴리오를 짜는 것이 좋다. 한두 상품에 몰입하는 것은 좀 더 도전적인 투자 방식이어서 노후를 대비하는 은퇴 설계자들의 투자 방식으로는 위험할 수 있다.

리츠의 또 다른 장점 중 하나는 물가 상승에 대한 방어 효과이다. 빌딩 건축에 사용되는 노동력과 자재 비용이 인플레이션에 따라 오르기 때문에 부동산 자산 가치는 물가 상승에 밀접하게 반응한다. 장기 고정률 임대를 조건으로 하는 부동산은 물가 상승과 별 상관이 없겠지만, 단기 임대 계약인 부동산들은 인플레이션에 민감하다. 물론 늘 그런 것은 아니다. 가령 2000년대 초반 IT 거품 붕괴 이후 미국에서 오피스 공간에 대한 수요가 감소하면서 물가 상승에도 불구하고 부동산 가격이 하락한 적이 있었다. 그러나 이런 예외적인 상황이 아니라면, 일반적으로 부동산은 물가 수준 변화에 반응하는 매력적인 특성을 보여 준다.

 사례로 보는 상식 TIP

부동산 리츠로 수익을 본 N 씨

"주식형 펀드는 순식간에 원금을 날릴 수도 있고, 채권은 수익률이 낮아 내키지 않고……."

여유 자금을 어디에 투자해야 할지 고민이던 N 씨는 부동산 투자에 눈을 돌렸지만 보유한 현금이 부족해 고민이다. 직접 부동산에 투자하려면 상대적으로 큰 자금이 필요하고 임대부터 건물 관리까지 골치를 앓아야 한다는 점도 부담이었다. 여기저기 알아본 N 씨는 소액 투자로도 대형 부동산에 투자할 방법을 알게 되었고, 지금은 높은 배당금에 대한 기대에 부풀어 있다.

바로 리츠에 투자했기 때문이다. 그가 투자한 곳은 C 리츠로 액면가 대비 4개월 후 약 12~14%의 실질 배당을 받았고, 앞으로도 매년 액면가 대비 6~10%의 지속적인 실질 배당이 가능하다.

그가 리츠를 실제로 경험해 본 결과, 자본력이 취약한 개인 투자자들도 간접 투자로 규모가 큰 부동산을 살 기회를 얻을 수 있다는 점이 장점이었다. 또한, 부동산 운영 수익과 가치 상승에 따른 수익을 분배받을 수 있는 것이 메리트였다. 앞으로도 그는 변동성이 너무 심한 주식보다는 수익률이 높고 안정적으로 배당 이익을 얻을 수 있는 리츠 투자를 계속할 계획이다.

토지의 가치를 바꾸는
지목 변경

Q 바다를 좋아해서 서해안을 자주 놀러 갑니다. 그곳에 전원주택을 짓고 싶은 입지가 있습니다. 지금은 밭인데 땅의 지목을 변경하면 가능하다는 이야기를 들었습니다. 지목 변경에 대해서 궁금합니다.

A 토지의 가치를 높이는 데는 다양한 방법이 있습니다. 바로 형질 변경, 용도 변경, 지목 변경 등의 방법입니다. 형질 변경은 절토, 포장, 성토 등 개발 행위로 토지의 형태 또는 형질을 바꾸는 개발 행위를 뜻하며, 용도 변경은 도시 관리 계획에 따라서 용도 지역(도시·관리·농림·자연환경 지역)이 바뀌는 것을 말합니다. 지목 변경은 말 그대로 본래 지목을 새롭게 바꾸는 행위를 뜻합니다.

사용 목적에 따라 28가지로 구분

대개 농지나 산지(임야)에 개발 행위 허가를 받아 대지나 잡종지로 바꾸는 경우가 많다. 이를테면 농지 위에 주택을 짓고 준공 허가를 받으면 지목을 '전'이나 '답'에서 '대(垈)'로 바꿀 수 있다. 지목 변경은 개인이 신청할 수 있으며, 허가만 받는다면 토지의 가치가 급상승하므로 많은 사람이 관심이 있다.

지목이란 토지의 주된 사용 목적에 따라 28가지로 구분한 명칭이다. 전, 답, 유지, 도로, 과수원, 목장 용지 등으로 나뉘며 각각의 지목은 과세의 기준이 된다. 지목은 '1필지 1지목'의 원칙에 따라 필지마다 하나의 지목만을 설정할 수 있으며, 1필지가 2개 이상의 용도로 활용될 때는 주된 용도에 따라 지목을 설정하게끔 되어 있다. 토지가 주 지목과 달리 일시적으로 다른 용도로 쓰일 때는 지목을 변경할 수 없다. 이를테면, 농사짓던 땅을 겨울에 일시적으로 메워 스케이트장과 주차장으로 쓴다 해도 이를 유원지나 주차장 용지로 바꿀 수 없다는 뜻이다.

보통 지목을 변경하는 경우는 크게 세 가지가 있다. 첫 번째는 관계 법령에 인허가를 받아 형질 변경 등의 공사를 준공했을 때, 두 번째는 토지나 건축물의 용도가 변경돼 지목이 달라졌을 때, 세 번째는 도시개발사업 등을 추진하기 위해 시행사에서 준공 전에 토지를 합병한 경우이다. 토지 소유자는 지목 변경 사유가 발생한 날로부터 60일 이내에 각 시군구청(지적소관청)에 신고해야 한다. 이때 위의 세 가지를 증명할 수 있는 서류를 반드시 제출해야 한다.

서류 제출뿐만 아니라 지목 변경을 위해서는 까다로운 절차가 있다. 우선 개발 행위 허가를 받아야 한다. 개발 행위 허가에는 농지 전용 허가, 산지 전용 허가, 건축 허가 등이 있다.

다음으로는 형질 변경을 실행한다. 형질 변경이란 성토나 절토, 포장 등 경사진 땅을 평탄하게 만들거나 움푹 팬 땅을 메우는 일이다. 임야를 농지로 바꾸기 위해서는 토질을 향상시키는 객토 작업을 한다. 토지의 형질을 변경했다면, 다음으로는 건축 공사를 시작한다. 건축물을 지으려면 반드시 허가를 받아야 한다. 특히, 건축 시 진입 도로는 필수이다. 그래서 맹지라면 건축 허가를 받기가 매우 힘들다. 물론, 도로를 새롭게 내는 사도 개설 허가 또는 남의 도로 부지를 구입하거나 인근 도로를 빌리는 지역권을 설정한다면 가능할 수 있다. 그러나 이럴 경우는 적지 않은 비용이 든다. 처음부터 토지 개발을 목표로 한 투자라면, 맹지는 피하는 것이 좋다.

건축이 끝났다면, 준공 검사를 받은 후 관계 행정 부서에 지목 변경을 신청하면 된다. 지목 변경 신청은 지자체마다 다르니 농정과 혹은 민원과에 문의하는 것이 빠르다. 이후 지자체를 방문해 토지 이동 신청서에 지목 변경 사유를 기재해 신청 후 지적공부(토지의 지적에 관한 내용을 공적으로 증명하는 장부)를 정비하면, 지목변경이 완료된다. 지목 변경 후에는 지목으로 인해 증가한 가액을 과세표준으로 한 취득세 등을 신고 및 납부하는 일도 남아 있다.

 알아두면 좋은 부동산 TIP

사전에 전문가와의 상담은 필수
지목 변경에 성공하면 토지의 값어치를 올릴 가장 확실한 방법이지만,

이론과는 달리 실제로는 무척 복잡하고 시간도 오래 걸리며 실행되더라도 취득세, 농지전용부담금 등 금전적인 문제가 걸림돌이 될 수 있다. 그러니 실행 전에 철저히 알아봐야 한다. 지목 변경 전 건축사나 토목 설계사 같은 전문가와 상담하거나 각 지자체 농정과나 허가과에 문의해 진행하는 것이 좋다.

　게다가 만일 지목 변경을 목표로 토지를 구매한다면, 그 땅이 농지 전용 허가나 산지 전용 허가, 건축 허가가 가능할지 반드시 파악하고 시작하는 것이 중요하다. 허가가 나지 않았을 때 책임은 오롯이 자신의 몫이다. 무턱대고 토지 인근 주민이나 공인중개소의 말만 믿고 토지를 구매하거나 지목 변경을 시도했다가는 큰 낭패를 볼 수 있으니 신중하고 철저하게 준비하자.

6_장

위험이 크지만 수익도 큰
재개발·재건축
투자 상식

재개발·재건축은 부동산 투자에서 빠질 수 없는 영역입니다. 위험하기도 하지만 그만큼 고수익을 보장하기도 합니다. 재개발·재건축 투자는 짧은 기간에 끝나는 투자가 아닙니다. 긴 시간을 보고 인내를 갖고 하는 투자입니다.

이번 장에서는 재개발·재건축 투자의 기본 원리를 비롯해서 사업성 분석하기, 세금 문제, 조합원 분양 자격, 지역주택조합, 재건축 초과 이익 환수제 등 다양한 재개발·재건축 이슈들을 다룹니다.

재개발·재건축이
사업인 이유

Q 서울 구로구에 사는 사람입니다. 요즘 주변에 재개발 단지가
조금씩 늘어나고 있습니다. 제가 사는 곳도 10년간 이야기만 무
성하다가 요즘 재개발 추진 속도에 불이 붙고 있습니다. 그런데 재개발·재
건축에 대한 기본 지식이 없으니 조금 불안합니다. 재개발·재건축은 어떤
관점으로 접근해야 할까요?

A 재개발·재건축 투자는 인내심을 가지고 신중하게 투자해
야 합니다. 단순히 부동산을 사고파는 것이 아닌 엄연한 사
업이란 생각을 해야 하지요. 재개발·재건축 투자를 생각하신다면 먼
저 사업 유형을 파악해야 합니다.

사업을 하려면 사전 준비가 중요

서울 곳곳에 재개발·재건축을 할 만한 노후화된 지역은 아직도 많

다. 이런 곳이 재개발된다면 언제 되는지, 되지 않을 가능성은 있는지를 알려면 정비 사업 및 추진 절차의 이해가 필요하다. 또한, 자신이 가진 매물이 몇 평 아파트를 배정받을 수 있는지, 평형 배정은 어떻게 받을 수 있는지 등 직접 조합원이 되어 파악해야 한다.

내가 살 매물이 얼마의 보상을 받을 수 있는지도 진단해야 한다. 감정평가액을 알아야 자신의 투자 금액이 나온다.

이외에도 관리처분 단계, 분양 자격의 이해 등 전반적인 재개발·재건축 투자 프로세스를 이해해야 진행 과정에서의 시행착오를 줄일 수 있다. 또한, 개인의 성향에 맞는 진행 단계를 선택해야 한다. 초기 진행 단계에서 투자하면 많은 돈이 한꺼번에 오래 묶이지만, 투자 수익률을 극대화시킬 수 있다. 마무리 단계에서 투자하면, 높은 프리미엄을 주고 매입해야 하므로 투자 수익률을 극대화시킬 수는 없다. 진행 단계별 투자는 투자자 본인의 성향과 밀접한 관계가 있다. 어느 방식이든 자신에게 맞는 맞춤형 투자를 해야 사업에 성공할 수 있다.

 알아두면 좋은 부동산 TIP

재개발·재건축 정비 사업의 종류

재개발·재건축의 정비 사업은 크게 5가지로 나누어진다.

첫째, '주거환경개선사업'은 도시 저소득 주민이 집단으로 거주하는 지역으로서 정비기반시설이 극히 열악하고 노후·불량 건축물이 과도하게 밀접한 지역에서 주거 환경을 개선하기 위한 사업이다.

둘째, 정비기반시설이 열악하고 노후·불량 건축물이 밀접한 지역에서는 주거 환경을 개선하기 위해 시행하는 '주택재개발사업'이 있다.

셋째, '주택재건축사업'은 정비기반시설은 양호하나 노후 불량 건축물이 밀집한 지역에서 주거 환경을 개선하기 위해 시행하는 사업이다.

넷째, '도시환경정비사업'은 상업 지역·공업 지역 등으로서 토지의 효율적 이용과 도심 또는 부도심 등 도시 기능의 회복 등 상권 활성화가 필요한 지역에서 도시 환경을 개선하기 위해 시행하는 사업이다.

다섯째, '주거환경관리사업'은 단독주택 및 다세대주택 등이 밀집한 지역에서 정비기반시설과 공동 이용 시설의 확충을 통해 주거 환경을 보전, 정비, 개량하기 위해 시행하는 사업이다.

여섯째, '가로주택정비사업'은 노후 불량 건축물이 밀집한 가로 구역에서 종전의 가로를 유지하면서 소규모로 주거 환경을 개선하기 위해 시행하는 사업이다.

재개발의
기본 원리 이해하기

Q 재개발 지역과 조합이라는 단어를 많이 들어보았습니다. 재개발 투자에 관심은 있지만, 기본적인 원리에 대해서 아직 잘 이해가 안 됩니다. 재개발의 기본 원리에 관해서 설명해 주세요.

A 도시 기능의 회복이 필요하거나 주거 환경이 불량한 지역을 계획적으로 정비하고 노후·불량 건축물을 효율적으로 개량하기 위하여 필요한 사항을 규정함으로써 도시 환경을 개선하고 주거 환경의 질을 높이는 데 이바지하는 법이 있습니다. 바로 '도시 및 주거환경정비법'(도정법)입니다. 이 도정법은 2002년에 제정됐습니다. 은평뉴타운은 이 법이 제정되기 전부터 시작된 사업으로 아직 법적인 체계가 완비되지 않을 때입니다.

당시 은평구 진관동 지역은 1971년 그린벨트 지정 이후 개발에서 소외되어 급격히 슬럼화하면서 열악한 환경의 집들이 많았습니다. 그래서 그린벨트를 풀어서 이 집들을 철거하고 주변까지 묶어서 도시 재개발 사업을 하게 되었습니다. 은평뉴타운은 절반의 성공이었습니다. 소형 평수의 아파트는 분양에 성공했지만, 중대형 아파트는 개발이 사실상 완료된 2012년 이후부터 4년이 넘도록 미분양이 되었습니다. 물론, 현재 은평뉴타운은 부동산 가격이 많이 올랐습니다.

서울시의 '주거환경정비기본계획'의 숨은 뜻

서울시를 비롯한 전국의 재개발 사업은 더욱 진화하며 발전하고 있다. 서울시는 과거 재개발 패러다임을 탈피해 개발과 보존·재생이 공존하는 주택재개발 사업 방식을 새롭게 도입하고 있다. 기존의 무조건 전면 철거 후 다시 짓는 획일적 방식과 달리 열악한 기반 시설과 노후 건축물이 밀집한 지역의 주거환경을 종합적으로 개선하는 주택재개발 사업(주택정비형 재개발 사업)을 추진하고 있다. 2019년 5월 서울시는 '2030 서울시 주거환경정비기본계획(2030서울플랜)' 수립에 착수했고, 2021년 상반기 중 마무리하려고 한다.

'주거환경정비기본계획'은 도시환경을 개선하고 주거생활의 질을 높이기 위해 '도시 및 주거환경정비법'에 따라 수립하는 도시계획이다. 10년 단위로 수립하고 5년마다 타당성 여부를 검토해 기본 계획에 반영한다.

현재 주택정비형 재개발 사업은 '주거환경정비기본계획'에 따라 '주거환경평가지표'(주거환경의 안전성·편리성·쾌적성 등)와 '주거정비지수'(주거지 정비의 필요성)를 통해 정비 구역 지정과 사업 추진 여부가 결정된다. 과거 정비 예정 구역 지정 후 일괄 재개발을 추진했던 방식에서 전환한 것으로, 정비 구역 지정 단계부터 신중성을 기하고 지정된 정비 구역은 신속하게 추진하기 위한 취지이다. '2030 서울시 주거환경정비기본계획' 수립은 주택재개발 정비 사업이 활성화되고 소수의 의견도 존중받는 사람 중심의 주거문화 환경 조성에 기여한다는 취지를 담고 있다.

 알아두면 좋은 부동산 TIP

재개발 투자를 위한 요령

재개발 지역에 투자하기 위해서는 먼저 매물의 매수 타이밍을 봐야 한다. 모든 투자가 그렇듯 재개발 투자도 타이밍이 중요하다. 재개발 초기 단계에 투자하느냐와 재개발 후반기에 투자하느냐에 따라 투자 수익이 많이 차이가 난다. 즉, 재개발 매물의 매수와 매도 타이밍을 잡기 위해서는 결국 재개발 투자의 시간을 얼마나 잡느냐에 따라 결정된다.

또한, 재개발 투자는 반드시 예상 감정평가액이나 분담금 등을 구체적인 수치로 분석해 봄으로써 100% 정확하지는 않더라도 어느 정도 투자의 방향을 가늠하는 것이 중요하다. 예상 감정평가액이나 분담금을 개략적으로 예상해 보는 것만으로 투자 여부를 정확히 판단해야 한다. 이런 수치를 내는 것이 귀찮고 싫다면 재개발 투자를 시작하면 안 된다.

재건축의
기본 원리 이해하기

Q   30년 된 아파트에 살고 있습니다. 다른 지역은 재건축 아파트
가 인기를 끌고 있지만, 저희 아파트는 10년 후에나 재건축 얘기
가 나올 것 같습니다. 그때를 대비해 재건축의 기본을 알고 싶습니다.

A   재건축 사업은 정비기반시설이 양호하고 노후·불량 건축
물이 밀집한 지역을 대상으로 합니다. 반면 50년 이상 지난
곳을 대상으로 하는 재개발 사업에 비해 정비기반시설이 양호한 편입
니다. 또한, 재건축의 조합원 자격을 얻기 위해서는 건물과 토지를 모
두 소유하고 있어야 합니다.

재건축 아파트 최적의 조건

재건축 대상은 기본적으로 노후·불량 주택으로서 공동주택을 원칙
으로 하지만, 예외적으로 단독주택도 대상으로 하고 있다. 공동주택

이나 단독주택을 대상으로 재건축 사업을 할 때는 300세대 이상(단독주택은 200호 이상) 또는 그 부지면적이 1만㎡ 이상이어야 하며, 안전진단 실시 결과 2/3 이상의 주택이나 주택단지가 재건축 판단을 받은 지역(단독주택은 노후·불량 건축물이 해당 지역 안의 건축물 수의 2/3 이상인 지역)이어야 한다. 재건축을 위해서는 해당 구역에서 추진위원회를 구성하고 '재건축 결의'를 해야 합니다. 재건축 결의가 법적인 효력을 얻기 위해서는 전체 구분 소유자 중 4/5 이상, 동별 2/3 이상이 동의해야 한다. 결의되면 해당 지방자치단체가 평가하는 안전진단 절차를 받아야 하고, 재건축이 가능하다고 판단되면 조합을 설립해 재건축 사업에 들어간다.

이러한 재건축 아파트의 최적의 조건은 무엇일까? 먼저 서울시 도시철도계획에 따른 대중 교통시설을 눈여겨봐야 한다. 각종 경전철, GTX A, B, C 노선, 신안산선, 신분당선에 이르기까지 나날이 촘촘하게 우리 생활권역으로 들어오는 수도권 도시철도망이 있는 역세권을 노려야 한다. 출퇴근의 편리함은 주택 가격 형성에 큰 비중을 차지한다. 보통 자가용을 이용하는 가족이 월등히 많은 것이 현실이지만, 자녀들의 학교·학원 통학, 주부의 쇼핑 등을 생각해 보면 대중교통이 잘 갖추어져 있지 않으면 상당히 불편할 것이다. 그래서 대중교통이 편리한 곳의 아파트 가격이 높게 형성되는 것이 일반적이다. 그러니 '2030 서울시 생활권'에서 제시하는 향후 역세권이 될 예정 지역을 미리 선점하면 좋다. 환승역이 될 지역이라면 더욱 좋다.

또한, 교육 시설이 잘 갖춰진 곳을 찾아보자. 집값의 시세가 오르는 곳은 양호한 교육환경을 자랑한다. 비록 지금 당장은 특별한 것이 없다고 해도 일단 교육시설이 들어오면 교통, 쇼핑, 문화시설 등은 뒤따라 들어서게 되어 있다. 그러니 교육시설은 구축 아파트 선택 기준에 부합한다.

 알아두면 좋은 부동산 TIP

재건축 사업에 투자할 때 고려할 점

첫째, 용적률은 높을수록 좋다. 용적률은 건물을 얼마나 많이, 높게 지을 수 있느냐를 결정해 준다. 용적률이 클수록 건물을 많이 지을 수 있다. 일반적으로 아파트는 제2종(200%) 아니면, 제3종(250%) 일반주거지역에 있다. 이럴 때는 용적률이 큰 제3종 일반주거지역에 있는 재건축 아파트를 선택하는 것이 유리하다.

둘째, 조합원 수는 적은 것이 좋다. 아파트 단지의 전체 대지 면적에 비해 조합원 수가 적으면 일반분양 물량이 늘어난다. 당연히 조합원은 재건축에 따른 개발 이익을 많이 가져갈 수 있다. 참고로 전세 수요가 많은 아파트를 골라야 한다. 재건축 아파트는 투자자들이 매입하는 경우도 많다. 투자 금액을 최소화하기 위해서는 전세를 끼고 투자하는 것이 유리하기 때문이다.

셋째, 투자 기간은 짧게 봐야 한다. 투자 수익은 기간에 비례한다. 일반적으로 조합원 수가 많으면 이해관계를 조정하는 데 시간이 오래 걸릴 수 있고, 그러면 재건축 사업 추진 속도가 떨어진다. 그래서 재건축 절차 중, 거의 마지막 단계인 관리처분인가 이후에 투자하는 것이 좋다. 물론, 이때 투자하면 겉으로 보기에는 미래 가치가 작을 수 있다. 하지만 가장 짧은 투자 기간에 수익을 극대화시킬 수 있다.

현장 답사가 중요한
재개발·재건축

Q 투자 세미나에서 만난 어느 40대 후반의 K 씨는 현란한 말솜
씨로 부동산 투자의 거시적인 면과 미시적인 면을 도입하여 부
동산 투자의 당위성을 주장했습니다. 그런데 막상 현장에 나가 보니 강의
에서 들은 이론과는 차이가 있습니다. 재개발·재건축 투자를 위해서 현장
을 직접 답사하는 것이 꼭 필요한가요?

A 재개발·재건축 투자는 현장을 모르고서는 투자하기가 쉽
지 않습니다. 인터넷에서 아파트 매매나 청약 등의 정보는
쉽게 접할 수 있지만, 분석력이 뛰어난 투자자일지라도 개별성이 강
한 재개발·재건축 투자에서 좋은 매물을 잡기는 매우 어렵습니다.

알짜 정보와 좋은 매물을 얻으려면, 다양한 정보를 수집하여 정보
의 정확도와 경중을 판단해야 합니다. 인터넷이나 책상이 아닌 현장
방문과 조사를 병행하면서 부지런히 발품을 팔아야 성공 확률을 높일
수 있습니다.

잘 아는 지역에 투자하기

초보자라면 세미나나 재테크 동호회에서 언급한 유망 지역의 지자체 홈페이지를 방문하거나 익숙한 고향 땅을 찾아 정확한 정보를 확보하는 것이 좋다. 어느 곳에 있는지도 모르는 땅에 투자하기보다는 자신이 잘 아는 지역에 투자하는 것이 백번 낫다. 관심 있는 지자체의 홈페이지를 찾아 지구단위계획과 개발계획 공람을 눈여겨 본다면 좋은 투자처가 나올 것이다. 고수들이 자주 활용하는 방법으로 지주들과 땅을 모아 투자자 혹은 중개업자에게 매도하는 현지인들을 상대로 하여 물건을 확보하고 시세를 분석하는 방법도 있다. 그래도 알 수 없다면 전문가를 찾아가는 것이 시간적, 경제적으로 효율적이다.

최근에는 수많은 허위 정보가 시간과 비용을 잡아먹고 있다. 정보의 옥석을 가리기 위해서는 인터넷에 의지하기보다는 직접 보고 느끼면서 살아있는 정보를 선점해야 성공적인 투자가 된다.

 알아두면 좋은 부동산 TIP

지자체를 방문해 정확한 정보 얻기

지자체만큼 해당 지역의 개발 및 토지 이용 현황을 정확히 아는 곳도 없다. 가장 기본적인 해당 지역의 정보에 대해서는 시청이나 구청 등 지자체를 이용하자. 또한, 최근 역세권 중심으로 나타나는 지역주택조합원 모집도 현장에서 꼭 확인하자. 법의 틈새를 이용해 피해를 보기도 하기 때문이다.

재개발·재건축
사업성 분석

Q 재건축을 앞둔 입지가 좋은 아파트로 갈아타기를 하려고 합니다. 그 아파트는 입지가 좋은데, 전문가들의 평가를 보면 사업성은 낮아 보인다고 말합니다. 기존 용적률이 높아서 새 아파트를 지으려면 시간도 걸리고 사업이 더딜 것이라는데, 이처럼 사업성을 판단하고 분석하려면 어떻게 해야 하나요?

A 개발 사업은 기존의 주택을 부수고, 아파트와 부대 복리시설을 짓는 사업입니다. 이렇게 지은 후 조합원에게 먼저 공급하고, 남는 물량은 일반분양을 통해 판매합니다. 이 과정에서 수입이 생기지요.

반면, 집을 짓기 위해서는 각종 공사비를 포함해 보상비, 기타 사업비 등의 비용이 발생합니다. 이처럼 들어오는 수입에서 나가는 비용을 제하면 개발 사업을 통해 얻게 될 이익이 추산됩니다.

사업성 분석의 개념 잡기

일반 재개발 사업에서의 종후자산은 크게 아파트, 상가, 임대아파트로 구분하며 이를 매각해 수입을 만든다. 아파트와 상가는 법과 조례, 조합의 정관에서 정한 규칙에 따라 조합원에게 먼저 공급된다. 나머지는 일반분양되어 수입이 된다. 아파트 일반분양분에 대한 수입 추산액은 관리처분단계에서 얼마에 일반분양을 할지 개략적으로 추정해 수입을 추산한다.

아파트를 짓는데 들어가는 공사비 범주에 포함될 수 있는 부분을 직간접 공사비라고 한다. 가장 많이 들어가는 비용은 건축물을 짓는 데 들어가는 건축 시설 공사비겠지만, 재개발 사업은 정비기반시설을 설치하기 위한 공사비도 많이 들어가는 편이며, 재개발 사업에 따라 조합원들에게 지급되는 이주비 대여금에 대한 이자도 일반적으로 간접 공사비에 포함해 계산한다.

한편, 재개발 구역 토지나 건물 소유자 중에서 재개발 사업에 참여하지 않고 조합에 땅을 팔고 나가려는 사람도 있다. 이들을 '청산자'라고 하는데, 청산자의 토지를 구입하기 위해 조합이 보상해 주는 데 비용이 든다. 또한, 재개발 구역 내에는 국가가 소유하고 있는 국공유지들이 많이 있는데, 이들 토지 중에서도 조합이 매입해야 하는 토지들이 있다. 재개발 사업은 세입자들에 대한 주거이전비나 상가 세입자에 대한 영업보상비 등의 비용도 발생하며, 이에 적지 않은 비용이 지출된다.

알아두면 좋은 부동산 TIP

재개발 투자의 최적기

보통은 재개발도 사업이기에 가성비가 중요하다. 그러다 보니 전문가 또는 재개발을 많이 해 본 사람들은 조합설립인가 시점, 사업시행인가 시점에서 투자하기를 선호하고 권한다.

하지만 재개발이 될 지역이라면 돈보다는 시간을 보고 투자하길 권하고 싶다. 조합설립인가, 사업시행인가 시점에 투자하는 것은 주식으로 따지면 누구나 아는 뻔한 정보이기에 투자금도 많이 들어간다. 그러다 보니 매일 주식 창을 안 보면 불안하듯 온갖 신경이 그쪽으로 쏠리게 되어 있다. 주식도 우량주에 묻어둔 사람이 나중에 돈을 벌듯 재개발도 소액일 때 묻어둔 사람이 이익도 크고 신경 쓸 일이 별로 없다. 돈이냐 시간이냐, 그건 투자자의 선택이지만, 될 지역에 우선 선점하여 묻어 두는 쪽을 권하고 싶다.

사업성을
판단하는 노하우

Q 재개발 사업지를 물색하는 중입니다. 사업성이 중요하다는 점
은 익히 알고 있습니다. 하지만 사업성을 판단하는 요령은 무엇
인가요? 사업성을 판단하기 위한 가장 기초적인 접근은 어떻게 해야 하는
지를 알고 싶습니다.

A 재개발·재건축은 사업성이 성패를 좌우하는 만큼 쉬운
투자 방법이 아닙니다. 만일 구역 지정이 난 곳이라면, 정비
계획을 살펴 전체 건립 세대수와 용적률을 확인하고, 정비 구역 내 토
지 등 소유자의 규모를 확인해서 일반분양이 얼마나 될 것인지를 판
단해야 합니다. 이밖에 조합에서 발행하는 책자 등을 통해서도 사업
성을 파악할 수 있습니다. 또한, 조합창립총회 책자나 관리처분계획
책자를 보면 정비사업비 추산액 등이 나와 있어 사업성을 유추해 볼
수 있습니다. 다양한 항목 중에 금액도 봐야겠지만, 항목이 차지하는
비율을 살펴보는 것도 중요합니다.

비례율로 따져보는 사업성

공사비는 아파트를 새로 지을 때 드는 큰 비용 중 하나이다. 철거에서부터 토지의 토목 공사, 주택의 주거 공간과 각종 부대시설을 짓는데 들어가는 모든 비용이 공사비에 해당한다. 여기서는 전체 공사비를 한번 살펴보고, 그다음에 평당 공사비 또는 평당 시공비에 주목하면 된다. 평당 공사비로는 재건축 또는 재개발 사업 전체의 총사업비를 추정할 수 있다. 보상비는 조합원 자격이 안 되거나, 조합원 분양을 받지 않으려는 사람들에게 보상으로 주는 현금청산금이다. 여기에는 현금청산금 외에도 기존 주택에 임차하여 사는 세입자의 주거이전비, 상가의 영업보상비도 포함된다.

재개발 사업은 '공익사업을 위한 토지 등의 취득 및 보상에 관한 법률'을 근거로 강제 수용을 하게 되어 있어서 세입자 주거이전비와 상가 영업보상비를 주지만, 재건축에서는 부동산의 협의 매수나 매도청구 소송으로 부동산을 매입한다. 이 자금은 조합이 순수하게 시공사 또는 은행으로부터 빌려서 충당하니, 이런 보상비의 금액이 클수록 비용이 그만큼 더 많이 나가게 된다. 공과금 항목에서 제일 주목해서 볼 부분은 법인세 항목이다. 조합은 법인이고, 법인이 수익을 만들어내면 법인세를 꼭 내야 한다. 사업성이 있는지 없는지 판단할 수 있는 대표적인 지표 중 하나가 '비례율'이다. 이 비례율이 100%를 넘으면 수익이 나는 사업이라는 뜻이다. 그래서 조합은 100%가 넘는 수익 부분에 대해서 법인세를 내야 한다. 그러니 사업 책자에 나타난 법인세가 높게 잡혀 있다면, 조합의 비례율이 높을 것이라 추산해서 사업성이 있다고 보면 된다.

재건축·재개발을 하면 조합은 많은 자금을 빌려서 진행한다. 사업의 후반부인 일반분양으로 분양 수익을 내기까지는 이렇게 차입금으로 운영하는데, 여기서 조합이 내는 이주비에 대한 비용과 시공사나 은행에서 빌린 대여금의 이자 비용을 금융 비용이라 한다. 이주비는 조합원이라면 무상으로 대여를 받으며 조합이 그 이자 비용을 대신 낸다. 이것이 이주비 금융 비용이다. 그리고 사업이 진행되면서 들어가는 각종 부대 비용에 대한 차입금의 이자 비용이 대여금 금융 비용이다.

 알아두면 좋은 부동산 TIP

입지 등에서 성패가 갈리는 일반분양

재개발 투자에서 눈여겨봐야 할 점이 일반분양 영역이다. 일반분양 가격은 입지가 결정하는데, 서울의 강남 등은 재개발·재건축에서 일반 분양가가 가장 높은 곳으로 예상되는 지역이다. 서울 강남에 짓던, 지방 도시에 아파트를 짓던 자재의 수준이 비슷하다면 공사비의 차이는 없다. 결국, 분양 가격의 차이는 아파트가 공급되는 지역, 입지, 브랜드, 단지의 규모 등에서 판명된다.

일반 분양가는 주변의 아파트 시세에 큰 영향을 받는다. 그래서 재개발·재건축의 분양 시기에 부동산이 대세 하락장인지, 대세 상승장인지에 따라 일반분양가가 요동치곤 한다.

알짜배기
주변 단지

Q 제가 사는 지역은 한창 재개발을 진행하고 있습니다. 일종의
뉴타운 규모에 버금갑니다. 그러다 보니 제가 사는 아파트의 시
세가 어떻게 바뀔지 궁금합니다. 재개발 주변 단지는 가격이 오르는 것 같
은데, 아예 주변 단지를 공략해 보려고 합니다.

A 재개발·재건축 투자를 선호하는 분들을 만나면 그 주변
단지를 공략해 보라고 꼭 추천합니다.
재개발·재건축 사업에서 관리처분계획인가가 나면 주민들은 조합
으로부터 이주비를 받아 공사 기간 임시로 살 집을 찾아 이사합니다.
그런데 대부분 주민은 비교적 가까운 곳으로 이사하려는 경향이 강하
지요. 어차피 살던 곳으로 다시 돌아와야 해서 생활환경을 크게 바꾸
려 하지 않습니다.

주변 단지를 변화시키는 재개발

단기간에 몰리는 이주 수요는 재개발이나 재건축 주변 집값이나 전세금을 밀어 올린다. 철거로 인한 이주 기간은 통상 1년인데 이 1년 사이에 수요에 비해 공급이 늘어나기 때문이다. 개포주공아파트 재건축 사업으로 인해 주변 개포 4동과 양재 2동의 지가가 크게 상승한 것이 그 사례이다. 왕십리 뉴타운 공사 기간 중에 주변 신당동과 마장동 등지의 주택값도 가파르게 상승했다.

재개발이나 재건축 공사 기간은 대략 3~4년이 걸린다. 공사 기간이 끝나면 새로 지은 아파트로 이사 갈 사람이 많기 때문에 전세금이나 집값이 떨어질 것 같지만 그리 큰 영향을 받지는 않는다.

세미나에서 만난 한 고객은 재개발 지역에 투자를 깊게 고민했다. 다만 그 고객이 찾는 매물을 살펴보니 단기간에 승부가 나는 지역이 아니었다. 중요한 것은 그 지역 재개발이 분명하게 진행된다는 점이었다. 그래서 그 고객에게 재개발 바로 옆에 위치한 아파트 단지를 추천했다. 재개발은 아파트 단지뿐만 아니라 그 주변 지역이 모두 개발된다는 전제에서 추진되는 사항이다. 그래서 재개발 주변은 그 개발 호재의 영향권 아래 있게 마련이다.

 알아두면 좋은 부동산 TIP

이주 사업은 시간과의 싸움

재건축·재개발과 같은 주택정비사업은 막대한 돈을 차입해 사업을 진행하기 때문에 사업 기간을 단축해 '이자 비용'을 줄여야 그만큼 조합원 이익이 높아진다. 한마디로 '시간이 돈'인 셈이다.

시간을 단축하기 위해 소위 '땅'과 '쩐' 작업이 적기에 이뤄져야 한다. 정비 사업은 땅 주인 조합원들이 조합원 분담금을 모아 벌이는 사업이기 때문에 초기에 부족한 돈은 금융권에서 끌어와야 한다. 그래서 '땅' 작업(이주 완료)과 '쩐' 작업(이주비 등 사업비)은 정비 사업의 전부라 할 수 있다. 단지가 클수록 빌려오는 돈의 규모 또한 크다. 이주비는 조합원 이주가 시작되기 전 차용하기 때문에 빠른 이주 완료는 조합원들에게 그만큼 이득이다. 많게는 조 단위로 차용한 돈의 이자가 하루에 수억 원씩 붙기 때문이다.

조합의 안정이
재개발·재건축의 성공 요인

Q 언론 보도를 보니 재개발 조합에 반해 비상대책위(비대위)가
생기고 재개발·재건축이 지연된다는 기사를 종종 봅니다. 조합
결성 및 운영은 그리 만만한 것이 아니라고 생각합니다. 조합에 대해서 꼭
알아야 할 점들은 무엇인가요?

A 재개발·재건축 분야는 많은 변수가 있습니다. 재건축 아
파트의 랜드마크로 주목받는 '반포 아크로리버파크'도 많은
부침이 있었습니다. 이곳은 1994년 첫 삽을 뜬 신반포1차 재건축주
택 조합으로 출발했습니다. 초기 지지부진한 사업 추진 속에 제자리
걸음을 반복하던 조합은 조합원들 간의 얽히고설킨 이해관계 대립과
각종 소송 및 민원 등으로 무려 17년이라는 세월 동안 표류하던 상태
였습니다.

그러던 2011년, 조합장이 새로 교체되면서 새로운 전기를 마련했
습니다. 새로운 조합장은 대형건설회사 근무 경력이 있으면서 도곡동

타워팰리스 현장소장, 재개발·재건축 종합컨설팅회사의 임원으로서 다양한 전문 지식과 풍부한 현장 경험을 축적해 온 전문가였습니다.

성공적인 사례로 기록된 반포 아크로리버파크

새로운 조합장이 부임하기 전의 당시 조합장은 신임을 잃은 상태였다. 각종 소송과 민원 그리고 장기간 재건축의 발목을 잡은 비대위 등으로 조합의 단결력 자체가 무너져 있었고, 대위원회를 열어도 대의원들이 모이지 않아서 진행이 불가능할 정도로 사업 추진에 대한 의견 대립이 팽팽한 상태였다. 상처 나고 곪은 부분을 치료하기 위해 조합장이 선택한 방법은 과감히 환부를 도려내는 것이었다. 그는 먼저 설계회사와 정비업체를 교체하며 재건축 사업의 토대가 될 설계부터 다시 세워나가기 시작했다.

그의 목표는 오랜 사업 중단에 따른 조합원들의 간절한 소망인 조속한 이주와 입주 등 중단없는 빠른 사업 추진 그리고 다른 아파트와는 차별화된, 대한민국 1등이 될 수 있는 최고 명품아파트 단지를 만드는 것이었다.

새 조합의 움직임은 조합원들을 한데 뭉치게 하는 데 성공한다. 신반포1차 조합은 업계에서 단단한 단결력을 자랑하게 되었으며, 무려 95~98%에 달하는 총회 참석률을 뽐내면서 조합의 사업 속도가 빠르게 진행되었다.

그 후 새 조합장의 취임 2년 6개월 만에 도시계획 심의와 건축심의 통과, 사업시행변경인가, 관리처분변경인가를 각각 두 차례나 얻어내며 재건축사에 전무후무한 최단 기간 인허가 기록을 세웠고, 이주에서 철거까지 일사천리로 해결되었다. 이에 준공과 입주일을 2년 이상 단축시키고 약 200억 원을 절감했으며, 기존에 책정했던 가구당 환급금을 1억 원 이상 추가로 늘리기도 했다.

토대를 든든히 한 뒤, 과감한 결단력과 추진력으로 재건축 사업을 주도해 온 새 조합의 노력은 지난 2013년과 2014년 1, 2차 분양에서 그 성과를 여실히 드러냈다. '반포 아크로리버파크'는 1차 분양 완판으로 도약의 첫 신호탄을 쏘아 올린 데 이어, 2차 분양까지 3일 반나절 만에 완판을 달성하며 재건축 아파트 분양의 새로운 역사를 썼다. 당시에는 세계금융위기로 정부에서 양도세를 한시적으로 면제해 줄 정도로 부동산 경기가 최악의 상황이었고, 모두가 무모할 정도로 높은 분양가라며 미분양을 우려하던 상황이었다. 하지만 평당 5,008만 원이라는 고분양가로 대한민국 최고 분양가를 경신했으며, 대한민국 재건축 사상 조합원 수익률이 가장 높고, 사업 기간이 빨랐던 성공적인 사례로 기록되었다.

 알아두면 좋은 부동산 TIP

조합의 성공 요인

반포 아크로리버파크의 새 조합 성공 비결에는 다양한 요인이 있다. 반포동은 이미 강남 최고의 학군과 3, 7, 9호선이 지나는 교통의 요지이며 병원 및 백화점, 문화시설 등이 집중된 최고의 인프라를 가진 프리미엄 주거 단지로 이름이 높았다. 게다가 새 조합은 이처럼 좋은 조건 속에서 남들하고 똑같은 아파트로는 경쟁할 수 없다고 생각했다. 그들은 대한민국 1등에 어울리는 압도적인 품질의 프리미엄 아파트를 만들겠다는 전략을 썼고, 그것이 성과로 이어졌다.

재개발 투자의
복잡한 세금

Q 재개발 투자를 염두에 두고 있는 50대입니다. 정부의 부동산 규제가 주로 세금 영역에 집중되어 있는데, 재개발 투자에서는 주의해야 할 세금은 어떤 게 있을까요?

A 우선 취득세를 알아봅시다. 취득세율은 주택과 그 외의 부동산으로 구분해 별도 세율이 적용됩니다. 주택은 매매 가격의 1~3%의 세율이 차등 적용됩니다. 반면, 그 외의 부동산은 일률적으로 4% 세율이 적용되지요. 그래서 재개발 지분을 살 때 주택인 상태에서 사느냐, 주택이 아닌 상태에서 취득하느냐에 따라 세금이 달라집니다.

부동산 세금 과세기준일은 매년 6월 1일

조합원 지분이 관리처분 이후 주택이 아닌 상태에서 사는 경우라면 땅을 사는 것이 간주하기 때문에 4%의 취득세율이 적용된다. 반면, 매매 가격이 5억 원인 집을 주택 상태에서 취득하면 1% 세율(6억 원 이하)이 적용된다. 취득세는 500만 원이 부과된다. 그런데 같은 조합원 지분이라도 토지 상태에서 사면 취득세로 2,000만 원을 내야 해서 세 부담이 4배로 늘어난다.

재산세도 주택 여부에 따라 과세 기준이 달라진다. 종합부동산세는 재산세 과세 기준을 따르기 때문에 똑같이 판단한다. 주택 상태에서는 개별주택 가격, 공동주택 가격 등 고시된 가격이 과세 기준이다. 여기에 0.1~0.4%의 세율이 차등 적용된다. 토지는 개별공시지가가 과세 기준이 되고, 아파트는 공급 목적의 토지이므로 분리과세이다. 즉, 다른 재산세처럼 합산되지 않고 0.2%의 단일 세율로 과세한다. 또한, 사업용 토지이므로 종합부동산세 과세 대상에서도 제외된다.

결국, 고가 아파트를 재건축한다면 소유자는 철거 이후에는 재산세가 크게 절감된다. 특히, 종합부동산세 과세 대상에서도 빠져 절세효과가 커진다. 반면, 재개발 지역 내 소형 주택 보유자는 오히려 재산세 부담이 커지는 경우가 종종 생긴다. 이유는 종전에 주택으로서 0.1%의 최저세율을 적용받던 사람이 0.2%의 단일세율로 변경되는 탓이다. 무엇보다 과세 기준 금액이 증가하는 사례(개별주택 가격이 단순 토지 상태의 개별공시지가보다 낮은 경우)가 적지 않기 때문이다.

재산세와 종합부동산세는 과세기준일이 매년 6월 1일이다. 그렇다면 5월 30일까지 이주 완료해 단전·단수 등 절차를 완료하면, 주택이 아닌 사업용 토지로서 과세한다. 종합부동산세가 부담된다면 해당일 이전까지 이주 완료 등을 통해 절세할 수 있다. 조합원 지분 취득자 역시 과세기준일이 지난 6월 2일 이후 취득해 재산세와 종합부동산세를 1년 유예시킬 수 있다.

 알아두면 좋은 부동산 TIP ─────────

주택을 팔 때 내는 세금

양도소득세는 취득 시점이 매우 중요하다. 이유는 관리처분인가일을 기준으로 그 이전에는 주택을 취득한 것으로 보고, 그 시점 이후부터는 조합원의 입주권을 취득한 것으로 보아 그 취급이 크게 달라지기 때문이다. 이는 취득세 과세 시 실질적인 주택으로서의 판단기준일과는 다르기에 주의해야 한다. 이주 완료 이전 주택을 취득해 주택으로서의 취득세를 낸 경우도, 관리처분인가일 이후 취득했다면 입주권의 취득으로 보아 불이익을 당할 수 있다.

우선 주택으로서의 보유 기간 판단은 관리처분인가일 이전에 조합원 주택 지분을 취득할 때 공사 기간을 보유 기간에 포함시킨다. 그래서 최초 조합원 지분을 취득했을 때부터 공사 완료 후 아파트 상태로 양도할 때까지가 주택으로서의 보유 기간이 된다.

조합원 분양 자격을
확인하라

Q 친구가 재개발 투자를 한다고 합니다. 최근 낙담하고 있는 친구의 말을 들어보니 재개발 구역 내에 매물을 잡았는데, 그것이 조합원 자격이 없는 것이었다네요. 친구는 망연자실하고 후회를 하고 있습니다. 재개발 매물이라고 해서 모두 조합원 자격이 주어지지는 않는 것인가요?

A 오래되고 낡은 주택들이 모여 있고 도로와 학교 등 기본 시설들이 미미한 곳의 주거환경을 개선하기 위하여 재개발 사업이 진행되고 있습니다. 주위를 둘러보면 예전과 비교해 많은 곳에서 재개발 사업이 이루어지고 있는 것을 알 수 있습니다. 그런데 조합원의 물건을 매입했다고 해서 무조건 재개발 조합원의 분양 자격이 주어지지는 않기 때문에 주의할 필요가 있습니다.

현금청산 물건을 매입하면 낭패

재개발이 진행되는 구역의 주택이나 땅을 매입하여 조합원이 되었다고 하여 분양 자격이 무조건 주어지지는 않는다. 조합원 중에 분양 자격을 갖춘 조합원도 있고, 현금청산의 대상이 되는 조합원도 있다. 높은 기대 수익을 가지고 투자했지만, 현금청산자가 된다면 오히려 원금조차 회수하지 못할 때도 있어 많은 주의가 필요하다.

재개발 조합원의 분양 자격은 시도 조례에 따른다. 이 조례에서 정한 조건에 맞아야 재개발 조합원 분양 자격을 얻을 수 있다. 건물 없이 토지만 소유했을 때도 재개발 조합원의 분양 자격이 주어진다. 이때는 최소 면적 기준이 있다. 시도 조례마다 면적 기준이 다르므로 투자하고자 하는 지역의 조례를 반드시 확인해야 한다.

만일 조합원 입주권을 구매하고자 한다면 해당 조합에 문의하여 분양 자격을 얻는 데 문제가 없는지 확인하고 투자해야 한다. 여러 채의 기준은 명의자 본인만 해당하는 것이 아니라 조합원의 주민등록상 등재된 세대원의 주택도 포함한다는 것을 명심해야 한다. 또한, 남편과 부인이 주민등록이 달리 되어 있어도 동일 세대원으로 보기 때문에 남편과 부인이 따로 주민등록이 되어 있다고 안심하면 안 된다.

 알아두면 좋은 부동산 TIP

조합원 지위 확인하기

조합설립인가 시점에 한 사람이 재개발 구역에 여러 개의 토지 또는 건물을 소유하고 있다면, 그 조합원의 토지 또는 건축물은 분양 대상자가 될 수 없다. 그런 매물을 산다면 당연히 분양 자격이 없다. 만약 매도인인 조합원이 이러한 사실을 숨기거나 속이고 양도를 한다면 매수자는 굉장히 곤란해진다. 그래서 조합설립인가가 난 주택재개발구역 내의 물건을 매수할 때는 계약 이전 또는 중도금 지급 이전에 조합을 방문하여 재개발 구역 내에 매도인인 조합원이 재개발 구역 내에 다른 토지 또는 건축물을 보유하고 있지는 않은지 확인해야 한다.

만약 부동산 등기부등본을 떼어보고 조합설립인가 이후의 소유권 이전 내용이 확인된다면, 위의 도시 정비법 제19조 1항3호에 의해 조합원 지위에 이상이 없는지 확인해야 한다.

지역주택조합의
아파트는 안전한가

Q 저는 청약 점수가 매우 낮습니다. 그러다 보니 지하철역 주변
지역주택조합이라는 플래카드에 눈이 많이 갑니다. 주변 시세보
다 싼 아파트를 청약과 관계없이 구입할 수 있다고 하니 마음이 기웁니다.
하지만 부정적인 얘기도 많이 있어서 잘 파악해야 할 것 같습니다. 지역주
택조합의 아파트는 과연 안전한 것인가요?

A 우선 재개발·재건축과 지역주택조합을 비슷한 것으로 알
고 계신 분들이 많이 있는데, 지역주택조합은 완전히 다른
것이라고 봐야 합니다.
　지역주택조합은 사업이 진행되는 곳, 다시 말해서 아파트가 지어
질 지역에 살지 않더라도 일정 금액을 내면 조합원이 될 수 있습니
다. 그러면 해당 사업을 진행하는 지역주택조합에서는 이런 돈들을
모아서 그제야 해당 지역의 땅을 매입하고 아파트를 짓는 사업을 진
행합니다.

조합원에 가입해 함께 사업을 추진하는 주체

지역주택조합은 누군가가 '어떤 지역에 있는 집들을 다 부수고 새롭게 아파트를 짓겠다'라는 계획을 세운 후 해당 사업을 같이 진행할 조합원을 '모집'하는 것이다.

그러면 재개발·재건축과는 달리 다른 지역에 사는 사람들이 몇천만 원 이상의 일정 조합비를 내고 해당 지역주택조합의 조합원이 되어서 같이 사업을 진행한다. 다시 말해서 어떤 지역에 땅을 매입하고, 기존 건물을 부수고, 새로 아파트를 지어서 한 채 정도는 내가 갖고 남은 집은 팔아서 이득을 얻겠다는 회사에 지분 투자를 하는 것과 마찬가지이다.

그러면 해당 지역주택조합은 조합원이 되기 위해서 사람들이 낸 돈을 모아서 그 돈으로 땅을 매입하는 등의 각종 사업비로 이용한다. 그리고 지역주택조합이 기존 동네를 부수고 아파트를 짓는 사업을 진행하기 위해서는 해당 지역의 95% 이상의 토지를 확보해야 한다. 이것이 재건축과 가장 큰 차이점이다. 토지를 확보해야 한다는 것은 실제로 조합이 매매를 통해서 95% 이상의 토지를 보유해야 한다는 뜻이다. 지역주택조합 사업장에서는 흔히 80~85%의 토지를 확보했다고 광고를 하는데, 이에 현혹이 되어서는 안 된다. 이런 광고는 토지를 매입했다는 것이 아니라 부동산 매매를 할 의사가 있다는 '동의서' 정도만 받아둔 것을 말하기 때문에 실거래와는 아무런 관련이 없다. 나중에 동의서를 써 준 사람들이 땅값을 더 높여 부르면서 매매를 안 하는 경우도 허다하다.

그래서 이렇게 조합원에게 조합비를 받아서 해당 지역 토지 매매를 위한 영업비 등 각종 비용을 쓰다가 해당 비용을 다 써 버리면 조합은 자동으로 사라져 버린다. 그러면 조합원들이 낸 돈은 그대로 사라지는 것이다.

한 특정 지역의 토지를 95% 확보해서 사업을 진행하더라도 그전에 비용을 많이 쓴 경우는 입주 후 조합원들의 추가 분담금이 생각보다 많아질 수 있기에 사업이 진행되더라도 큰 이득이 없다.

지역주택조합은 어느 건설사로 진행이 확정되었다며 유명 건설사의 이름을 같이 언급하며 홍보를 한다. 하지만 해당 건설사들은 일정 비용을 받으면 이름을 빌려주기 때문에 실제로 해당 건설사에서 이 아파트를 짓겠다는 약속을 한 것은 아니다.

지역주택조합 사업을 진행하는 사람들은 재개발이나 재건축과는 달리 중간 마진을 건설사 등에 줄 필요가 없기에 훨씬 더 싼 가격에 아파트를 장만할 수 있다고 이야기를 한다. 하지만 해당 지역의 95%의 토지를 확보하기도 매우 어려운 일이며, 중간에 여러 이유로 사업이 중단되고 조합비만 날리는 경우가 너무나 많다. 이런 지역주택조합의 특징을 정확히 알고 투자를 결정해야 한다.

 사례로 보는 상식 TIP ─────────────

지역주택조합의 실패 사례

성남에 사는 W 씨는 자신이 사는 동네에서 지역주택조합 사업을 추진

한다는 소식을 들었다. 홍보관을 방문하니 토지 매입 95%가 완료되었다는 매매 계약서도 확인할 수 있었다. 이에 W 씨는 계약서에 사인했다. 하지만 아파트 착공 날짜가 다가오는데, 당최 사업이 진행되지를 않았다. 문제는 W 씨가 가입한 조합의 주택건설 예정지가 1종 주거지역이라는 점이었다. 아파트가 지어지려면 최소한 2종 일반주거지역으로 종 상향이 돼야 하는데, 관할 시와 구청에서는 이런저런 이유로 상향을 시켜줄 수 없다는 것이었다.

이에 조합 측은 시와 구청의 협의를 통해 사업을 추진하겠다고 하지만, 의견 차이를 좁히지 못한 채 시간만 보내고 있다. 이런 상황에서 아무리 토지 매입이 된다고 해도 관할 관공서에서 허가를 내어주지 않는다면, 아파트는 물론 빌라도 지을 수 없다. 이처럼 지역주택조합은 변수가 크다는 사실을 명심하자.

재건축의 초과이익환수제를
조심하자

Q 입지가 좋은 재건축 아파트 단지를 노리고 갈아타기를 준비 중인 사람입니다. 재건축 아파트는 초과이익환수제가 있는 것으로 알고 있습니다. 제 수익 중에서 초과이익환수금이 나간다면 투자 수익률은 매우 떨어질 것입니다. 이에 대해서 자세히 알고 싶습니다.

A 재건축 초과이익환수제란 재건축으로 조합원이 얻은 이익이 인근 집값 상승분과 비용 등을 빼고 1인당 평균 3,000만 원이 넘을 경우에 초과 금액의 최고 50%를 부담금으로 환수하는 제도입니다. 2006년 시행됐으나 주택시장 침체 등의 이유로 2013~2017년은 유예되었다가 2018년 1월부터 다시 시행됐습니다.

토지에 대한 투기를 방지할 목적

재건축 '초과이익환수제'는 재건축 종료 시점(준공인가)의 집값에서 개시 시점(추진위원회 설립 승인)의 집값과 정상 주택가격 상승분, 개발 비용을 뺀 금액이 1인당 3,000만 원을 넘을 경우에 초과 금액 구간별로 10~50%를 누진 과세하는 제도이다. 이 제도는 토지에서 발생하는 개발 이익을 환수하여 이를 적정하게 배분함으로써 토지에 대한 투기를 방지하고 토지의 효율적인 이용을 목적으로 시행된다.

예를 들어, 재건축 아파트 소유자 A 씨의 사업 개시 시점의 주택 가격이 10억 원, 종료 시점의 주택 가격이 15억 원이라고 가정해 보자. 정상 주택의 가격 상승분이 2억 원(연평균 상승률, 기간 고려), 개발 비용이 5,000만 원일 때 A 씨는 재건축으로 인해 2억 5,000만 원(종료 시점의 주택 가격 - 사업 개시 시점의 주택 가격 - 시세 상승분 - 개발 비용)의 이익이 발생한다. 이에 A 씨는 2,000만 원+(1억 4,000만 원×50%)인 9,000만 원을 부담금으로 내야 한다.

이러한 재건축 초과이익환수제는 집값이 급등한 지난 2006년에 도입되었지만, 금융위기 이후 부동산 시장을 위축시킨다는 이유로 2013년부터 2017년 말까지 제도 시행이 한시적으로 잠정 유예되었다가 2018년 1월부터 부활했다.

재건축 초과이익환수제의 대상은 2017년 1월 2일 이후 관리처분인가를 신청하는 재건축 조합(재개발, 리모델링 제외)이다. '관리처분인가'는 해당 재건축 사업의 조합원 분양 신청, 분담금, 세입자 보상 등에 대한 계획서이다. 이것이 승인되면 이후 이주, 철거(멸실), 착공, 분양 등을 할 수 있다.

안전진단을 강화해 재건축에 제동

재건축은 관련 법상 지은 지 30년이 넘은 주택이면 추진이 가능하다. 그렇다면 연한만 도래하면 모든 주택이 재건축할 수 있을까? 그렇지 않다. '안전진단'을 거쳐야 하기 때문이다. 안전진단은 재건축 시행 여부를 판정하는 단계로, 재건축 사업의 첫 관문이다. '아파트가 너무 낡고 살기 불편해 새로 지어야 한다'라고 공인받는 절차이다. 만약 '집이 아직 쓸만하다'라는 판정을 받으면, 재건축을 할 수 없다.

안전진단은 구조 안전성의 비중 변화가 심했는데, 이는 안전진단을 통과하는 데 가장 중요한 요소였기 때문이다. 정부는 구조 안전성 항목의 가중치를 조절하는 방식으로 재건축 규제를 조이고 풀었다. 노무현 정부는 2003년 45%에서 2006년 50%까지 올렸고, 이명박 정부는 2009년 40%로 누그러뜨렸다. 이걸 박근혜 정부는 2015년 20%로 대폭 낮추고, 대신 주거환경 비중을 15%에서 40%로 높였다. 주차장이나 배관, 층간 소음 등 주거환경이 열악하다면 구조에 큰 문제가 없어도 재건축을 할 수 있게 했다. 그래서인지 재건축 연한을 충족한 아파트 대부분이 안전진단을 무리 없이 통과하곤 했었다. 50% 수준이던 재건축 안전진단 통과율이 2015년 이후 90%대로 오를 정도였다. 이런 상황에서 2018년 문재인 정부는 '재건축 안전진단 기준 정상화' 방안을 발표했다. 재건축 남발과 자원 낭비를 막겠다는 취지이지만, 강남 집값 불안의 진원지로 꼽히는 재건축 집값을 잡겠다는 의도가 깔려 있었다. 먼저 20%까지 떨어진 구조 안전성 가중치를 다시 50%로 높이고, 주거환경 비중은 40%에서 15%로 낮아졌다.

335

시행사와
시공사의 차이

Q
재개발이나 재건축 현장에서 시행사와 시공사란 단어를 많이 들어보았습니다. 이것저것 궁금한 것이 많은데, 직접 물어보지는 못했습니다. 그 차이점에 대해서 자세히 알고 싶습니다.

A
아파트를 분양하는 곳에 가 보면 시행사와 시공사를 알려줍니다. 먼저 시행사는 공사의 전 과정을 맡아 관리합니다. 토지 매입부터 각종 인허가, 자금 조달, 분양, 입주 등 총괄하는 업무를 맡습니다. 가령 아파트는 계약에서부터 입주까지의 전 과정을 관리하고 책임집니다.

부실한 시행사를 피하자

지명도가 낮거나 시공 실적 및 부실한 시행사는 자칫 잘못될 경우도 있는데, 그 피해가 본인에게 전가될 수 있기에 무엇보다도 신뢰도가 중요하다. 시행사는 부동산개발업을 진행하기 위해 국토교통부에 등록한 부동산개발업자로, 주택법에서는 '사업 주체', 건축법에서는 '건축주'라고 지칭하고 있다.

시행사는 시공사인 건설회사에 도급 건설을 위탁하고, 금융기관으로부터 자금 조달을 담당한다. 시행사는 재건축 아파트라면 재건축조합, 민간사업자라면 부동산개발회사나 지주 등이 대표적이다. 계약자가 아파트나 상가 입주 후 하자가 발생했을 때의 책임은 시행사 몫이다.

한편, 시공사는 시행사로부터 발주를 받고 단순히 공사만 실시하는 곳을 말한다. 쉽게 말해, 실제 건설을 진행하는 곳으로 시행사보다는 업무 영역이 제한된다.

시공사는 주택건설사업자로 등록된 업체여야 하며, 설계된 도면에 따라 현장에서 직접 공사를 실시한다. 공사를 뺀 나머지 부분에 대해서는 거의 관여를 하지 않는 것이 특징이다. 통상적으로 적용하긴 어렵지만, 흔히 주변에 알려진 건설회사들을 시공사라 간주해도 무방하다. 분양 광고, 분양 기사 등에 익숙하게 나오는 현대건설, 삼성물산, 포스코건설 등을 시공사로 볼 수 있다. 이와는 반대로 시행사는 대중에게 다소 생소한 느낌을 주는 곳들이 많다. 물론 시행사와 시공사 역할을 모두 담당하는 건설회사도 있다.

이처럼 시행사와 시공사는 얼핏 보면 비슷해 보이지만, 실상은 상당히 다른 역할을 수행한다. 특히, 분양에 관심이 있거나 직접 계약에 나서는 사람이라면 시행사, 시공사에 대해서 더 꼼꼼히 살펴보는 것이 좋다.

양평 숲속 마을의 비밀

경기도 양평의 전원주택 단지 '양평 숲속 마을'에는 특별한 점이 있다. 이곳의 분양률은 100%이다. 입주자들의 만족도는 120% 정도 된다. 변화의 물꼬를 튼 주인공은 건설업계의 '애물단지'로 불리는 시행사였다.

2010년대, 시행사 '메종 드 라파미' 대표는 지금의 양평 숲속 마을 3만 6,363㎡의 부지를 사들여 택지로 조성한 후 고급 타운하우스를 만들려고 했다. 부지는 입구 두 곳만 막으면 산으로 둘러싸이는 형태로 마을을 만들기에 적당했다. 하지만 '고급 타운하우스를 애써 완공했는데, 미분양 사태가 벌어지면 어쩌나?' 하는 걱정이 있었다. 시행사 대표는 고급 타운하우스가 아니라 높은 전셋값에 허덕이는 젊은 세대를 위한 마을을 만들어야겠다고 생각했다.

시행사 대표는 곧장 일을 추진했다. 마을 부지를 구획하고 도로를 깔고 상하수도와 전기·통신 시설이 들어올 수 있는 인프라도 갖췄다. 그 결과, 분양도 성공했고, 양평의 전원주택 단지로 명성이 높아졌다. 시행사의 오픈 마인드가 결국, 주택 단지를 성공으로 이끈 것이다.

맺음말

2020년 '코로나19'는 우리 사회를 변화시키고 있습니다. 언택트(비대면) 사회가 되면서 문화, 정치, 사회, 교육 등 모든 부분에서 크고 작은 변화를 실감하고 있습니다.

부동산 세미나를 자주 하던 우리 회사도 접촉을 줄이고자 세미나를 당분간 연기하고 온라인 중심의 부동산 정보를 제공하고 있습니다.

문재인 정부의 부동산 정책도 더욱 강력해지고 있습니다. 2020년 7·10 대책은 서민과 실수요자의 주택 구입 부담은 줄이는 반면, 다주택자 및 투기성 거래에 대해서는 더 많은 세금을 부과하겠다는 정책을 담고 있습니다.

그렇다고 부동산 투자가 전혀 불가능하지는 않습니다. 지역과 상품에 따라 부동산 투자의 기회는 언제든지 열려 있습니다. 그동안 많은 정부에서 각종 부동산 제도를 만들었습니다. 그에 따른 부동산 지식과 정보를 스스로 파악해 두어야 합니다. 그래서 부동산에 대한 깊이 있는 통찰이 중요합니다.

최근 '부린이'라는 신조어가 생겼습니다. '부동산'과 '어린이'를 합한 말로 부동산 어린이, 즉 '부동산 초보'라는 뜻입니다. 오랜 시간 상담을 하며 많은 부린이를 만날 수 있었습니다. 그분들에게 꼭 하고 싶었던 이야기를 이 책에 담았습니다.

저희는 십수 년에 걸쳐 부동산 방송과 활동을 하면서 약 1만 건 이상의 부동산 관련 상담을 진행했습니다. 그 수많은 부동산 관련 질문에 대답하면서 쌓은 정보를 조금이나마 부동산 투자와 거래에 도움이 되는 내용을 뽑아 알기 쉽게 정리했습니다.

이 책을 만드는 데 '더리치에셋' 가족들이 큰 힘을 보탰습니다. 자료 조사에서부터 글의 소재 선정, 상담 정리 등 많은 일을 도운 덕분에 이 책이 무사히 출간되었습니다. 모두에게 감사의 마음을 전합니다. 마지막으로, 부동산에 처음 입문하는 독자들이 이 책을 읽고 난 후, 부동산 투자에 자신감을 갖고 목표했던 투자에 꼭 성공하기를 바랍니다.